Analyse/Méthodes/Outils

Linguis

Introduction à l'histoire de la langue française

Michèle PERRET

2ᵉ édition revue

ARMAND COLIN

CAMPUS Linguistique

Collection dirigée par
Michèle Perret
Professeur à l'université de Paris-X

Dans la même collection :

La lexicologie entre langue et discours
M.-F. Mortureux

Introduction à l'histoire de la langue française
M. Perret

Grammaire et linguistique
G. Petiot

Analyse linguistique de la narration
C. Tisset

© Armand Colin/VUEF, 2003,
pour la présente impression

© Armand Colin/HER, 2001
ISBN 2-200-25252-8

© Sedes, 1998

La loi du 11 mars 1957 n'autorisant, aux termes des alinéas 2 et 3 de l'article 41, d'une part, que les « copies ou reproductions strictement réservées à l'usage privé du copiste et non destinées à une utilisation collective » et, d'autre part, que les analyses ou les courtes citations dans le but d'exemple et d'illustration, « toute représentation ou reproduction intégrale, ou partielle, faite sans le consentement de l'auteur ou de ses ayants droit ou ayants cause, est illicite » (alinéa 1er de l'article 40).

Cette représentation ou reproduction, par quelque procédé que ce soit, constituerait donc une contrefaçon sanctionnée par les articles 425 et suivants du Code pénal.

TABLE DES MATIÈRES

Introduction 7

ANALYSE ET SYNTHÈSE 9

CHAPITRE 1 **Les origines : les familles de langues** 11
        La parenté des langues, 12
        L'indo-européen, 15
        Les langues romanes, 19

CHAPITRE 2 **La formation du français :**
Gaulois, Romains et Germains 22
        La préhistoire du français, 23
        Les Gaulois, 24
        La colonisation romaine, 26
        Les invasions germaniques, 28

CHAPITRE 3 **L'ancien français : la naissance d'une langue** 33
        La « barbarie » mérovingienne, 34
        La renaissance carolingienne, 35
        Une nation et sa langue, 36
        L'ancien français, 38

CHAPITRE 4 **Le français devient langue officielle** 42
        Vers un statut de langue nationale, 43
        Le français dans la littérature et dans les sciences, 44
        Le français dans l'administration, 46
        Le français dans le culte, 47
        Le français dans l'enseignement, 48

CHAPITRE 5 **Le français devient langue majoritaire** 52
        Le morcellement dialectal, 53
        Les dialectes de France, 54
        Comment s'est formée la langue majoritaire, 57
        L'éradication des dialectes, 59

CHAPITRE 6 **Le français, langue internationale** 63
        Les causes historiques de l'expansion du français, 64
        Les français nationaux, 69
        La situation actuelle du français dans le monde, 71

CHAPITRE 7	**Quelques facteurs de changement : l'évolution phonétique**	76
	L'instabilité phonétique, 77	
	Peut-on parler de « loi phonétique » ?, 81	
	La nature des changements phonétiques, 84	

CHAPITRE 8	**Quelques facteurs de changement : l'innovation linguistique**	87
	Changement phonétique et réfection linguistique, 88	
	Les « besoins de la langue », 91	
	Des courants plus profonds, 96	

CHAPITRE 9	**La formation du français : le lexique**	98
	Les origines du lexique français, 99	
	La vie et la mort des mots, 104	
	Les changements de sens, 106	

CHAPITRE 10	**La formation du français : le groupe nominal**	110
	D'où viennent les formes de pluriel ?, 111	
	D'où vient le genre des noms ?, 113	
	L'emploi des déterminants du nom, 114	
	L'ordre des mots, indice de fonction, 117	
	L'adjectif qualificatif, 118	

CHAPITRE 11	**La formation du français : le verbe**	121
	Morphologie : l'évolution des formes, 122	
	Sémantique : la réorganisation du système, 125	
	Les pronoms personnels sujets, 130	

CHAPITRE 12	**La formation du français : l'orthographe**	132
	Une lente évolution, 133	
	Des signes nouveaux, 137	
	Origine de quelques curiosités orthographiques, 138	

DOCUMENTS ET MÉTHODES 143

Latin familier du Ve-VIe siècle, 144
Proto-français : les Serments de Strasbourg, 145
Ancien français (XIIIe siècle) : Renaud de Beaujeu, *Le Bel Inconnu*, 148
Français de la Renaissance (XVIe siècle) ; Rabelais, *Gargantua*, 151
Français de la Renaissance (XVIe siècle) : le parler de Paris au XVIe siècle, 154
La langue du roi, 157
Français classique (XVIIe siècle) : Madame de Lafayette, *La Princesse de Clèves*, 160
Français classique (XVIIIe siècle) : Diderot, *Le Neveu de Rameau*, 162

Français du XIXe siècle : Chateaubriand, *Mémoires d'outre-tombe*, 163
L'argot des collégiens en 1845, 165
Et après ?, 168

REPÈRES ET OUTILS   171

Chronologie, 172
Les langues du monde, 175
Les langues indo-européennes, 178
L'alphabet phonétique international en français, 179
Les dix principaux changements phonétiques entre le latin et le français, 180
Datation de quelques changements phonétiques, 183
La conjugaison latine : verbes en *-are*, 185
Glossaire, 186
Bibliographie, 189
Index, 191

INTRODUCTION

Souvent langue varie...

    Il existe de nombreuses histoires de la langue française. L'ambition de celle-ci, modeste, est de servir de manuel d'initiation, tant à des étudiants ignorant encore la linguistique qu'à des étudiants n'ayant jamais appris ni le latin, ni l'ancien français – et peut-être, au-delà du public étudiant, à tous ceux qu'intéressent la formation et l'évolution du français.

    Le volet théorique de l'ouvrage *(Analyse et synthèse)* est conçu en trois parties, de difficulté croissante. Les six premiers chapitres portent sur ce que l'on appelle généralement « l'histoire externe » de la langue : quels événements historiques, quelles décisions politiques ont fait le français? Mais aussi, quel français a été fait par ces événements et ces décisions : langue du roi ou langue du peuple, parler dialectal figé ou langue dès les origines écrite ? La deuxième partie essaie de répondre, en prenant tous ses exemples dans l'histoire du français, à la question du changement linguistique : comment et pourquoi une langue change-t-elle? Enfin, dans la dernière partie, on a décrit quelques grands changements ayant affecté le français : changements lexicaux, changements dans la sémantique et la syntaxe du nom et du verbe, élaboration d'une orthographe.

    Pour l'histoire externe du français, il a été largement tenu compte des acquis de la sociolinguistique : variation, standardisation, modes d'expansion du changement, influence du statut d'une langue sur son homogénéité ; dans la description des changements survenus du latin au français, on a cherché à reconsidérer des évolutions très connues des historiens de la langue à partir de quelques concepts récents, en particulier de la linguistique de l'énonciation.

    Le volet pratique *(Documents et méthodes)* propose des documents ou des textes littéraires d'époques diverses accompagnés d'un commentaire de linguistique diachronique : ils illustrent la théorie et permettent de mieux comprendre et ressentir l'évolution de la langue au cours des siècles.

Je souhaite à ma lectrice, à mon lecteur, au terme de sa lecture, d'avoir révisé sa conception de la norme linguistique et compris que bien des « fautes » d'hier sont devenues la règle d'aujourd'hui : une langue qui n'évolue plus est une langue morte, vouloir figer une langue c'est vouloir la tuer ; aimer une langue, comme aimer une personne, c'est vouloir qu'elle vive.

Ce qui n'exclut ni ne valorise la variation linguistique, mais permet du moins d'admettre qu'elle soit.

ANALYSE
ET
SYNTHÈSE

Abréviations et symboles

Phonétique

Pour les remarques d'ordre phonétique, on a autant que possible, par souci de lisibilité pour un public non spécialiste, utilisé les signes orthographiques du français. Ils sont alors représentés en italique. Mais il a aussi souvent été nécessaire d'utiliser leur représentation selon l'alphabet phonétique international (API) : ces notations sont alors entre //, comme les transcriptions phonétiques de mots entiers. (Ex. : *pou* contient le son *ou* /u/ et se prononce /pu/). On trouvera cet alphabet phonétique p. 179.

Abréviations

    anc. fr. : ancien français
    all.   : allemand
    angl.   : anglais
    esp.   : espagnol
    fr. mod. : français moderne
    fr.   : français
    lat.   : latin
    néerl.   : néerlandais
    port.   : portugais
    roum.   : roumain
    COD   : complément d'objet direct
    V   : verbe

* devant un mot, signale une forme reconstruite et non attestée (ex. : *exmagare)
\> signifie 'a donné' (ex. *mare>mer*)
\< signifie 'vient de' (ex. *mer<mare*)

On a utilisé les guillemets simples pour présenter un sens (ex. : *bistourner*, 'estropier')

1

LES ORIGINES : LES FAMILLES DE LANGUES

Peut-on connaître l'origine des langues ? Des langues de peuples très éloignés géographiquement peuvent-elles avoir une origine commune ? Jusqu'où peut-on remonter dans le temps pour trouver les plus lointaines origines du français ? Le français est-il apparenté aux autres langues d'Europe ?

La parenté des langues (page 12)
Elle a été reconnue dès le Moyen Âge pour les langues parlées en Europe et au Moyen-Orient, plus tardivement pour les autres langues du monde, et a été conçue comme une relation entre langues ayant une origine commune, descendant toutes de la même langue mère.

L'indo-européen (page 15)
Reconstitué conjecturalement par les linguistes, il serait la langue mère d'où viennent presque toutes les langues d'Europe. Si le répertoire des langues appartenant à la famille indo-européenne est à peu près acquis, l'origine des Indo-Européens et les modalités de leur dispersion sont encore sujet à controverse.

Les langues romanes (page 19)
Les langues romanes sont une sous-branche de la famille indo-européenne : français, italien, espagnol, portugais et roumain sont en effet issus du latin, qui appartient à la famille italique, elle-même ramification de la famille indo-européenne. Les autres langues qui ont influencé le français appartiennent aussi à des sous familles indo européennes, la famille celtique et la famille germanique.

La parenté des langues

À la recherche des origines

Quelle est l'origine des langues ? Le langage humain est-il apparu en un seul point du globe, pour se répandre ensuite, au gré des migrations, ou bien y a-t-il eu plusieurs foyers disséminés ? Y a-t-il eu une ou plusieurs langues originelles, et ces **langues mères** [1], trop anciennes pour que l'écriture puisse en apporter témoignage, est-il possible d'y avoir accès d'une façon ou d'une autre ?

À ces questions, qui ont depuis longtemps fait rêver l'humanité, les linguistes de la fin du XIXe siècle, qui se sont attachés à comparer les concordances et les différences entre les langues, ont répondu en regroupant les langues du monde en familles, chaque famille représentant un groupe de langues ayant une origine commune. Les mieux définies de ces familles (ou sous-familles) sont la famille indo-européenne, dans laquelle se retrouvent, entre autres, la plupart des langues parlées en Europe, la famille sémitique, dont les deux représentants majeurs sont l'arabe et l'hébreu, la famille finno-ougrienne (finnois et hongrois), membre elle-même d'une possible famille ouralo-altaïque qui comprend aussi les langues turques et mongoles ; les familles des langues africaines, asiatiques, indiennes d'Amérique et polynésiennes sont moins bien établies (voir pp. 175-177). Suivant la richesse de la documentation accessible, et en particulier l'existence ou non d'écritures attestant des états anciens et des langues mortes, ces regroupements sont sûrs pour certaines familles, plus controversés pour d'autres.

Les erreurs des premiers rapprochements

Des apparentements de langues ont été pressentis assez tôt, mais de façon souvent erronée, par des observations portant sur des **ressemblances de lexique**, les plus faciles à observer. Ainsi, Platon, dans le *Cratyle,* pense déceler des emprunts du grec au phrygien ; de même, plus tard, certains grammairiens grecs vivant à Rome se sont fondés sur la ressemblance des termes de parenté et celle des numéraux en grec et en latin pour proposer une filiation entre ces deux langues. Ces relations n'étaient d'ailleurs pas complètement fausses, puisque l'on sait maintenant que les langues observées sont apparentées. Disons qu'elles sont cousines, au lieu d'être, comme le croyaient les anciens, mère et fille.

Plus tard, avec l'expansion de la religion catholique, il s'est trouvé de nombreux philosophes ou linguistes pour soutenir l'origine hébraïque de toutes les langues du monde et donc de la langue française (*cf.,* pour ne citer qu'un exemple : *L'harmonie étymologique des langues Hébraïque, Chaldaïque, Syriaque, Grecque, Latine, Françoise, Italienne, Espagnole, Allemande, Flamande, Angloise, etc. où se démontre que toutes les langues sont descendues de l'hébraïque,* d'Estienne Guichard, 1606). On reconnaît là l'influence du mythe de la tour de Babel tel qu'il apparaît dans la Bible : l'hébreu est la langue originelle de l'humanité, seul l'orgueil des hommes, qui voulaient s'égaler à Dieu, a été cause de la différenciation des langues. Cette opinion, qui était celle des Pères de l'Église, avait encore suffisamment de force à la fin du XVIIe siècle pour mériter d'être combattue par Leibniz.

---

1. Les mots en italique et en gras sont définis dans le glossaire, pp. 201-204.

Une curieuse façon d'étudier l'origine des langues
La question de l'origine des langues s'est posée très tôt. Ainsi, selon Hérodote, un prince égyptien voulant savoir si la langue originelle était l'égyptien ou le phrygien fit enfermer deux enfants dès leur naissance, en interdisant qu'on leur adressât la parole. En observant leurs premiers balbutiements, on crut remarquer que l'un d'entre eux avait prononcé le mot *becus,* qui signifiait 'pain' en égyptien. On en conclut donc, à la grande joie du prince, que l'égyptien était la mère de toutes les langues.

Moyen Âge : la reconnaissance des parentés

Cependant, c'est dès le Moyen Âge que des rapprochements sérieux ont été faits entre des langues voisines et que des érudits ont commencé à entrevoir l'existence d'apparentements entre les langues.

Au Moyen-Orient, par exemple, c'est dès le Xe siècle que des grammairiens juifs et arabes ont remarqué les similitudes entre l'hébreu et l'arabe et entrevu l'existence d'une famille que l'on appellera plus tard la famille sémitique.

En Europe, l'origine latine de certaines langues a été reconnue par Dante au tout début du XIVe siècle *(De vulgari eloquentia).* Ces langues parentes, il les appelait selon leur façon de dire *oui :* langues de *si* (italien), d'*oïl* (français) et d'*oc* (occitan), et il opposait ces langues du sud de l'Europe, issues du latin, aux langues du nord, ou langues de *yo.* Plus tard, de nombreux chercheurs, comme H. Estienne au XVIe siècle *(De latinitate falso suspecta)* et Ménage au XVIIe *(Origines de la langue française),* présentèrent des hypothèses solides sur les origines du français.

Enfin, d'autres apparentements ont aussi été pressentis dès le XIIIe siècle : entre le grec ancien et les dialectes grecs modernes par Roger Bacon, entre certaines langues d'origine celtique par Giraud de Cambrie.

Une étape importante : la découverte du sanscrit

L'observation des similitudes

Mais c'est surtout au XVIIIe siècle, avec les grands voyages d'exploration, le développement des activités missionnaires et l'établissement de comptoirs commerciaux dans les contrées lointaines, que la connaissance des langues du monde s'est suffisamment enrichie pour que le problème de la différence des langues et donc celui de leur parenté puisse se poser de façon sérieuse. Dès la fin du XVIe siècle, des voyageurs remarquent la ressemblance entre les langues de l'Inde et le grec, le latin, l'italien, d'autres entre le persan, le latin, le grec et les langues germaniques. Au XVIIIe siècle, plusieurs missionnaires érudits étudient le sanscrit (langue sacrée de l'Inde, datant, comme le latin et le grec, du premier millénaire avant notre ère) et s'intéressent aux ressemblances de cette langue avec les langues d'Europe. L'aboutissement de ces recherches est la reconnaissance, par l'anglais William Jones, en 1787, de l'existence d'une famille de langues regroupant le sanscrit, le latin, le grec, les langues germaniques, les langues celtiques et le persan :

> « La langue sanscrite, quelle que soit son antiquité, est d'une structure admirable, plus parfaite que le grec, plus riche que le latin et plus raffinée que l'un et l'autre ; on lui reconnaît pourtant plus d'affinité avec ces deux langues, dans les racines des verbes et dans les formes grammaticales, qu'on ne pourrait l'attendre du hasard. Cette affinité est telle, en effet, qu'un philologue ne pourrait examiner ces trois langues sans croire qu'elles sont sorties d'un source commune, qui peut-être n'existe plus. Il y a une raison semblable, mais qui n'est pas tout à fait aussi victorieuse, pour supposer que le gothique et le celtique, bien qu'amalgamés avec un idiome très différent, ont eu la même origine que le sanscrit ; et l'on pourrait ajouter le persan à cette famille [...] »
>
> W. Jones, *On the Hindus. Third discourse.* 1788, cité d'après B. Sergent, *Les Indo-Européens*, Payot, 1995, p. 26

Une approche scientifique nouvelle

Ainsi, c'est par l'approfondissement de la connaissance du sanscrit, langue dont on pensa qu'elle avait conservé une morphologie et un système consonantique plus archaïques que le latin et le grec ancien, que put être supposée l'existence d'une famille de langues dite indo-européenne. En effet, ce n'est que par une observation minutieuse des concordances régulières entre les langues que peut être établie leur parenté, car on ne peut se fonder sur de simples similitudes lexicales, qui ne signifient rien et peuvent être dues au hasard : *bad* veut dire « mauvais » en anglais et en persan, alors que l'histoire de ces deux mots montre qu'ils ont une origine complètement différente. Elles peuvent aussi être dues à l'emprunt, lorsque deux langues ont été en contact : ce n'est pas parce que les mots français *algèbre, alchimie* ou *zéro* et *zénith* viennent de l'arabe que ces deux langues sont parentes.

Les érudits eurent donc à inventer une méthode pour rendre compte des similitudes surprenantes entre des langues éloignées, et c'est ainsi que les stimulantes remarques des premiers observateurs aboutirent, au XIXe siècle, à la naissance d'une science nouvelle, la grammaire comparée, dont les tenants, vers le milieu du siècle, prirent le nom de néo-grammairiens.

La grammaire comparée

Les débuts du comparatisme

Même s'il eut des précurseurs, on peut considérer comme fondateur l'ouvrage de F. Bopp (*Vergleichende Grammatik*, 1833-1849) qui rapproche les conjugaisons du sanscrit, du grec, du latin, du persan et du germanique, dans l'espoir de trouver un « état primitif » de toutes ces langues. Voici, par exemple, deux formes du verbe *être* dans différentes langues indo-européennes dont le sanscrit :

Français	Sanscrit	Grec	Latin	Celtique	Germanique	Slave
il est	asti	esti	est	is	ist	jestù
ils sont	santi	eisi	sunt	it	sind	sotu

Les « lois » phonétiques

Après Bopp, la recherche se portera sur l'étude de certaines corrélations phonétiques stables entre langues apparentées : après avoir observé que, par exemple, *cent* se dit *centum* (prononcé /kentum/), *cent, cien, cento, cem, tschien, sutä* dans les langues romanes, *eh-katon* en grec, *hund, hundred, hundert, hundra*... dans les langues germaniques, *kant, céad, cant* dans les langues celtiques, *sto* dans toutes les langues slaves, *simt, sinta* dans les langues lituaniennes, *sad, sed, södö, sal* dans les langues iraniennes, *ha, shô, so, sath, sembor* dans les langues indiennes et confronté ces informations avec d'autres observations du même type, on pourra établir qu'au /k/ initial latin, correspond /h/ en germanique (*centum, cornu* en latin, *hundred, horn* en anglais, *Hundert, Horn* en allemand) mais /s/ dans les langues slaves, iraniennes et indiennes. De la même façon, on établira qu'au /p/ initial latin correspond, par exemple, un /f/en germanique (*pedem, piscem, patrem* en latin, *foot, fish, father* en anglais *Fuss, Fisch, Vater* – prononciation /fater/ – en allemand), au /f/ latin, un /b/ en germanique (*fratrem* en latin, *brother* en anglais, *Bruder* en allemand), etc. Ces corrélations, dont la régularité sera vite constatée, aboutiront à la notion de loi phonétique : à une époque donnée, diront les néo-grammairiens, quand un certain son connaît un changement phonétique, ce changement s'accomplit chez tous les membres d'une même communauté linguistique et dans tous les mots sans exception comportant ce son. Si certains mots semblent échapper à ces lois, leur évolution devra être expliquée autrement : il s'agit le plus souvent d'emprunts à d'autres langues ou de modifications dues à l'analogie.

Comment procèdent les comparatistes

Depuis les anciens Égyptiens, la réflexion sur la parenté des langues a beaucoup évolué. Ainsi, les comparatistes commencèrent par constater des parentés sémantiques : par exemple, ils rapprochèrent le latin *cerebrum* qui signifie 'le cerveau, l'esprit' du grec *kara* et de l'allemand *Hirn* qui ont le même sens ; de même, *carpere*, qui signifie en latin 'cueillir', leur parut pouvoir être rapproché du vieux-haut-allemand *Herbist* ('vendange, automne'), de l'allemand de même sens *herbst* et de l'anglais *harvest* ('moisson, récolte'). Une fois plusieurs correspondances de ce type établies (*cf.* ci-dessus 'cent' : lat., *centum*, grec, *he-katon*, germanique, *hund*), il leur était loisible de constater que le /h/ germanique correspond au /k/ latin et grec, et si cette correspondance était confirmée par de nombreux exemples, ils pouvaient poser une loi d'évolution phonétique.

L'indo-européen

Mais les grammairiens comparatistes sont allés plus loin et, à partir des familles de langues encore attestées, ils ont tenté de reconstruire une langue mère que l'on appelle le ***proto***-indo-européen (c'est-à-dire l'indo-européen primitif), dont se seraient détachées, à des époques indéterminées, les langues filles. Nous distinguerons ici trois points : la famille des langues indo-européennes, le proto-indo-européen en tant que langue, et les Indo-Européens, c'est-à-dire le ou les peuples indo-européens primitifs.

Les langues indo-européennes

Les relations de parenté entre les langues dites indo-européennes sont indéniables. La famille des langues indo-européennes, elle-même ramifiée en sous-familles (voir tableau p. 20 et fiche p. 178) – outre quelques langues mortes comme le tokharien et le hittite dont la découverte et la reconstitution furent une passionnante aventure intellectuelle –, comprend aussi la grande famille indo-iranienne qui regroupe les langues de l'ouest de l'Asie (ainsi que le tzigane) et, en Europe, l'arménien, l'albanais, la famille hellénique (à laquelle appartenait le grec ancien), la famille balte, la famille slave, la famille celtique (à laquelle appartenait le gaulois), la famille germanique et la famille italique (à laquelle appartenait le latin). On peut donc constater l'extension géographique des langues de la famille indo-européenne, qui couvrent l'Inde, une partie de l'Asie Mineure et la presque totalité de l'Europe : les principales langues non indo-européennes d'Europe sont le finlandais, le lapon et le hongrois (finno-ougrien), le turc (ouralo-altaïque), le basque (caucasien?). Tout le reste de l'Europe parle des langues de même très lointaine origine.

Ce qui reste hypothétique, en revanche, ce sont les arborescences que l'on construit pour proposer une datation relative (les dates réelles étant impossibles à déterminer) de la séparation de ces langues ; c'est souvent la façon même dont on conçoit leur séparation qui est contestée. Voici l'arborescence qu'August Schleicher établissait en 1862.

L'arborescence d'August Schleicher

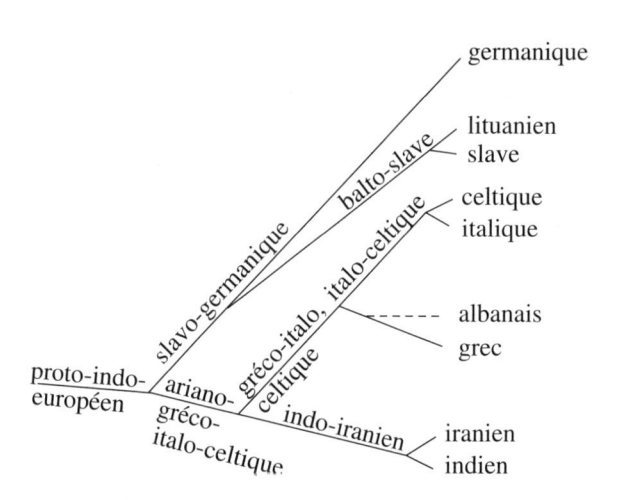

À l'heure actuelle, des linguistes aidés d'informaticiens continuent à travailler dans ce domaine, en comparant systématiquement les données en leur possession, mais ces modèles généalogiques – proches de celui que Darwin, contemporain des néo-grammairiens, proposait pour l'évolution des animaux – ne sont pas toujours acceptés. On leur reproche de supposer une langue d'origine assez unifiée, des phénomènes de séparation brusque (départ de tribus conquérantes) et de très peu tenir compte de possibilités d'emprunts pacifiques (troc, expansion de nouvelles techniques comme l'agriculture, le cuivre, le bronze, le cheval) et des variations dues aux langues en contact, c'est-à-dire que, comme le remarquait L. Bloomfield :

> « Cela revient à supposer deux choses : premièrement, que la communauté parente était totalement homogène quant à la langue et deuxièmement, qu'elle s'est divisée soudainement et brutalement en deux communautés filles ou plus, qui ont ensuite perdu tout contact. [...] Ceux qui étudièrent les premiers l'indo-européen ne se rendirent pas compte que le diagramme arborescent n'était qu'un effet de leur méthode : ils considéraient l'homogénéité des langues mères et leur division soudaine et radicale comme des réalités historiques. »
>
> L. Bloomfield, *Language*, 1935, cité par C. Renfrew, *L'Énigme des Indo-Européens*, Flammarion, 1992, p. 129-130

Le proto-indo-européen

Le proto-indo-européen, tel qu'ont cru pouvoir le reconstituer les comparatistes, devait être une langue dans laquelle les noms se déclinaient et connaissaient trois nombres : le singulier, le duel et le pluriel, et deux genres : l'animé (scindé plus tard en masculin et féminin) et l'inanimé (devenu plus tard le neutre). Le verbe avait deux voix : l'actif et le médio-passif, trois modes : l'indicatif, le subjonctif, l'optatif, ainsi que de nombreuses formes d'impératif ; pour les temps, le prétérit et le futur semblent avoir été des créations tardives.

La reconstitution des nombres en indo-européen

1 : *sem - et *oy-no/*oy-k^{w}o
2 : *dwo(u))
3 : *tréyes
4 : *k^{w}etwores
5 : *pénk^{w}e
6 : *s(w)eks
7 : *septm
8 : *okto(u)
9 : *néwn
10 : *dékm

L'astérisque devant une forme indique que celle-ci n'est pas attestée, mais reconstituée.

À la fin du XIXe siècle, dans le contexte épistémologique de la reconstruction des animaux à partir de quelques fragments osseux, des manuscrits originaux par la comparaison des variantes, des civilisations, des monuments et des langues révolues, les grands indo-européanistes pensaient pouvoir écrire des phrases ou même des fables (comme le fit A. Schleicher) en indo-européen ; plus tard, avec la progression de l'étude du phonétisme de cette langue, les racines se mirent à ressembler davantage à des formules algébriques, ne visant plus à reproduire une prononciation mais à indiquer des places dans un système.

Quoi qu'il en soit, on peut se demander si le proto-indo-européen des linguistes a réellement existé. Langue de peuplades ne connaissant pas l'écriture, il ne s'agit pas d'une langue attestée, mais d'une langue reconstituée hypothétiquement : en fait, ce n'est pas *un* indo-européen qui a dû être parlé réellement, mais *des* indo-européens, des dialectes assez voisins, parlés par des peuplades dont les formes d'expansion sur toute l'aire géographique occupée aujourd'hui par les langues filles restent assez problématiques.

Les Indo-Européens

D'où venaient ces peuplades ? Encore une question controversée que celle de la localisation du foyer de dispersion supposé, et il est même assez amusant de voir que les localisations proposées ont souvent été en rapport avec l'origine géographique des chercheurs, la plus sinistrement célèbre de ces thèses étant celle de Germains venus du nord de l'Allemagne et de la Scandinavie, parce qu'elle fut reprise par l'idéologie nazie, dans une optique de suprématie de la race indo-européenne (Indo-Européens censément blonds et aux yeux bleus, désignés, peu logiquement, par le terme *Aryens*, à partir du nom ancien des Indiens : *Arya*). Mais on a aussi placé le foyer de dispersion en Asie, au Turkestan ou au Kazakhstan, en Ukraine, dans le nord des Carpates, vers la Pologne et la Lituanie, au Moyen-Orient enfin et particulièrement en Anatolie (Turquie).

> **Une thèse controversée :**
> **l'Anatolie et la diffusion de l'agriculture**
>
> Pour l'archéologue anglais Colin Renfrew, qui conteste la théorie de l'expansion par des invasions de tribus migratrices, les premières langues indo-européennes seraient nées vers 7000 avant notre ère, en Anatolie, et se seraient répandues, entre – 6500 et – 5500, en même temps que la culture des céréales, vers la Grèce, puis les Balkans et l'Europe centrale, l'Allemagne et la Pologne et, un peu plus tardivement, sur tout le pourtour nord du bassin méditerranéen pour occuper, vers – 4500, la majeure partie de l'Europe occidentale. Pour lui, l'amélioration des conditions de vie par l'agriculture a entraîné une expansion démographique qui a lentement absorbé les ethnies beaucoup plus clairsemées du reste de l'Europe (on parle de « vagues d'avancée » de vingt kilomètres par génération).
> Inutile de dire que cette hypothèse, qui avance de plus de deux millénaires l'expansion des Indo-Européens et qui remet en question les présupposés linguistiques (*cf.* Bloomfield, p. 15) sur lesquels repose toute la recherche indo-européaniste, est très controversée.

La thèse actuellement dominante repose en partie sur les travaux archéologiques de Marija Gimbutas portant sur l'expansion de la civilisation néolithique des tumulus funéraires dite civilisation des « Kourganes », du nom que les Russes donnent à ces imposants tumulus : les Indo-Européens sont identifiés comme les porteurs de cette culture. On considère généralement qu'il y a eu un double foyer d'expansion : l'Europe danubienne, l'actuelle Ukraine, au nord de la mer Noire, qui serait le point de départ de l'expansion vers le sud et l'est, et les steppes de la Russie méridionale, dont les nomades auraient été les ancêtres des peuples indo-iraniens. On pense que des tribus indo-européennes, des cavaliers semi-nomades, ont commencé à se mettre en marche vers le IVe ou le IIIe millénaire (juste avant le début de l'âge de bronze, mais il y avait déjà des hommes en Europe avant eux), soumettant les populations avoisinantes qui auraient adopté peu à peu leur civilisation et leur langue. En Europe, le basque, qui a survécu, l'ibère, le picte au nord de l'Écosse et l'étrusque en Italie, langues mortes dont nous avons gardé quelques traces, sont des vestiges des langues des populations antérieures aux Indo-Européens.

Peut-on remonter plus loin encore dans l'histoire des langues ?

Certains linguistes russes estiment que le basque est rattachable aux langues du nord du Caucase et suggèrent l'existence d'un proto-nord-caucasien ayant essaimé en Europe avant l'indo-européen.

Deux autres chercheurs, V. Illich-Svitych et A. Dolgopolsky, pensent pouvoir prouver l'existence d'une famille qui regrouperait l'indo-européen, l'afro-asiatique, le dravidien, l'altaïque et l'ouralique. Ils appellent cette famille le nostratique et la considèrent comme dérivée d'une langue parlée dans le Proche-Orient il y a quinze mille ans, langue qu'ils appellent le proto-nostratique.

Enfin, les linguistes Joseph Greenberg et Merrit Rulhen vont encore plus loin, rattachant à cette famille les langues amérindiennes et esquimau-aléoutes : des racines comme *mlk* signifiant 'lait', 'gorge', 'poitrine' ou 'traire', comme *tik* signifiant 'doigt' ou 'un', ou comme aq^wa, 'eau' se retrouveraient dans toutes ces langues.

Pour passionnantes qu'elles soient, toutes ces hypothèses sont encore à prendre avec la plus grande prudence.

Les langues romanes

La *Romania*

Parmi les langues indo-européennes, une petite langue de la famille italique a connu une fortune singulière, le latin. Du fait de la nature conquérante des habitants de la ville de Rome et de la constitution d'un empire, le latin, contaminé par le parler des populations dominées, est à l'origine d'une famille de langues, les langues romanes, dont les principales sont l'italien, le français, l'espagnol, le portugais et le roumain. On appelle *Romania* le domaine couvert par ces langues.

Il est facile de constater la ressemblance entre les mots du vocabulaire courant des langues romanes :

Latin	Français	Espagnol	Italien	Portugais	Roumain
facere	faire	hacer	fare	fazer	face
schola	école	escuela	scola	escola	scoala
filia	fille	hija	figlia	filha	fiica
plenus	plein	lleno	pieno	cheio	plin
computare	compter	cuentar	contar	contar	conta
plorare	pleurer	llorar	plorar	chorar	plinge

On peut ainsi remarquer certaines régularités ; par exemple, *pl* (latin, roumain et français) correspond à *ll* en espagnol et à *ch* en portugais.

Comme on le verra dans le prochain chapitre, le français est une langue issue du latin qu'avaient adopté les colonisés, une population gauloise (parlant une langue d'origine celtique). Cette population gallo-romaine a ensuite subi des invasions germaniques, qui ont aussi influencé la langue française.

L'indo-européen et la formation du français

Les principales familles de langues indo-européennes

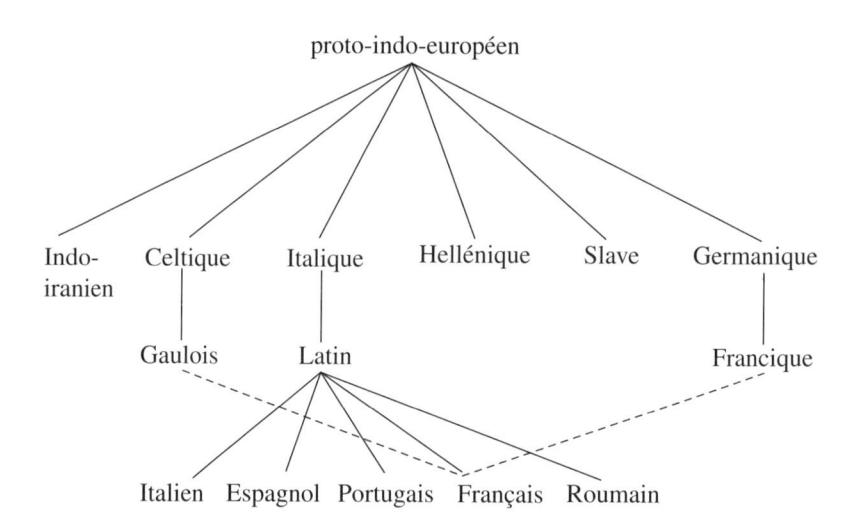

```
                        proto-indo-européen
         ┌──────┬──────┬──────┬──────┬──────┐
       Indo-  Celtique Italique Hellénique Slave Germanique
      iranien   │        │                         │
              Gaulois   Latin                   Francique
                      ┌──┬──┬──┐
                  Italien Espagnol Portugais Français Roumain
```

Si l'on considère le tableau ci-dessus, tableau très simplifié, qui ne prétend que visualiser les influences ayant joué dans la formation du français, il est possible de faire quelques constatations :

– au sein de la grande famille indo-européenne, les langues se regroupent encore en sous-familles ; latin et grec, vieux slave, francique, par exemple, appar-

tiennent chacun à des sous-familles différentes : italique pour le latin, hellénique pour le grec, slave pour le vieux slave et germanique pour le francique ;
– les plus proches parents du français sont l'italien, l'espagnol, le portugais, le roumain : on parle de langues *romanes,* toutes issues du latin ;
– les langues qui, d'une façon ou d'une autre, ont contribué à la formation du français : gaulois, langues germaniques, latin, sont toutes des langues indo-européennes, mais de sous-familles différentes.

On peut aussi remarquer que les langues régionales parlées en France sont elles aussi de familles différentes : outre le basque, non indo-européen, le breton se rattache à la famille celtique (sans doute réimporté en France par des Bretons insulaires fuyant l'invasion saxonne aux Ve et VIe siècles), l'alsacien à la famille germa-nique, tandis que wallon, occitan et catalan sont d'origine romane.

Pour les grammairiens comparatistes, le français a été une langue dont l'étude était privilégiée : contrairement à ce qui se passe pour beaucoup de langues non romanes, les témoignages écrits n'ont jamais fait défaut depuis le latin jusqu'au français moderne et les évolutions sont bien attestées. De plus, on a tous les témoignages voulus sur la langue à partir de laquelle se ramifient les langues romanes, le latin, ainsi que sur les causes de ces divergences, tandis que le point de ramification des langues germaniques ou slaves, s'il a existé, nous reste inconnu.

SYNTHÈSE

Les langues du monde peuvent être regroupées en familles. Parmi celles-ci, l'indo-européen regroupe la quasi-totalité des langues de l'Europe. Le français est une langue indo-européenne. Mais l'indo-européen se divise aussi en sous-familles, dont l'une, la famille des langue romanes, regroupe les langues qui descendent du latin. Le français est aussi une langue romane. Enfin, deux autres langues non romanes mais indo-européennes, le gaulois (celtique) et le francique (germanique), ont joué un rôle dans la formation du français.

Pour en savoir plus

J. PERROT, *La Linguistique,* PUF, Que sais-je ?, 1967	Ce petit ouvrage de vulgarisation donne un résumé intéressant de l'histoire et des méthodes de la linguistique comparative.
C. RENFREW, *L'Énigme des Indo-Européens,* Flammarion, 1992	Propose l'hypothèse, controversée, de l'expansion par vagues démographiques, à partir de l'Anatolie. Touffu mais stimulant.
B. SERGENT, *Les Indo-Européens : histoire, langues, mythes,* Payot, 1995	536 pages : tout ce qu'il faut savoir sur les Indo-Européens, la linguistique n'occupant qu'une petite partie de l'ouvrage. Le chapitre I présente un bilan très complet de la recherche indo-européaniste, le chapitre III décrit sommairement le proto-indo-européen.

2

LA FORMATION DU FRANÇAIS : GAULOIS, ROMAINS ET GERMAINS

Pourquoi ne parle-t-on pas gaulois en France ? Pourquoi n'y parle-t-on pas non plus la langue des Francs, le francique ? Comment le latin s'est-il imposé en Gaule ? Reste-t-il des traces de gaulois et de francique en français moderne ? Pourquoi le français est-il si différent du provençal et des autres langues romanes ?

La préhistoire du français (page 23)
La préhistoire du français nous est peu connue et les témoignages linguistiques ne remontent qu'à six cents ans avant Jésus-Christ. Mais les peuplades dont nous connaissons l'existence à cette époque, Ligures et Ibères, n'ont pas eu d'influence notable sur la langue française. Seuls quelques mots des Grecs, installés en petites colonies sur le pourtour méditerranéen, sont passés en français par l'intermédiaire du provençal.

Les Gaulois (page 24)
Les Gaulois parlaient une langue d'origine celtique et ne se sont installés sur le territoire de la future France que cinq cents ans avant Jésus-Christ. Mais on a continué à parler gaulois longtemps après la conquête romaine : il en est resté quelques traces dans le lexique et peut-être aussi la prononciation du français.

La colonisation romaine (page 26)
Après la conquête de la Gaule, c'est le fait le plus important de l'histoire de la langue française, puisque cette langue est née de l'évolution, au cours des siècles, du latin, la langue des Romains que les Gaulois finirent par adopter.

Les invasions germaniques (page 28)
Les invasions germaniques ont entraîné une évolution du latin plus importante dans le nord de la Gaule – où les Francs s'installèrent de façon durable – que dans les autres régions. C'est ainsi que le français s'est fortement différencié des autres langues romanes.

La préhistoire du français

Les populations néolithiques
On n'a que peu d'éléments sur les ethnies qui ont occupé le territoire de la France avant l'installation des Gaulois, vers 500 avant notre ère. Les fouilles, qui mettent au jour de nombreux ossements, montrent que le territoire était très peuplé : vers – 10000, un peuple dit « magdalénien » d'hommes de petite taille semble avoir vécu dans la vallée de la Vézère (Dordogne, grottes dont la plus connue est celle de Lascaux). Puis des migrations ont dû se produire, en relation avec des changements climatiques, dans des conditions que l'on ignore. Vers le IVe ou IIIe millénaire avant notre ère s'est développée la civilisation des constructeurs de mégalithes, dolmens et menhirs, qui apparaissent d'abord sur le territoire français (les datations au carbone montrent que cette culture a vu le jour en Bretagne) et se répandent ensuite en Espagne, en Angleterre, au Danemark et sur le pourtour méditerranéen jusqu'en Abyssinie.

Si l'on connaît de ces premiers occupants les dessins conservés sur les parois des cavernes paléolithiques ou néolithiques et les pierres dressées, on ignore tout de leur(s) langue(s), que l'on suppose pré-indo-européenne(s).

Ligures et Ibères
Les premières populations dont les noms nous sont parvenus sont les Ligures, qui occupèrent le sud-est du territoire de la France (le bassin du Rhône, la Franche-Comté), la Suisse et les montagnes du nord de l'Italie, et les Ibères, qui remontèrent d'Espagne jusqu'à la Loire, sans doute vers – 600.

Les Ligures
On pense aujourd'hui que les Ligures parlaient une langue indo-européenne (peut-être même italo-celtique), dont quelques termes sont passés en provençal, en savoyard et, par emprunt, en français (par exemple, sur le suffixe ligure *-anque*, le mot *calanque* emprunté au provençal et le mot *avalanche* venu des Alpes, les toponymes gallo-romans en *-ascus*, d'où *Tarascon*, ou *-iscus*, *-oscus*, comme dans *Manosque*).

Les Ibères
Les Ibères, qui parlaient une langue non indo-européenne, attestée assez tardivement par quelques inscriptions dont le sens nous échappe, étaient apparus dans l'Europe de l'Ouest dès le VIe millénaire avant notre ère. Ils ont laissé encore moins de mots à notre langue, car ceux que l'on cite ont disparu du vocabulaire courant, comme *artigue*, « champ défriché ». L'aquitain, langue ibérique, serait l'ancêtre du basque que certains chercheurs, actuellement, considèrent comme une langue caucasienne.

Des colonies grecques
Vers – 600 aussi, des marins phocéens (grecs d'Asie Mineure) s'installèrent sur la côte méditerranéenne. Les noms de lieux surtout témoignent de leur passage : *Massilia* donne *Marseille* ; *Heracles Monoikos*, 'Hercule le solitaire', *Monaco* parce que ce héros y avait un temple ; *(Théa) Nikaia*, 'la déesse de la

Victoire', *Nice* ; *Antipolis*, 'la ville d'en face', *Antibes* ; *leukas*, '[la] blanche', *Leucate* ; *Agathê tukhê*, 'la bonne fortune', *Agde* ; *Aphrodisias*, latinisée plus tard en *Portus Veneris* ('le port de Vénus' – *Vénus* est le nom latin d'*Aphrodite*), *Port-Vendres*. Mais les rapports des Grecs avec la population locale furent rares et presque uniquement commerciaux ; aussi le grec ne devint-il pas la langue du pays, bien que quelques mots grecs soient restés, en provençal surtout. Plus tard, entre – 159 et – 120, cette population, menacée par des attaques gauloises, appela au secours les Romains, ses alliés. Ce fut la première colonisation romaine de la Gaule : la région conquise reçut le nom de *provincia (romana)*, aujourd'hui *Provence*.

Le français contient quantité de mots grecs, mais d'introduction plus tardive et fréquemment d'origine savante. Citons comme mots introduits à cette époque et passés du provençal au français des mots comme *ganse, dôme* ('maison' en grec), *enter* (= greffer), *biais, trèfle*.

Les Gaulois

L'invasion celte

C'est vers – 500 qu'aurait eu lieu l'invasion celte, mais des infiltrations s'étaient sans doute produites bien antérieurement. Venus d'une région correspondant aux territoires actuels de la Bavière et de la Bohême, où leur présence est attestée il y a plus de 3 000 ans, ils occupent progressivement la majeure partie de l'Europe de l'Ouest et parviennent jusqu'à cette péninsule du bout de l'Europe qui deviendra la France, puis repartent par le nord de l'Italie jusqu'au Danube et même jusqu'en Asie Mineure, au troisième siècle avant notre ère. On les connaît sous des noms différents : Bretons sur le territoire de l'Angleterre, Gaulois sur celui de la France, Celtibères au nord de la péninsule ibérique, où leurs ethnies fusionnèrent avec celles des Ibères, Galates en Asie Mineure.

> **Certitudes et incertitudes**
>
> Selon des hypothèses plus récentes, celles de l'expansion agricole des Indo-Européens (C. Renfrew, *cf.* encadré chap. 1, p. 18), les populations néolithiques étaient déjà indo-européennes dès – 6000 dans le sud de la France et dès – 5000 dans le nord. Il ne serait donc pas certain que les Celtes soient arrivés en Europe de l'Ouest avec la culture et la langue qu'on leur a connues ensuite : selon C. Renfrew, ce serait au contact des peuples qui vivaient déjà sur place que celles-ci se seraient élaborées. Qu'il soit possible de proposer des datations aussi différentes montre à quel point sont fragiles nos connaissances sur les peuples de la préhistoire – et surtout sur leurs langues, puisque, par définition, on n'en a aucune trace écrite.

Les Gaulois, à l'époque où on commence à les connaître, avaient une langue divisée en nombreux dialectes mais présentant une certaine unité, comme leurs coutumes et leur religion, dont le sacerdoce était exercé par les druides. Au moment de la conquête romaine, selon César, la Gaule transalpine était divisée en trois parties (elles-mêmes terriblement subdivisées, puisque l'on comptait environ 330 petits « rois ») : la Gaule aquitaine, de la Garonne aux Pyrénées, qui avait un parler proche du basque, c'est-à-dire non indo-européen ; la Gaule belgique, du Rhin à la Seine et à la Marne ; la Gaule celtique, de là jusqu'à la Garonne. On parlait dans ces territoires des langues séparées par des différences dialectales, mais on peut aussi se demander si tout le monde parlait gaulois dans les régions celtophones : restait-il, parmi les populations asservies quelque 550 ans plus tôt, des groupes parlant encore leur langue maternelle, ou bien ces populations avaient-elles été complètement assimilées ?

Après la conquête romaine, des témoignages indiquent que le gaulois a subsisté jusqu'aux IIIe et IVe siècles, voire jusqu'au Ve siècle et même plus tard dans certaines régions montagneuses. Il est donc normal que, bien que les Gaulois aient adopté le latin, langue de leur colonisateur, le contact des deux langues ait, à la longue, transformé le latin parlé dans ces régions celtophones.

Traces du gaulois en français

On appelle *substrat* une langue dominée qui influence ainsi la langue dominante qui la remplace peu à peu. On considère généralement comme dû à ce substrat gaulois un changement phonologique important, le passage du /u/ latin (prononcé comme notre *ou*) à /y/ (prononcé comme notre *u*), mais ce changement ayant eu lieu très tardivement, au VIIe siècle, l'influence gauloise est contestée. La palatalisation de certaines consonnes et le maintien de la prononciation du *s* final seraient sans doute aussi dus à la prononciation celte. Les Gaulois utilisaient aussi une numérotation inconnue du latin mais répandue dans les idiomes celtiques, la numérotation par vingt, qui subsistait encore au XVIIe siècle *(trois-vingts, six-vingts,* les *quinze-vingts, quatre-vingts).* Par ailleurs, le gaulois a laissé de nombreuses traces dans le lexique français. Outre des noms de lieux – en particulier ceux en *-ac* dans le sud, en *-y* dans le nord –, on trouve beaucoup de termes ruraux se référant aux travaux des champs : *sillon, glaner, javelle, soc, charrue, ruche,* ou à la configuration du terrain : *marne, grève, lande, boue, bourbier, galet, quai, talus,* de termes domestiques (la **langue maternelle** n'est-elle pas la langue de la mère ?), dont le plus bel exemple est le verbe *bercer,* de noms d'animaux et de plantes : *bouleau, bruyère, if, chêne* (l'arbre sacré des druides), *mouton, saumon, lotte, alouette, bouc,* quelques noms de mesures anciennes : *arpent, boisseau, lieue, pièce* (d'étoffe, de terrain, de métal). Certains termes réfèrent à des supériorités techniques des Gaulois : *cervoise, brasser, brasserie ; char, charpente, benne, jante* (les Gaulois étaient d'excellents constructeurs de chariots : ils utilisaient de grands chars à quatre roues que les Romains leur ont empruntés). Certains de ces mots étaient d'ailleurs passés en latin et se sont répandus dans toute la Romania comme le mot *char (carrus),* les termes *chemise (camisia)* et *braies (braca* : 'pantalon', mot qui est à l'origine du fr. mod. *braguette),* la chemise et le pantalon long des Gaulois ayant été adoptés peu à peu par les Romains.

Comment sait-on qu'un mot vient du gaulois ?
À part les noms propres de lieux, de divinités et de personnes, il ne reste que peu de choses du gaulois : quelques inscriptions incantatoires, peu compréhensibles et datables de − 200 à + 200. On a quelques témoignages venant des Romains eux-mêmes sur cette langue ; ainsi, les Latins disaient que la forme *alauda,* qu'ils avaient adoptée et d'où vient notre moderne *alouette,* était du gaulois. Et Pline indique que le mot *braces* (sur lequel a été formé le verbe *brasser*) désignait en gaulois l'épeautre, une céréale primitive. Dans les autres cas, on conjecture l'origine gauloise d'un mot si trois conditions sont réunies : que ce terme soit attesté très tôt dans la langue (parfois déjà en bas latin), qu'il n'existe pas en latin classique, et que des formes plus ou moins proches existent dans d'autres langues celtes (irlandais, cymrique, gaélique).

La colonisation romaine

L'adoption du latin en Gaule
Vers − 50 (entre − 59 et − 51 exactement) a lieu la conquête de la Gaule par les Romains, conquête qui avait été précédée, cent ans plus tôt, par celle de la Provence et par une forte colonisation dans la région narbonnaise. Il s'est alors instauré dans toute la Gaule une civilisation gallo-romaine qui durera jusqu'au Ve ou VIe siècle. Bien que la Gaule soit restée une zone de faible immigration romaine et que la romanisation linguistique n'ait jamais été imposée, le latin a été peu à peu adopté pour des raisons pratiques (communiquer avec le peuple dominant) comme à cause de la supériorité culturelle et politique des Romains et d'une volonté de romanisation des élites : droit de citoyenneté accordé à certains membres de l'aristocratie gauloise, organisation d'un enseignement supérieur où les jeunes nobles recevaient leur formation dans les villes de quelque importance : Autun, Marseille, Bordeaux, Lyon, Trèves, Poitiers, Toulouse, Reims. Ainsi, le latin devint **langue officielle** sur le territoire gallo-romain tandis que le gaulois demeurait la **langue maternelle** des populations colonisées.

Un latin de tous les jours
Le latin qui se parle en Gaule est cependant un latin plus tardif que le latin classique ; c'est aussi une langue non littéraire, outil de communication du plus grand nombre, avec des formes simplifiées et d'autres familières, imagées, voire argotiques. Une comparaison entre le français et l'espagnol, de tradition latine plus ancienne, est, dans ce domaine, instructive.

De la même façon que *edere,* devenu caduc, avait cédé la place, en Espagne, à *comedere (comer),* en Gaule à *manducare (manger), loqui,* qui signifiait 'parler' et dont la conjugaison déponente (forme passive, sens actif) était mal comprise, a été remplacé en Espagne par *fabulare* (qui donne *hablar*) forme refaite du latin *fabulari,* mais en Gaule par *parabolare* (qui donne *parler*), plus imagé, venu de l'Église : 'dire des paraboles'. Enfin, quand deux mots latins

> **« Manger complètement » ou « jouer des mandibules »?**
>
> « Le latin *edere*, 'manger', se trouvait pour deux raisons dans une position affaiblie : d'une part, à cause de ses formes devenues presque sans corps, et ensuite parce que certaines de ses formes concordaient presque entièrement, au point de vue phonétique, avec celles de *esse* (être). Rien d'étonnant que la latinité postérieure ait cherché à lui donner un remplaçant. Elle avait pour cela à sa disposition les verbes *comedere* 'manger complètement', *manducare* 'mâcher' (ou son simple *mandere*) et *papare*. Parmi ces verbes, il était fatal que *comedere* apparaisse comme le moins vulgaire, ne serait-ce qu'en vertu de ses rapports avec *edere*. Or, tandis que l'espagnol et le portugais perpétuèrent *comedere*, les autres langues romanes, le français, l'italien et le roumain, se décidèrent pour *manducare*. Ceci concorde en tous points avec ce que nous savons par ailleurs du caractère nettement plus soutenu et conservateur du latin ibérique, auquel les innovations propagées par Rome paraissaient aisément par trop plébéiennes. »
> W. von Wartburg, *Évolution et structure de la langue française*, Berne, Franke, 1946, pp.176-177

coexistaient, le français a hérité du plus descriptif : c'est par exemple le cas de *fervere* (qui donne l'espagnol *hervir*) et *bullire* (qui donne le français *bouillir*), proprement 'faire des bulles, bouillonner'.

Il convient cependant de distinguer deux phénomènes :
– d'une part, le choix de mots imagés, argotiques et plaisants comme *tête*, qui représente le latin *testa* 'terre cuite' (*cf.* aujourd'hui *bol* dans « en avoir ras le bol ») à côté de *chef* (*cf. couvre-chef*) qui vient du latin classique *caput* ; *jambe* (lat. *gamba*, 'paturon du cheval') à côté du classique *crus* ; *spatha*, qui a donné *épée*, désignait une latte de bois utilisée par les tisserands ;
– d'autre part, une évolution générale de la langue latine au cours des siècles, entraînant en latin tardif l'émergence dans la langue standard de tours considérés comme populaires – dans ce cas, les formes se retrouvent un peu partout dans la *Romania* –, comme par exemple la généralisation des diminutifs : *auris* remplacé par *auricula* (roum. *ureche*, it. *orecchio*, esp. *oreja*, fr. *oreille*), *agnus* par *agnellus (agneau)*, ou la substitution de formes plus simples pour les verbes à conjugaison difficile : *ferre*, remplacé par *portare (porter)*, ou plus étoffées : *ire* ('aller') remplacé par *ambulare (aller, nous allons)* et *vadere (je vais)*. La disparition de la déclinaison, la création des articles, l'emploi de prépositions là où le latin exprimait la fonction du mot dans la phrase par l'ajout d'un suffixe au radical du nom, l'extension des auxiliaires du verbe, l'apparition de nouvelles formes de futur sont aussi des caractéristiques de ce latin tardif. Certaines évolutions phonétiques, en particulier le bouleversement du système vocalique du latin classique, dû à la perte de l'opposition entre voyelles longues et voyelles brèves, sont largement attestées par des inscriptions romanes (épitaphes ou textes votifs).

Les invasions germaniques

La fin de la civilisation gallo-romaine

La Gaule romaine connut d'abord une période de prospérité et de stabilité, mais, dès la fin du siècle des Antonins, la vie sociale subit une sorte de désagrégation qu'accentuèrent, dès le début du IIIe siècle, les incursions des Germains : des villes entières tombèrent en ruine. En 275, une invasion générale des Barbares plongea la Gaule dans une période de ténèbres. La paysannerie libre fut absorbée par les grandes propriétés foncières : le servage apparut. Ainsi, le mot *vassal* (qui est à l'origine, par son diminutif **vassalitum,* de notre moderne *valet*) est un mot d'origine gauloise et non germanique.

On peut retenir deux dates importantes, en relation avec la menace barbare sur l'Empire : en 212, l'édit de Caracalla accorde la citoyenneté à tous les hommes libres de l'Empire et donc à l'aristocratie gauloise, qui est ainsi complètement assimilée et pourra devenir à son tour, par la suite, une force assimilatrice ; en 312, Constantin reconnaît le christianisme comme religion officielle de l'Empire. Les conséquences linguistiques de cet acte seront considérables, la cohésion culturelle n'étant plus maintenue que par la religion dans la période de barbarie qui suivit la chute de l'Empire romain. Le christianisme se développa à partir du IIIe siècle, si bien qu'au IVe siècle la plus grande partie de la population urbaine était convertie (trente-quatre évêques au moins) et que des abbayes, foyers de culture et de civilisation, s'installèrent ; or la langue officielle de cette religion était le latin, qui continua donc à progresser, en même temps que commençaient l'évangélisation des campagnes et la christianisation des vieilles traditions païennes, fêtes, lieux de culte et folklore surnaturel.

Les invasions

257	: incursion des Alamans et des Francs jusqu'en Italie et en Espagne
275	: invasion générale de la Gaule
286	: première invasion de la Gaule belgique
297-301	: invasion des Alamans dans la Séquanie
341-342	: établissement des Francs Saliens entre l'Escaut et la Meuse
407	: la grande invasion (Alains, Suèves, Vandales, Burgondes, Francs)
412	: les Wisigoths occupent le Midi
451	: déferlement mongol (les Huns)
476	: prise de Rome et destitution de l'empereur par Odoacre. Fin de l'Empire romain d'Occident

Du IIIe au VIe siècle eurent lieu les invasions des Burgondes, des Wisigoths, des Saxons. Ils déferlèrent sur le pays, qu'ils se partagèrent jusqu'à l'invasion des Francs.

Les Francs

Clovis était un Franc Salien, dont le peuple occupait le territoire de l'actuelle Belgique. Il envahit le royaume gallo-roman en 486, battit les Wisigoths en 507 et réunit le royaume des Burgondes à celui des Francs en 534. Il se convertit au christianisme (496) et reçut même le titre de consul romain, qui lui fut remis par un ambassadeur venu de Byzance (Empire romain d'Orient) : cette assimilation explique en partie le fait que c'est la langue du peuple dominé qui fut adoptée par l'envahisseur germanique, qui finit par abandonner, après plusieurs siècles de bilinguisme, sa propre langue, le francique.

Les occupants de la Gaule à l'avènement de Clovis

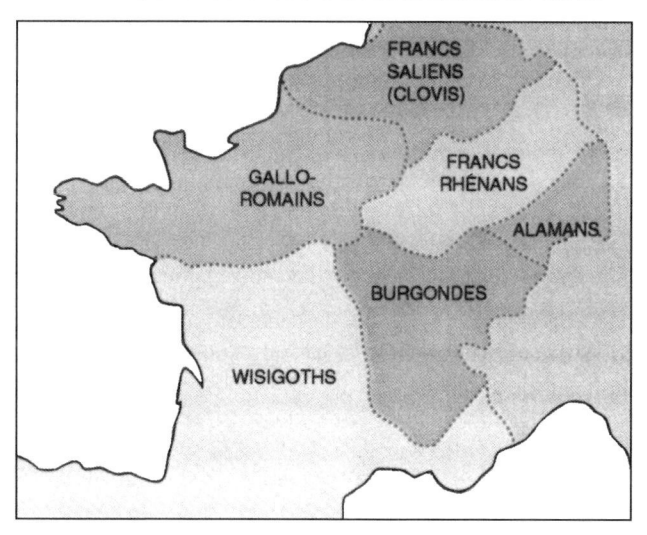

On remarque en effet que, contrairement à ce qui s'était passé lors de la colonisation latine, c'est la langue dominée, le latin, qui demeura langue officielle. La conversion de Clovis (peut-être pour des raisons politiques, car il se conciliait ainsi les évêques dans la lutte qu'il voulait entreprendre contre les Wisigoths, lesquels pratiquaient une forme déviante du christianisme, la religion arienne) joua un rôle dans cette disparition progressive du francique. En effet, si, par leur conversion, les Francs obtinrent l'appui des Gallo-Romains, ils acceptèrent aussi le latin comme langue religieuse.

Il y eut aussi d'autres raisons à l'adoption du latin, d'ordre culturel celles-ci, car la vieille civilisation latine, bien que vaincue, était supérieure à la civilisation dominante et, malgré les troubles de l'époque, elle se maintenait encore plus ou moins : dans les royaumes des Burgondes et des Wisigoths, l'administration romaine subsista presque intacte ; chez les Francs, les Gallo-Romains conservèrent tout ou partie de leurs biens, et en pleine invasion il y avait encore des écoles et des bibliothèques où l'on continuait à lire et étudier en latin. Les deux populations vécurent côte à côte et finirent par se fondre. Les Francs ayant adopté la culture et la religion romaines, leur administration se calqua sur l'administration romaine et leurs lois (la *loi salique,* par exemple) furent rédigées en latin. On suppose que pendant une longue période (jusque vers 900 : Charlemagne était encore fortement attaché au germanique), il s'établit dans les zones conquises une sorte de bilinguisme francique/latin, tant chez les Francs que chez certains Gallo-Romains.

Influences germaniques sur le français

L'influence des Francs sur la langue qu'ils avaient en partie adoptée fut donc grande – on appelle ***superstrat*** cette action d'une langue qui, bien que parlée par une minorité, souvent dominante, vient faire évoluer la ***langue majoritaire*** d'un pays. On compte ainsi plus de 400 mots d'origine francique dans le vocabulaire français. La coexistence de deux aristocraties, gallo-romane et franque, explique le caractère bilingue de la terminologie guerrière et administrative : *épée* est gallo-roman mais *brand* ('épée', mot sur lequel est formé le fr. mod. *brandir*), francique ; *roi, duc, comte* sont gallo-romans, mais *marquis, baron, chambellan, maréchal, sénéchal, échanson* sont franciques. Le reste du lexique d'origine franque concerne :

– la vie rurale : *gerbe, blé, jardin, haie, aulne, houx, caille, cresson, crapaud, chouette, troène, frêne, tilleul, saule, bois, forêt, troupeau, épervier, mésange, hanneton* – les Francs étaient davantage agriculteurs et chasseurs que citadins ;

– les parties du corps : *échine, flanc, téton ;* ou l'habillement : *écharpe, froc, poche, gant, feutre ;*

– les sentiments ou le caractère, le plus souvent en rapport avec la chevalerie : *félon, orgueil, haïr, honte, honnir, hardi, laid ;*

– l'armement : *épieu, fourreau, hache, heaume, haubert,* etc. (termes en général disparus du fr. mod. avec l'évolution des techniques militaires), et la guerre : *guerre, guet, trêve ;*

– les couleurs : *blanc, bleu, gris, blond, brun.*

Fleur et blé, *une relation de parenté*

La coexistence en français de mots d'origine latine et de mots d'origine germanique entraîne certaines curiosités linguistiques. Ainsi, sait-on que *fleur*, mot d'origine latine *(florem),* et *blé,* mot d'origine germanique (**blat :* 'produit de la terre'), sont apparentés ? Tous deux remontent en effet à la même racine indo-européenne **bhle,* qui signifiait 'fleur, feuille'.

On doit encore aux Francs certains suffixes : *-ard (vieillard) ; -aud (badaud) ; -an (paysan),* ou préfixes : *mé(s)- (mésestimer, mésalliance),* peut-être aussi le système à deux démonstratifs de l'ancien français et la tendance rythmique à placer le verbe en deuxième position dans la phrase, faits syntaxiques ou sémantiques disparus du français moderne (voir pp. 116-118).

L'évolution phonétique

Mais, surtout, le bilinguisme d'une grande partie du peuple a entraîné une forte évolution phonétique, qui fait du français une langue beaucoup plus éloignée de la prononciation latine que ne le sont l'occitan, l'italien ou l'espagnol, par exemple. La zone de colonisation franque – c'est-à-dire la France du nord, qui a connu une migration importante de Francs – délimite celle du français d'oïl par rapport au germanique au nord (frontière partageant la Belgique) et par rapport à la langue d'oc (occitan) au sud. C'est l'invasion franque qui a donné au gallo-roman cette forme particulière de prononciation qui a fini par aboutir au français.

Le tableau suivant, qui compare les formes latines, provençales et françaises, montre à quel point la langue parlée par des gosiers germaniques s'est éloignée du latin, alors que le provençal en restait assez proche.

Comparaison des formes latines, provençales et françaises

Latin	Langue d'oc	Langue d'oïl (anc. fr.)	Français moderne
cantare	cantar	chanter	chanter
cor	cor	cuer	cœur
mel	mel	miel	miel
flore	flor	flour	fleur
tela	tela	teile	toile
maturu	madur	meür	mûr
pacare	pagar	paier	payer
sapa	saba	seve	sève

Ainsi, on peut constater que le *a* final s'est maintenu en provençal mais est devenu *e* sourd en ancien français, pour cesser complètement de se prononcer en français moderne ; que les voyelles toniques ont considérablement évolué en langue d'oïl ; que les consonnes intervocaliques *t, c, p* se sont sonorisées en provençal, devenant *d, g, b,* mais en langue d'oïl, le *c* a évolué jusqu'à /j/ (écrit en français *y*), le *p* jusqu'à *v* et le *t* a même disparu (voir p. 79).

La dernière invasion germanique du Moyen Âge

La dernière invasion germanique eut lieu longtemps après celle des Francs, puisqu'elle se fit sous les descendants de Charlemagne, entre le IXe et le Xe siècle : ce fut celle des Vikings, des pirates scandinaves qui ravagèrent les régions côtières du nord et même de l'ouest. Ils parlaient, eux aussi, une langue de la famille germanique, le vieux norois.

En 911, Charles le Simple finit par leur abandonner une partie de son territoire, qui devint ainsi la Normandie et, en une soixantaine d'années, les envahisseurs, convertis au christianisme, furent complètement romanisés.

Hommes de la mer, ce qui n'était pas le cas des Francs, les Vikings nous ont laissé quelques termes, souvent en rapport avec le domaine maritime : *agrès, carlingue, cingler, crabe, crique, duvet, étrave, flâner, garer* (sens premier, 'amarrer un navire'), *girouette, guichet, hauban, homard, hune, joli* (peut-être dérivé du nom d'une fête scandinave, *jôl*, fête païenne du début de l'hiver), *quille, marsouin, ris, turbot, varech* et peut-être *vague*.

Ces Vikings assagis et sédentarisés eurent aussi une importance capitale pour le rayonnement international du français au Moyen Âge : ce sont leurs descendants normands qui conquirent l'Angleterre et qui fondèrent dans l'Italie méridionale et la Sicile un royaume normand.

SYNTHÈSE

La langue mère du français est le latin, un latin familier et déjà très différent de la langue classique. Mais ce latin, outre son érosion naturelle, a connu par deux fois des phénomènes de langues en contact, une situation de bilinguisme qui a fait évoluer la langue de façon spécifique : le français est du latin qui a évolué et a été, de plus, influencé par un substrat gaulois et un superstrat germanique.

Les populations pré-gauloises n'ont pas eu d'influence linguistique notable sur le latin gallo-romain et donc sur le français.

Pour en savoir plus

J. HERMAN, *Le Latin vulgaire*, PUF, Que sais-je ?, 1965	L'essentiel des évolutions du latin tardif dans la Romania. Lecture facilitée par une petite connaissance du latin.
W. von WARTBURG, *Évolution et structure de la langue française*, Berne, Franke, 1946	De lecture facile et agréable, quoiqu'un peu vieilli. Les deux premiers chapitres *(Origines de la langue française* et *Du latin vulgaire à l'ancien français)* concernent le rôle linguistique des différents peuples ayant vécu sur le territoire de la Gaule.

3

L'ANCIEN FRANÇAIS : LA NAISSANCE D'UNE LANGUE

Quand a-t-on cessé de parler latin pour parler français ou, plutôt, comment a-t-on pris conscience que la langue que le peuple n'avait jamais cessé de parler était différente de la langue latine ? En quoi l'ancien français diffère-t-il du latin ?

La « barbarie » mérovingienne (page 34)
C'est pendant cette période trouble où ont régné les descendants de Clovis que la langue parlée s'est altérée, au point de diverger réellement du latin officiel.

La renaissance carolingienne (page 35)
La renaissance des études érudites dans les écoles de Charlemagne a permis de se rendre compte de cette divergence : on a reconnu que le peuple ne comprenait plus la langue latine et qu'il fallait donc s'adresser à lui dans sa propre langue si l'on voulait se faire comprendre de lui.

Une nation et sa langue (page 36)
La nation et la langue française sont nées presque en même temps : si la décision, prise par l'Église, de s'adresser au peuple en langue vulgaire date de l'avant-dernière année de la vie de Charlemagne, il faut attendre encore vingt ans pour que la partition de son empire entre ses trois petits-fils, en créant une France de l'Ouest majoritairement romanophone, donne à la langue qui deviendra le français un statut politique.

L'ancien français (page 38)
L'ancien français classique (XIe-XIIIe s.) est une langue déjà très éloignée du latin.

La « barbarie » mérovingienne

Une période obscure
Alors qu'aux IVe et Ve siècles la civilisation latine était plus ou moins parvenue à se maintenir, il n'en alla pas de même pendant les deux siècles suivants, « période de barbarie et de ténèbres » selon un historien de la langue, « nuit épaisse » selon un autre, même si, aujourd'hui, les spécialistes commencent à reconnaître que toute organisation sociale et toute culture n'avaient pas complètement disparu. Mais le royaume, démantelé entre les fils des rois mérovingiens, était déchiré par les luttes intestines et connut un morcellement territorial qui favorisa sans doute, ainsi que l'absence d'un pouvoir centralisateur fort, la formation de nombreux dialectes.

La prédominance du germanique
La minorité politiquement dominante, d'origine germanique, était plus ou moins bilingue. Les Mérovingiens, descendants de Clovis, avaient le germanique comme langue maternelle, comme l'auront aussi les Carolingiens, descendants de Charlemagne. Charlemagne lui-même, germanophone fortement attaché à son idiome, aurait transcrit de vieux chants guerriers des germains et ébauché une grammaire de cette langue que l'on appelait « tudesque ». Selon Renée Balibar, il existait à l'époque de Charlemagne une grande différence de statut entre les langues germaniques, « langues des seigneurs », qui jouissaient d'une grande considération, et le parler des peuples romans, « parler des serfs et des vaincus », « jargon agricole ».

La disparition de la culture latine
L'Église elle-même n'exerçait plus une fonction de conservation de la civilisation et de la langue : le clergé était devenu presque aussi ignorant que la foule à qui il s'adressait. Évêques et moines avaient bien maintenu des écoles où former les religieux, mais on n'y apprenait sans doute guère que quelques prières et quelques formules liturgiques. Certains lettrés allaient cependant plus loin, capables de lire des livres saints, mais lorsqu'ils écrivaient, ils préféraient le plus souvent s'exprimer dans une langue non littéraire, proche du peuple, qu'ils appelaient la langue « simple », « humble », « inculte » *(simplex, humilis, incultus sermo)*. C'est dans cette langue que nous sont parvenues les *Vies* de saints, écrites à cette époque pour des lectures publiques visant à l'édification des fidèles. Selon M. Banniard, ce latin simplifié, prononcé de façon très proche de la langue familière, semble avoir été compris par les auditoires de langue d'oïl auxquels il s'adressait jusqu'aux années 750-780 (et vers 800-850 pour les auditeurs des langues d'oc, restées, on l'a vu, beaucoup plus proches du latin) alors que la **compétence** active, c'est-à-dire la capacité du peuple à s'exprimer dans cette langue latine pourtant dégénérée, avait cessé depuis un siècle et demi environ (vers 600).

Quand aux scribes et aux notaires de l'époque, s'ils croyaient encore s'exprimer en latin, les formulaires qu'ils copiaient étaient dans un jargon presque incompréhensible.

La renaissance carolingienne

Alcuin et l'enseignement du latin

Avec Charlemagne, qui rétablit l'Empire d'Occident, une influence civilisatrice et la renaissance des lettres latines furent paradoxalement à l'origine de l'apparition d'une nouvelle langue écrite, qui deviendra le français. Charlemagne reconstitua un empire d'Occident qui comportait le territoire de la France (à l'exception de la presqu'île bretonne), celui de l'Allemagne et une grande partie de celui de l'Italie (un peu plus bas que Rome), vaste espace qu'il administrait et gouvernait efficacement : il tentait aussi de redonner à ses peuples la civilisation qu'ils avaient perdue. Il fit venir d'Angleterre (York) le moine Alcuin pour mettre en place un enseignement en latin pour les moines qui n'arrivaient plus à comprendre le texte de la *Vulgate* (nom donné à la traduction de la Bible en latin par saint Jérôme, vers 400). Sur son conseil, l'empereur mit en place un enseignement à trois niveaux. Au niveau supérieur, l'école palatine d'Aix-la-Chapelle formait les élites intellectuelles ; au niveau intermédiaire, des écoles épiscopales ou monastiques, dont l'abbaye Saint-Martin-de-Tours, dirigée par Alcuin, formaient les adolescents. Dans les campagnes, une initiation des enfants au calcul et à la grammaire aurait dû être faite par les curés, mais cet enseignement de premier niveau ne put s'établir durablement.

C'est alors que les nouveaux lettrés, qui avaient réappris le latin classique, commencèrent à se moquer des barbarismes du latin mérovingien de leurs prédécesseurs. Mais, tandis que la langue simplifiée, pleine de termes populaires des scribes mérovingiens, était encore accessible au peuple, les lettrés carolingiens prirent conscience que la langue parlée avait tellement évolué qu'il était maintenant impossible de faire comprendre un texte de vrai latin à qui ne l'avait pas étudié.

Une réforme de la prononciation

Selon R. Wright (*Late Latin and Early Romance,* 1982), c'est surtout une réforme de la prononciation du latin écrit, pendant la période carolingienne, qui a entraîné la crise du latin. La prononciation du latin écrit s'était en effet calquée sur les évolutions du parler familier, si bien qu'elle n'était pas la même dans toutes les régions de l'Empire. La réforme carolingienne, qui avait pour but l'homogénéisation de la langue officielle de l'Empire, consista donc en une modification de la lecture du latin, qui, comme cela se faisait encore en Angleterre, fut rétablie sans concession aux prononciations locales et en faisant sonner toutes les lettres.

Il est donc normal que le latin ainsi prononcé n'ait pas été compris du public.

Le concile de Tours

C'est alors que, en 813, les évêques réunis en concile à Tours prirent la décision de demander aux prêtres, non de célébrer les offices dans la langue maternelle du peuple – cela, nous le verrons, l'Église mit presque vingt siècles à l'accepter ! –, mais de faire les prêches, d'expliquer la parole de Dieu soit en langue « tudesque », soit dans cette *lingua romana rustica* qui étaient maintenant les seules que les fidèles comprenaient. Cette date, qui apparaît comme la première reconnaissance officielle de la langue « romane », est considérée comme la date de naissance du français ; en effet, les clercs commencèrent à mettre par écrit – et donc à élaborer et à fixer – cette langue familière, qui finira un jour par supplanter le latin dans lequel ils continuaient, pour le moment, à rédiger tout ce qui leur paraissait « sérieux » : histoire, théologie, philosophie, textes didactiques.

Une langue maternelle et une langue officielle

Ainsi, grâce à ce qu'il est convenu d'appeler la renaissance carolingienne, *« le français a pris conscience de lui-même »* (Wartburg, *Évolution...*, *op. cit.*, p. 69). Il n'y a pas de discontinuité entre le latin de César et la langue parlée au Xe siècle, c'est-à-dire que, de l'officier romain qui envahissait la Gaule et du Gaulois qui adoptait le langage du vainqueur jusqu'aux paysans contemporains de Charlemagne, c'est toujours la « même langue » qui s'est parlée, s'érodant avec le temps, subissant l'influence des locuteurs étrangers qui y introduisaient leurs habitudes linguistiques, se différenciant en dialectes, s'enrichissant de termes nouveaux, simplifiant et recomplexifiant ses structures. Mais c'est un retour aux sources classiques du latin qui a fait prendre conscience qu'il existait deux langues :

– la langue de culture – le latin –, utilisée par les intellectuels-ecclésiastiques de l'époque, les clercs ; cette langue, seule utilisée dans l'administration, le culte et l'enseignement, peut être qualifiée de ***langue officielle ;***

– la ***langue maternelle,*** utilisée dans les communications de la vie courante. C'est cette langue maternelle que, pour éviter d'employer le terme de « français » – le concept n'existe pas encore à l'époque –, les historiens appellent ***langue vernaculaire.*** Les textes latins de l'époque parlent, eux, de *« rustica romana lingua »*, les textes français parleront de « roman ». Pour éviter toute confusion, puisque *roman* peut s'appliquer à diverses langues romanes et que *vernaculaire* qualifie une langue réservée à la communication familière, ce qui n'est plus le cas du moment où l'on commence à l'écrire, nous parlerons ici, à partir des Serments de Strasbourg, de ***proto-français.***

Rappelons cependant que les individus dont la langue maternelle était le germanique ne sont pas rares, à l'époque, surtout au nord-est du territoire de l'ancienne Gaule.

Une nation et sa langue

Strasbourg, naissance d'une communauté linguistique

Le premier texte connu entièrement écrit en proto-français est la partie française des Serments de Strasbourg (842), et ce premier document a une double importance car ces serments sont aussi fondateurs de la nation française.

Le territoire de l'actuelle France n'avait en effet jamais eu jusque-là de réelle unité nationale, soit qu'il fût morcelé en une série de petits royaumes gaulois, soit qu'il fît partie d'un empire, romain, franc ou germanique. Il y eut bien, dans la seconde moitié du IIIe siècle, une tentative d'Empire gaulois pour résister aux invasions germaniques, mais cet Empire fut de courte durée. Du temps de Char-

Les premiers documents en vernaculaire et en proto-français

Les premiers documents que nous ayons conservés de cette époque sont :
– les *Gloses de Reichenau,* glossaire d'environ 1 300 mots retrouvé à l'abbaye de Reichenau, qui traduit en langue vernaculaire les mots difficiles de la *Vulgate*. Il ne s'agit pas d'un texte rédigé mais d'un lexique, précieux pour nous parce qu'il témoigne de la disparition de bien des termes du latin classique. Ainsi, *singulariter* est glosé par *solamente* (= seulement), *vespertiliones* par *calvas sorices* (= chauves-souris), *oves* par *berbices* (= brebis), *gecor* par *ficatus* (= foie) ;
– un fragment de *Sermon sur Jonas* rédigé (entre 938 et 952, pense-t-on) moitié en latin, moitié en vernaculaire ;
– les Serments de Strasbourg (842) ; serments prêtés respectivement en langue « tudesque » et « romane » par deux des petits-fils de Charlemagne. Premier texte officiel en proto-français.
– la *Cantilène de sainte Eulalie* (880), poème hagiographique à la gloire d'une vierge et martyre chrétienne.

lemagne, le territoire de la France n'avait été qu'une partie de son empire germanique et il en alla de même du vivant de son fils, Louis le Pieux. Mais lors de la succession de Louis le Pieux, une guerre survint entre ses trois fils, Lothaire, Louis et Charles, qui exigeaient chacun un royaume d'égale richesse. Pour mettre fin à leurs querelles, les négociateurs eurent l'idée de découper l'Empire en trois bandes parallèles : à l'ouest, la future France fut attribuée à Charles le Chauve ; à l'est, Louis (dit plus tard le Germanique) eut ce qui deviendra un jour l'Allemagne ; la région centrale, attribuée à Lothaire, reçut le nom de Lotharingie, et cette partition de l'Empire fut ratifiée par le traité de Verdun, en 843. L'année précédente, après bien des renversements d'alliance, Louis et Charles s'étaient unis contre Lothaire, bien décidés à lui faire accepter le partage, et ils s'étaient promis solennellement assistance, chacun dans la langue de l'autre, c'est-à-dire Louis en « roman » et Charles en « tudesque ». Puis leurs armées avaient elles aussi prêté serment, chacune dans sa langue. Le texte de ces engagements nous est parvenu dans un ouvrage en latin, *L'Histoire des divisions entre les fils de Louis le Pieux*, écrit par Nithard, un clerc contemporain, parent de ces princes.

Pour expliquer l'importance donnée à ces serments et la surprenante citation de leur texte, au style direct, dans des langues considérées comme vulgaires, au beau milieu d'un texte érudit rédigé dans un latin des plus soignés, Renée Balibar (*L'Institution du français*, PUF, 1985) a formulé l'hypothèse que l'enjeu des grands ecclésiastiques qui négocièrent ces accords était de justifier la partition en trois royaumes, que ne limitaient que très peu de frontières naturelles, par une séparation linguistique entre les sujets qui obéissaient en germanique et ceux qui obéissaient en roman, d'où la solennité des engagements, soigneusement rédigés par eux en langue vernaculaire. L'objet de ces discours, dit-elle (p. 43), était de « constituer d'abord la masse des guerriers *(plebs)* en deux peuples *(populi)* distingués par deux langues officielles, égales entre elles puisque symétriques au latin sous-entendu ».

Le traité de Verdun (843)
La Lotharingie, zone tampon destinée à disparaître,
parle en partie germanique, en partie roman

Il fallut pourtant encore cent cinquante ans et un changement de dynastie pour que les rois de France cessent de s'exprimer en germanique : on dit que le premier roi de France à ne pas parler le germanique fut Hugues Capet, fondateur de la dynastie capétienne, qui arriva au pouvoir à la fin du Xe siècle (987).

L'ancien français

Les clercs, qui étaient tous formés au latin, avaient commencé à mettre par écrit leur langue familière, confrontés à des problèmes d'orthographe et même d'identification des mots (voir p. 133 et p. 145-146), et à des problèmes de lexique car la langue, peu utilisée pour l'expression des abstractions, n'offrait qu'un vocabulaire très réduit pour l'expression, par exemple, des sentiments ou des nuances de la parole. Mais en deux siècles (la *Chanson de Roland* qui nous est parvenue

Le nom de France

– Au VIe siècle apparaît le nom « Francia », pour désigner le pays d'où sont originaires les Francs (de Mayence à la mer du Nord).
– À partir du VIIIe siècle, ce nom commence à supplanter le nom « Gallia » (dans les gloses de Reichenau, par exemple).
– Au IXe siècle, sous Charlemagne, il désigne la totalité de l'Empire de Charlemagne.
– À la fin du IXe siècle, au moment des Serments de Strasbourg et du traité de Verdun, on distingue trois « France » : la France orientale (qui échoit à Louis le Germanique), la France du milieu (qui échoit à Lothaire), la France occidentale (royaume de Charles le Chauve).
– Par la suite, seule la France occidentale, celle de Charles le Chauve, conservera le nom de « France ».
– Enfin, le nom de France sera réservé au seul « duché de France » (constitué en 847 par Charles le Chauve), fief des Capétiens. L'extension du nom de France suivra ensuite l'extension du pouvoir des rois, Capétiens puis Valois.

est juste de deux cents ans plus récente que la *Cantilène de sainte Eulalie*), une langue déjà classique était née, l'ancien français.

Quelques caractéristiques de l'ancien français

Comme le montre l'encadré ci-dessous, l'ancien français classique, c'est-à-dire la ***scripta*** littéraire des XIIe et XIIIe siècles qui nous est seule parvenue, est plus proche du français moderne que du latin classique.

L'ancien français

Voici un exemple d'ancien français classique, texte en prose du XIIIe siècle :

« *Dame, saluz vos mande la plus sage pucele qui orendroit* [à présent] *vive et la plus belle que ge saiche au mien escient. Et si vos mande que vos gardez cest escu por amor de li et d'autrui que vos plus amez. Et si vos mande que ele est la pucele o monde qui plus set de voz pensez et plus s'i acorde, que ele aimme ce que vos amez.* »

« Dame, la plus savante demoiselle actuellement vivante et, à mon avis, la plus belle je connaisse, vous salue et vous demande de garder cet écu pour l'amour d'elle et pour celui d'un autre que vous aimez entre tous. Elle vous fait savoir qu'elle est la demoiselle qui connaît le mieux vos pensées et s'y accorde le mieux du monde, car elle aime ce que vous aimez. »

Lancelot du Lac, éd. E. Kennedy, présenté par M.-L. Chênerie, Livre de Poche, coll. Lettres gothiques, II, p. 150-151.

Ancien français et latin classique

La trace la plus importante du latin classique qu'ait gardée l'ancien français est une petite déclinaison (voir p. 112) qui sert encore, pour les substantifs et adjectifs masculins, à distinguer la fonction sujet (singulier *li bons rois*, pluriel *li bon roi*) de toutes les autres fonctions (singulier *le bon roi*, pluriel *les bons rois*).

L'autre trace de la langue mère est la possibilité, dans certains cas limités, de ne pas employer l'article et les pronoms personnels sujets, comme c'était la règle en latin.

Enfin, la faculté latine d'indiquer la fonction des mots sans employer de préposition n'a laissé qu'une petite survivance, la possibilité de marquer l'appartenance, dans quelques cas limités, par une construction directe : *l'hôtel-Dieu*.

Du point de vue des formes (morphologie), les survivances les plus importantes sont l'existence d'une classe d'adjectifs invariables en genre, quelques formes de passé simple irrégulier, deux formes archaïques de futur et d'imparfait du verbe *être*, et une dizaine d'adjectifs qui n'expriment pas leur comparatif de supériorité et leur superlatif au moyen d'adverbes : par exemple, *meillor* au lieu de « le plus bon ».

Ancien français et français moderne

Malgré l'apparente distance que cause une différence orthographique, rendant compte d'ailleurs d'un phonétisme assez différent du nôtre, l'ancien français est structurellement très proche du français moderne. Les noms y sont le plus souvent précédés d'articles, les fonctions autres que sujet et complément d'objet y sont marquées par des prépositions, les verbes sont souvent précédés de pronoms personnels, et de nombreux temps ainsi que toute la voix passive sont formés à l'aide des auxiliaires *être* et *avoir*. L'ordre des mots n'est plus celui du latin, puisque c'est un ordre plus strict, qui place généralement le verbe en seconde position, comme en germanique, mais l'inversion du sujet est fréquente, entraînée par la présence d'un complément ou d'un adverbe en tête de phrase : l'ordre des mots est déjà significatif de la fonction. Dans les groupes inférieurs à la phrase, le déterminé précède le plus souvent le déterminant, contrairement au latin : on dit *la maison Dieu,* voire *la maison de Dieu*, là où le latin disait *Dei domus* (= [la] Dieu maison).

Du point de vue des formes, les conjugaisons ont subi d'énormes modifications, des temps ont été complètement refaits, comme le futur, d'autres créés de toutes pièces, comme le conditionnel et le passé composé ; les verbes présentent des alternances radicales comme *tu meurs*, *nous mourons* ou *je vais*, *nous allons*, *vous irez*, alternances qui sont restées bien plus fréquentes en français moderne qu'elles ne l'étaient en latin. La déclinaison est presque complètement abandonnée puisque là où le latin connaissait six cas, il n'y en a plus que deux, et la majorité des féminins ne se déclinant pas, pour de nombreux mots, seul le pluriel est marqué par un suffixe désinentiel.

Ancien français et variation linguistique

L'ancien français est une langue beaucoup moins uniformisée que le français moderne. Il existe, en particulier, une certaine latitude d'emplois de formes dialectales dans la langue écrite. L'absence d'homogénéité peut concerner la structure phonétique du mot *(canter* ou *chanter*, *lousignol* ou *rousignol),* mais elle est surtout sensible dans la morphologie, au niveau des formes verbales en particulier (un verbe comme *aller*, par exemple, a trois formes de subjonctif présent : *voise, alge, aille*), et dans l'orthographe – le même mot est souvent écrit de façons différentes dans la même page. En fait, la notion d'orthographe (façon correcte d'écrire) n'existe pas encore à l'époque, c'est pourquoi les spécialistes du Moyen Âge parlent plutôt de graphies.

SYNTHÈSE

Les deux dates de naissance de la langue française sont 813, avec le concile de Tours, qui entérine le fait que le peuple a perdu la compétence du latin et qu'il faut désormais s'adresser à lui dans sa langue, et 842, avec les Serments de Strasbourg, qui jettent les bases d'une partition de l'Empire de Charlemagne où deux peuples seront distingués par des parlers différents, les uns romans, les autres germaniques. À la suite du concile de Tours, les clercs commencent à mettre par écrit leur langue maternelle ; lors des Serments de Strasbourg, la langue française est pour la première fois utilisée pour un acte officiel fondateur.

Pour en savoir plus

M. BANNIARD, *Du latin aux langues romanes*, Nathan, coll. 128, 1997	Très intéressante première partie sur les transformations du latin, les processus de changement, le passage aux langues romanes. Sur le statut des lettrés entre le Ve et le VIIe siècle, tenir compte du fait que le tableau ne concerne pas la seule région du (futur) français d'oïl. Lecture facile.
R. BALIBAR, *L'Institution du français : essai sur le colinguisme, des Carolingiens à la République*, PUF, 1985	La première partie porte sur les Serments de Strasbourg, la situation dans laquelle ils prennent place et « l'invention » du français par les grands clercs du royaume. Lecture facile et agréable.
R.L. WAGNER, *L'Ancien Français*, Larousse, 1974	Il existe plusieurs excellentes grammaires de l'ancien français (par exemple, celles de H. Bonnard et Cl. Régnier, de R. Moignet, de Ph. Ménard, de G. Raynaud de Lage et G. Hasenohr), mais l'ouvrage que nous proposons, quoiqu'un peu vieilli, présente une description linguistique plus générale et plus accessible au non-spécialiste. Connaissances linguistiques nécessaires.
B. CERQUIGLINI, *La Naissance du français*, PUF, Que sais-je ?, 1991	Étude linguistique des plus anciens textes français et de leur contexte.

/4/

LE FRANÇAIS DEVIENT LANGUE OFFICIELLE

Le français n'a pas été utilisé immédiatement dans tous les actes de la vie publique. Comment a-t-il remplacé le latin dans tous ses emplois officiels ? Dans quels domaines s'est-il imposé le plus facilement ?

Vers un statut de langue nationale (page 43)
Comme langue nationale, le français a eu à s'imposer face au latin qui, du temps du concile de Tours, était seul utilisé dans tous les actes de la vie officielle et dans la transmission de la culture et du savoir.

Le français dans la littérature et dans les sciences (page 44)
Le français évince complètement le latin, au XVIIe siècle pour la littérature, un peu plus tardivement pour les sciences : les grands ouvrages de vulgarisation scientifique du XVIIIe siècle sont en français.

Le français dans l'administration (page 46)
C'est dans l'administration que le français s'est le plus vite imposé. Son usage devient officiel sous François Ier, avec l'édit de Villers-Cotterêts.

Le français dans le culte (page 47)
Ce domaine a été l'enjeu de luttes violentes entre catholiques et protestants ; si la religion protestante a choisi les langues maternelles, le catholicisme n'a cédé que très lentement du terrain puisque l'office principal, la messe, s'est célébré en latin jusqu'au milieu du XXe siècle.

Le français dans l'enseignement (page 48)
Le français n'a jamais été totalement absent de l'enseignement, mais il a eu une place infime dans les collèges jusqu'au XIXe siècle ; quelques enseignements de haut niveau se sont faits en français à partir du XVIe siècle ; quant à la formation élémentaire, une réelle volonté de la dispenser en français apparaîtra à partir de la Révolution.

Vers un statut de langue nationale

Langue officielle et langue majoritaire

Si les Serments de Strasbourg ont été le premier acte officiel qui reconnaisse la langue vernaculaire du royaume de Charles le Chauve, cette langue était encore loin d'être la *langue nationale* du pays, aussi bien parce que le latin continuait à être utilisé dans toutes les formes de communication, orales ou écrites, qui ne relevaient pas de la vie quotidienne que parce qu'il n'existait même pas, pour l'expression parlée ordinaire, une langue commune à tous les habitants du territoire.

L'extension du français eut donc à se faire à la fois au détriment du latin et au détriment des parlers locaux, et il peut sembler artificiel de séparer les deux processus : en donnant à une langue son plein statut officiel, il est évident que l'on fait reculer le monolinguisme dialectal chez tous ceux qui auront affaire au culte, à l'administration, à l'enseignement, aux sciences ou à la simple lecture ; il est évident aussi que dès que la langue est utilisée plus largement que pour la communication quotidienne dans une aire géographique restreinte, elle commence à s'élaborer, à emprunter des traits à plusieurs parlers locaux, à se régulariser et à se figer – en un mot, à entrer dans un processus de *standardisation*. Elle devient alors mieux adaptée à l'intercompréhension et, de ce fait, elle a tendance à être adoptée comme seconde langue par des individus dont elle n'est pas la langue maternelle.

On peut voir le processus en cours, à l'heure actuelle, dans certains pays africains : on y observe la montée d'une langue majoritaire, comme par exemple le wolof au Sénégal, alors que le français y demeure la *langue officielle*. Mais, par rapport à ces situations contemporaines, l'originalité de l'histoire de la langue française est qu'elle a acquis son statut de langue officielle – et en tout premier lieu de langue de l'administration – bien avant d'être langue majoritaire.

Le latin, langue officielle

On peut considérer qu'une langue pleinement officielle est la langue qu'une nation utilise comme langue administrative et comme langue de son enseignement. Dans les régimes où il n'y a pas de séparation entre la religion et l'État, ce qui est le cas aux origines du français, on peut aussi considérer comme langue officielle la langue du culte (voir, aujourd'hui, le statut de l'arabe classique dans les pays islamiques). Enfin, on étendra encore cette notion à la langue de l'expression littéraire et scientifique, parce que c'est l'aptitude, pour une langue, à exprimer des notions complexes et abstraites qui permet son ascension.

Or, dans les tout débuts de l'histoire du français, ce rôle était tenu par le latin qui, on l'a vu, s'était imposé comme langue officielle face au celte des Gaulois et s'était maintenu comme langue officielle malgré l'invasion germanique des Francs. Langue de l'administration (gallo-romaine, puis franque), langue du culte chrétien, langue de l'enseignement et en particulier de la formation des clercs, c'est-à-dire des ecclésiastiques, le latin était aussi la langue de ce qui subsistait de littérature et de science.

Ainsi, le premier recul du latin comme langue officielle, qui peut être daté du concile de Tours (813) et des Serments de Strasbourg (842), est loin d'officialiser complètement le proto-français dont on peut se demander qui, à l'époque, l'utilise et à quoi il sert.

Le français dans la littérature et dans les sciences

L'émergence d'une littérature en français

Les premières *Vies* de saints, plus ou moins fictionnelles, avaient été écrites en ce latin appauvri de l'époque mérovingienne, mais, quelque temps après le concile de Tours, les clercs commencèrent à mettre par écrit en langue vernaculaire des textes religieux (fragment dit de la *Cantilène de sainte Eulalie, Passion du Christ, Vie de saint Léger*). L'utilisation de l'écriture pour transcrire un parler jusque-là oral se fit d'abord à des fins idéologiques, pour l'édification du public. Mais, très vite, une importante production de fictions en ancien français a commencé : premières rédactions d'épopées (la *Chanson de Roland* daterait de 1086) qui avaient sans doute circulé oralement auparavant, puis premiers « romans », au milieu du siècle suivant, les romans dits « antiques » qui se donnent pour but de *mettre en roman* les grands textes de la littérature ancienne, accessibles jusque-là aux seuls clercs, bientôt suivis par les romans dits « bretons » parce qu'ils font une large place à la légende du roi Arthur, roi mythique d'outre-Manche. Parallèlement se développait une poésie courtoise inspirée de celle des troubadours en langue d'oc. Enfin, on représenta les premières pièces de théâtre profane en ancien français.

Écrire en roman ou écrire un roman

Le mot « roman », dans les premiers temps, a désigné la langue maternelle, cette *rustica romana lingua* qui s'opposait au latin des clercs. Quand, vers le milieu du XIIe siècle, des érudits s'avisèrent d'adapter, à l'intention d'un public éclairé mais ignorant le latin, les grands textes de fiction de la littérature antique, ils parlèrent de les « mettre en roman », c'est-à-dire de les traduire en langue vernaculaire. Plus tard, d'autres lettrés commencèrent à mettre en écrits et à arranger à leur manière des éléments tirés de la littérature orale et du folklore celte : ils parlèrent aussi de les « mettre en roman », mais le mot commençait à changer de sens et certains disaient déjà qu'ils « faisaient un roman » à partir d'un conte (peut-être entendaient-ils par là « faire œuvre littéraire à partir d'éléments oraux »). Et c'est ainsi que le mot *roman* prit le sens d'œuvre de fiction comportant un nombre important d'épisodes, sens que nous lui connaissons actuellement.

Cependant, le XIe et le XIIe siècle ont aussi connu une importante littérature latine poétique (les Goliards), didactique, scientifique et fictionnelle, en vers et en prose. On peut, par exemple, citer les noms d'Alain de Lille, de Gautier de Chatillon et d'André Le Chapelain, le théoricien de l'amour courtois.

Généralisation de la prose en français

Si, au XIIe siècle, les fictions se rédigent encore uniquement en vers, la prose apparaît dans quelques très rares textes didactiques, des traités de pierres précieuses *(Lapidaires)* ou des descriptions de tous les animaux connus ou imaginaires *(Bestiaires,* plutôt au XIIIe siècle) ; elle est aussi utilisée dans la traduction de quelques textes religieux. Il faut attendre le XIIIe siècle pour voir la forme prose se répandre dans l'écriture de l'histoire et dans celle de la fiction.

Cette apparition de la langue française d'abord très majoritairement en vers (bien entendu, les Serments de Strasbourg font exception) n'a rien d'exceptionnel pour une première transcription de langues orales, du fait du caractère très rythmique de la littérature orale.

Textes non littéraires en français

C'est à la fin du XIIIe siècle et surtout aux XIVe et XVe siècles que commencent vraiment à paraître des textes non littéraires en langue vernaculaire, l'histoire et les chroniques (Villehardouin, Joinville, Froissart, Commynes), les recueils juridiques, comme les *Coutumes du Beauvaisis* de Philippe de Beaumanoir, les textes techniques, comme la *Chirurgie* d'Henri de Mondeville. C'est aussi alors que commencent les traductions des textes importants de l'Antiquité, en particulier sous l'influence de Charles V : Bersuire traduit Tite-Live, Oresme traduit Aristote (dont le traité des *Météores* avait été mis en français bien plus tôt). On traduit aussi en français le Code Justinien.

Aussi y a-t-il à cette époque un important travail de création lexicale, de nombreux mots savants empruntés au latin, comme *spéculation, limitation, existence, évidence, attribution* entrent dans la langue. Ces néologismes apparaissent sous la plume des premiers humanistes qui transfèrent ainsi dans la langue française des concepts et des mots qu'ils trouvent dans les textes qu'ils pratiquent.

Premières réflexions linguistiques sur le français

Au XVIe siècle, le mouvement se précipite : manuels de chirurgie (la chirurgie n'était pas considérée comme une science noble) mais aussi de médecine : Ambroise Paré (v. 1509-1590) écrit tous ses livres en français. On continue aussi à traduire les grandes œuvres de l'Antiquité en français : Charles Estienne traduit Térence, Hugues Salel, Homère. Tandis que la culture humaniste s'approfondit, on commence à dire qu'aucun genre n'est interdit à la langue française. C'est l'un des thèmes de la *Défense et illustration de la langue française,* de Du Bellay, ouvrage moins original que l'on a voulu le croire, mais qui, comme la préface de la *Franciade* de Ronsard, se fait le défenseur de la littérature en français.

C'est surtout au XVIe siècle que commencent à paraître les premières réflexions sur la langue française, avec des grammairiens comme Jacques Dubois, Meigret (raisonnement **normatif** sur le bon et le mauvais usage, tentative de réforme de l'orthographe – déjà ! – proposant une orthographe phonétique), Ramuz ou les Estienne qui font paraître les premiers dictionnaires (latin-français en 1532, français-latin en 1539). Les toutes premières descriptions de la langue française sont cependant un peu plus anciennes : elles ont vu le jour en Angleterre et étaient destinées à la formation des Anglais. La plus connue de ces grammaires est l'*Éclaircissement de la langue française* de Palsgrave.

Visée internationale du français scientifique

À partir du XVIIe siècle, le latin cesse d'être utilisé dans la littérature mais reste la langue internationale dans laquelle les scientifiques qui veulent être lus de leurs pairs à travers toute l'Europe se doivent d'écrire (disons qu'il a un peu le statut de l'anglo-américain pour les publications scientifiques actuelles). Ainsi, Descartes écrit ses premiers ouvrages en latin, et si le *Discours de la méthode* (1637) est en français, une traduction latine en est donnée sept ans plus tard. Il se justifie en ces termes d'avoir écrit un ouvrage philosophique en français :

> « Si j'écris en français, qui est la langue de mon pays, plutôt qu'en latin, qui est celle de mes précepteurs, c'est à cause que j'espère que ceux qui ne se servent que de leur raison naturelle toute pure jugeront mieux de mes opinions que ceux qui ne croient qu'aux livres anciens. Et pour ceux qui joignent le bon sens avec l'étude, lesquels seuls je souhaite pour mes juges, ils ne seront point, je m'assure, si partiaux, pour le latin, qu'ils refusent d'entendre mes raisons, pource que je les explique en langue vulgaire. »
>
> Descartes, *Discours de la méthode*, Vrin, 1966, p. 144-145

À la fin du XVIIIe siècle, le botaniste Jussieu écrit encore en latin son ouvrage le plus important : *Genera plantarum secundum ordines naturales* (1788). Cependant, de grandes œuvres de vulgarisation scientifique se font en français, enrichissant ainsi considérablement la terminologie scientifique en français : on peut citer Réaumur *(Histoire naturelle des insectes),* Fontenelle et ses *Entretiens sur la pluralité des mondes*, et surtout l'*Encyclopédie* qui commence à paraître en 1751.

Au XIXe siècle, seuls quelques discours académiques, certaines soutenances de thèses se font encore en latin.

Le français dans l'administration

Les rois de France eurent une politique de la langue qui ne comporta pas à proprement parler de lutte contre les dialectes, mais qui consista à favoriser l'expression littéraire et artistique en français et à imposer cette langue dans tous les actes officiels qui relevaient de leur juridiction. Aussi la langue du pouvoir devint-elle très tôt la langue de l'administration, même si certains actes juridiques se faisaient en latin. Ainsi sous Philippe le Bel, les ordonnances et les actes de la chancellerie royale se faisaient tantôt en latin tantôt en français, mais les rois de France, Louis XI en particulier, rêvaient de faire du français la seule langue juridique.

La victoire du français comme langue officielle sera consacrée le 15 août 1539 par François Ier, lors de l'ordonnance de Villers-Cotterêts qui stipule que désormais tous les actes administratifs seront passés en français.

Cette mesure, prise autant pour faciliter le travail de l'administration dont certains membres ignoraient le latin que pour imposer la langue du roi dans les provinces, fit du français la langue de l'État.

> **L'ordonnance de Villers-Cotterêts (1539)**
> **Articles 110 et 111**
>
> « Et afin qu'il n'y ait cause de douter sur l'intelligence desdits arrests, nous voulons et ordonnons qu'ils soient faits et escrits si clairement, qu'il n'y ait ne puisse avoir aucune ambiguïté ou incertitude, ne lieu à demander interprétation.
> Et pour ce que de telles choses sont souvent advenues sur l'intelligence des mots latins contenus esdits arrests, ensemble toutes autres procédures […] soient prononcez, enregistrez et delivrez aux parties en langaige maternel françois et non autrement. »

Ces prescriptions ont ensuite été étendues, au cours du XVIIe siècle, à la justice ecclésiastique et aux provinces limitrophes : Béarn (1621), Flandre (1684), Alsace (1685), Roussillon (1700 et 1753). Puis la Révolution reprend et renforce les décisions de l'Ancien Régime en stipulant qu'aucun acte, public ou passé sous seing privé, ne pourrait, dans quelque partie du territoire de la République, être écrit autrement qu'en langue française (loi du 2 thermidor an II).

Le français dans le culte

C'est dans le culte catholique que le français a le plus longtemps été concurrencé par le latin, puisqu'il a fallu attendre la seconde moitié du XXe siècle pour que la messe ne soit plus dite en latin.

En effet, si, dès 813, le concile de Tours avait permis aux prêtres de faire leurs sermons et d'expliquer le dogme en langue vulgaire, le reste des offices et l'administration des sacrements se faisaient en latin. De même, tous les écrits théologiques étaient en latin et le texte sacré était la *Vulgate,* traduction de la Bible en latin, vers 400, par saint Jérôme. L'Église s'était opposée à toute traduction en langue vulgaire, par crainte d'hérésie. Il existait cependant au Moyen Âge des écrits religieux en français et le catéchisme se faisait aussi en français.

C'est au XVIe siècle que le français fit vraiment son apparition dans la langue religieuse. Ceux qui voulaient une réforme de l'Église préconisèrent, dans un premier temps, un retour aux Écritures en grec et en hébreu, dans un second temps, la traduction de ces textes dans les langues parlées par le peuple, de façon à permettre à tous d'y avoir accès. Ainsi, en Allemagne, Luther donnait une version allemande de la Bible. En France, en 1523, Lefèvre d'Étaples traduisit le Nouveau Testament en français, traduction bientôt suivie de celle de la Bible. Un certain intérêt pour des lectures de l'Évangile en langue vulgaire se fit jour.

Mais c'est chez les partisans de la Réforme que le mouvement prit toute son ampleur : en 1535, Olivetan, cousin de Calvin, donne une traduction calviniste de la Bible, en 1541, Calvin traduit en français son *Institution de la religion chrétienne,* d'abord écrite en latin (1536). À partir de 1550, le français est la langue de l'église protestante dans tous les pays de langue française. Du côté catholique, la résistance au français comme langue religieuse devient alors acharnée : condamnation de l'usage de la langue vulgaire par la Sorbonne en 1527, arrestations (dont Lefèvre d'Étaples) et persécutions – il y eut même, en 1533, un curé de Condé-sur-Sarthe brûlé.

Cependant, le français apparut dans la théologie car, pour répondre à Calvin, des livres de théologie furent écrits en français. La première traduction d'inspiration catholique de la Bible date de 1550, mais ce n'est que vers la fin du XVIIe siècle que l'Église catholique commença à publier des traductions officielles des Écritures.

À la Révolution, une tentative fut faite pour introduire le français dans le culte, à l'initiative de l'abbé Grégoire : le premier concile de l'église gallicane (1797) introduisit le français dans l'administration des sacrements, mais cette réforme fut de courte durée. En fait, pour les catholiques, il fallut attendre que le concile de Vatican II (1962-1965) préconise l'emploi des langues nationales dans la liturgie pour que le français devienne la langue du culte.

Le français dans l'enseignement

Moyen Âge et Renaissance : enseignement en latin

Après le renouveau de l'enseignement en latin pour une petite élite de clercs, au temps de Charlemagne, l'enseignement se fit naturellement en latin dans les écoles monacales. L'université (la Sorbonne est fondée en 1252) dispensait son enseignement en latin : une faculté des arts assurait la formation de premier niveau, surtout le *trivium* (grammaire, rhétorique, logique) ; à cette formation succédaient celle de la faculté de théologie, de droit ou de médecine. Au XVIe siècle commencèrent à s'ouvrir des collèges à l'usage des laïcs, en particulier ceux des jésuites : non seulement l'enseignement s'y faisait en latin, mais les élèves avaient l'obligation générale de parler latin. Il s'y fit cependant, très certainement, un peu d'enseignement du français, car on possède des ouvrages pédagogiques très anciens, sans doute écrits par R. Estienne, sur les conjugaisons françaises. Les témoignages que nous avons sur l'éducation privée, dans des milieux certes très privilégiés – éducation de Montaigne, de Robert Estienne – montrent tout le monde, parents, précepteurs et domestiques, s'adressant à l'enfant en latin. En 1530 fut fondé le Collège royal (futur Collège de France) dans lequel quelques professeurs (le grammairien Ramuz, le mathématicien Forcadel) donnèrent leur enseignement en français, tandis que les autres continuaient à le faire en latin. L'éducation élémentaire des protestants se fit en français, tandis que leurs collèges privilégiaient une formation en langues anciennes d'inspiration humaniste.

Avancées du français aux XVIIe et XVIIIe siècles

Au XVIIe siècle, l'enseignement dans les collèges des jésuites se fait exclusivement en latin, tandis que les oratoriens acceptent un peu de français. Richelieu avait créé un collège international où l'enseignement serait donné en français, mais sa mort mit un terme au projet. Puis Colbert créa une chaire de droit français, enseigné en français. À la fin du siècle, on commença à s'occuper réellement de l'éducation des enfants pauvres, éducation qui se fit en français, tant par les Frères des écoles chrétiennes (enseignement de la lecture à partir du français) que dans la mouvance janséniste, dans les Petites Écoles de Port-Royal. Dans les campagnes, dans les écoles destinées à l'alphabétisation des enfants pauvres, l'apprentissage de la lecture se faisait souvent à partir de livres de prières en latin *Pater, Ave, Credo* que l'on apprenait par cœur, ainsi parfois qu'une version en patois ; les formateurs s'adressaient aussi à l'enfant en langue locale. L'éducation des filles, dont la formation intellectuelle progressait, tout en restant assez réduite (lecture, écriture, grammaire, histoire et littérature), se faisait aussi en français : l'Institution de Saint-Cyr, fondée par madame de Maintenon pour l'éducation des jeunes filles pauvres, en est un bon exemple.

Au XVIIIe siècle, dans les collèges, le français commence à s'infiltrer : vers le milieu du siècle, on cesse d'imposer le latin dans les conversations des élèves ; peu avant la Révolution, le français commence à s'étendre à l'enseignement des mathématiques, des sciences, de la philosophie. Il y a même, dans le Tarn (à Sorèze), un collège dirigé par des bénédictins, qui, en 1759, instaure un enseignement totalement en français dans certaines classes (36 élèves en tout suivent ce cursus). On commence aussi à enseigner le français, sa grammaire et son orthographe, dans tous les collèges après 1762, date de la fermeture des ceux des jésuites.

Un enseignement figé

Au XVIIIe siècle, malgré le développement de la littérature française et celui des sciences (astronomie, médecine, mathématique, physique), l'enseignement reste figé, s'en tenant à une transmission de l'idéal antique, latin et grec. Mais cet enseignement commence à être critiqué par ceux-là même qu'il a formés. Ainsi, Diderot écrit : « On étudie, sous le nom de belles lettres, deux langues mortes qui ne sont utiles qu'à un très petit nombre [...] sous le nom de rhétorique, on enseigne l'art de parler avant de penser et celui de bien dire avant d'avoir des idées » (cité d'après J. Vial, *Histoire de l'éducation*, 1995, p. 48).

La Révolution favorise l'enseignement en français

La Révolution, dont on verra dans le chapitre suivant l'action pour l'élimination des dialectes, bien qu'ayant le sentiment de faire revivre la république romaine (nombreux emprunts au latin : *veto, régicide, cisalpin, transalpin*), est hostile à l'enseignement en latin car cette langue, dans laquelle ont pourtant été formés bien des conventionnels, est ressentie comme langue de l'Église. Les universités, déjà moribondes, et les anciens collèges sont supprimés. Pour les remplacer, on crée des Écoles centrales et les Grandes écoles (Polytechnique, Normale supérieure, Militaire, Conservatoire des arts et métiers, Langues orientales, etc.), dans lesquelles l'enseignement est donné en français. À l'Institut, la première classe est la classe de grammaire et de littérature française. On essaya enfin de créer un enseignement élémentaire laïque pour le peuple, en français, mais ce projet fut de courte durée.

Avec Napoléon, qui fait de l'enseignement un monopole d'État et redonne vie à l'Université de France, le latin revient en force dans l'enseignement, bien que les cours soient le plus souvent en français (on voit cependant certains enseignements, dont la chirurgie, se faire à nouveau en latin). Dans les collèges, l'enseignement comporte du latin, prioritaire, du grec, du français et des sciences, mais ni langues vivantes ni philosophie. Quant à l'enseignement élémentaire, il reste confié aux Frères de la doctrine chrétienne.

Un enseignement élémentaire pour tous en français

Toute la tâche du XIXe siècle va être de mettre sur pied un enseignement pour tous : l'objectif est une élévation générale du niveau pour permettre à chacun de sortir de l'ignorance et de faire plus facilement son métier (lire, écrire, calculer, comprendre le fonctionnement du monde, avec les fameuses « leçons de choses »), mais aussi d'augmenter la cohésion nationale en inculquant des rudiments d'histoire, de géographie et de morale. Sous Louis-Philippe, Guizot crée un enseignement primaire public (mesure insuffisante car tous ne peuvent pas y avoir accès) où on enseigne la grammaire élémentaire, le lexique et l'orthographe de l'Académie, dont la connaissance sera exigée dans les concours administratifs. Mais il faut attendre 1882 pour que la loi Jules Ferry rende cet enseignement primaire laïque, gratuit et obligatoire pour tous. Certains observateurs pensent que cet enseignement de masse a eu une influence simplificatrice sur la langue française ; il contribua certainement aussi à une homogénéisation normative et contraignante.

En ce qui concerne l'enseignement secondaire, sous le second Empire, le ministre Victor Duruy crée une filière d'enseignement secondaire sans latin ni grec (1867). En revanche, la loi Camille Sée, en 1881, instaurant un enseignement secondaire laïque pour les jeunes filles, leur donna plutôt accès au latin. Mais à partir de 1880, on assiste à la suppression des exercices de dissertation et de versification latine – dont il nous est aujourd'hui difficile d'imaginer qu'ils aient existé, comme il nous est difficile de nous souvenir qu'il y a une cinquantaine d'années à peine, une filière math-sciences, sans latin ni grec, était peu valorisante. Le latin ne perdra sa place privilégiée, au profit des filières scientifiques, que dans la seconde moitié du XXe siècle.

Dans l'enseignement supérieur, c'est aussi à partir de 1905 que sont admises des soutenances de thèses en français. (Jaurès, par exemple, soutient, en 1891, sa thèse secondaire sur les premiers aspects du socialisme allemand en latin, ce qui montre à quel point le latin scientifique était une langue vivante, capable d'exprimer des concepts bien postérieurs à César et Cicéron.)

Il convient donc de distinguer deux types d'enseignement : un enseignement des élites, dans les collèges, qui a le plus longtemps possible fait une très large part aux « humanités » latines, considérées comme formatrices, et où la progression du français s'est faite surtout dans l'enseignement des disciplines scientifiques, et un enseignement élémentaire, qui n'a plus utilisé le latin dès qu'il s'est laïcisé.

Le XIXe siècle a cependant vu naître une élite dont la formation, dans les écoles normales, à partir du certificat d'études, échappait au latin : celle des instituteurs et institutrices de la IIIe République.

SYNTHÈSE

Très rapidement, le français, favorisé par le pouvoir royal, devint la langue de l'administration, statut acquis dès le XVIe siècle. Plus tôt encore, le français était devenu une langue littéraire à part entière, mais ce n'est que lentement qu'il s'imposa dans la philosophie et dans les sciences. C'est le culte catholique qui maintint le plus longtemps le latin comme langue sacrée, d'où une certaine difficulté pour l'enseignement élémentaire, tant qu'il a été assuré par des prêtres, à se dégager de cette langue. Dans les collèges, le prestige intellectuel du latin l'a maintenu plus longtemps et ce n'est que tardivement que sont apparues des filières modernes, sans latin ni grec.

Pour en savoir plus

R. BALIBAR, *L'Institution du français : essai sur le colinguisme, des Carolingiens à la République*, PUF, 1985	Les IIe et IIIe parties, *La révolution dans la langue* et *Démocratiser le français républicain*, portent sur l'enseignement avant la Révolution, la politique de la langue des révolutionnaires et le français des instituteurs. Lecture facile et agréable.
J. VIAL, *Histoire de l'éducation*, PUF, Que sais-je?, 1995 (1re éd. 1966)	Ne concerne pas que l'éducation en France, mais décrit rapidement les enseignements primaire, secondaire et supérieur au cours des siècles. Le statut du latin n'est pas la préoccupation essentielle de l'auteur qui s'intéresse surtout aux avancées de la pédagogie.
P. Swiggers et W. Van Hoecke (dir.), *La Langue française au XVIe siècle : usages, enseignement et approches decriptives*, Leuven-Paris, Peters, 1989	Recueil d'articles sur les grammairiens du XVIe siècle et les premières descriptions de la langue française. Pour spécialistes ou étudiants de troisième cycle.

/5/

LE FRANÇAIS DEVIENT LANGUE MAJORITAIRE

La langue parlée en France n'a pas toujours été unitaire : les Français ont longtemps eu pour langue maternelle divers dialectes. Quelle est la langue qui s'est imposée sur toutes ces langues régionales ? Comment et pourquoi s'est-elle imposée ?

Le morcellement dialectal (page 53)
En France, même s'il existait déjà du temps des Gaulois, le morcellement dialectal a été accentué par des différences de superstrats germaniques et l'organisation féodale, qui a fortifié les pouvoirs locaux.

Les dialectes de France (page 54)
On classe les dialectes de France en dialectes d'oc, dialectes d'oïl, franco-provençal et dialectes périphériques, romans comme le catalan et le corse, non romans comme le basque, le breton, l'alsacien et le flamand.

Comment s'est formée la langue majoritaire (page 57)
La langue majoritaire qui s'est imposée a été celle du pouvoir royal, régularisée et fixée par les grammairiens à partir du XVIe siècle. Mais une langue officielle supradialectale s'était sans doute déjà formée dès les débuts du français.

L'éradication des dialectes (page 59)
Elle n'a vraiment commencé qu'à la fin de l'Ancien Régime et a été la conséquence d'une volonté d'éducation générale du public, de l'exode rural et du développement de la radio et de la télévision.

Le morcellement dialectal

La diversité dialectale de la langue parlée

Dans les débuts de l'histoire du français, alors que la langue officielle était encore le latin, la langue maternelle romane différait selon les régions : il n'existait pas dans le territoire de *langue majoritaire*, c'est-à-dire de langue maternelle homogène commune à la majorité des locuteurs, les langues romanes parlées sur le territoire de la future nation française étaient diversifiées en dialectes, sous-dialectes et patois. On peut d'ailleurs se demander si, la variation et la non-homogénéité étant constitutives des langues naturelles, cette diversification n'est pas le sort de toutes les langues en l'absence d'un statut officiel, écrit ou oral.

L'origine de quelques différenciations dialectales

Un latin encore unitaire

Le latin, on l'a vu, s'était implanté sur un substrat morcelé puisque l'on ne parlait pas *un* mais *des* gaulois en Gaule, et que la partie aquitaine du pays était même de langue non indo-européenne ; mais le latin qui, lui, avait un solide statut officiel, s'est maintenu de façon unifiée, du moins dans les communications de caractère soutenu, langue écrite, enseignement, langue administrative ou religieuse, tant qu'a duré l'Empire romain. D'ailleurs, certains linguistes ont remarqué que si le latin tardif est déjà bien différent du latin classique, il est impossible d'attribuer une origine régionale précise à un texte latin avant le VIIe siècle : ces écrits ne présentent pas de particularités dialectales, ce qui plaide en faveur de l'existence d'une *koïné*, c'est-à-dire d'une langue de culture supradialectale et comprise de tous. Il est en revanche raisonnable de penser que le latin parlé connaissait de nettes variations régionales.

Langue d'oc et langue d'oïl

La première différenciation d'importance s'est faite entre les parlers du nord et les parlers du sud, entre la langue d'oïl et la langue d'oc, du fait d'une forte immigration franque, parfois aussi burgonde, dans le nord (et surtout le nord-est) du pays, proche des régions à majorité germanique, tandis que l'occupation wisigothe, dans le sud, n'avait pas été suffisante pour germaniser le pays. Le sud garda donc une unité linguistique romane, tandis que le nord connaissait plus de trois siècles de bilinguisme ; il semble que le nord cessa de comprendre le latin près d'un siècle avant le sud. On peut ajouter que la Provence avait été colonisée un siècle avant le reste de la Gaule et que le provençal avait aussi gardé quelques éléments lexicaux empruntés aux colons grecs du littoral, mais ces faits sont de peu d'importance par rapport au phénomène de contact massif avec le germanique qui donna leur coloration aux parlers du nord. Cette différence entre les parlers d'oc et d'oïl s'est creusée du fait que le Nord et le Midi ont chacun donné naissance, au Moyen Âge, à une langue de culture supradialectale et déjà en partie officielle.

La limite entre oc et oïl s'établissait autrefois à la Loire. Mais le Poitou et l'Anjou, d'abord rattachés aux parlers d'oc, passeront au français d'oïl par la suite. (Aquitaine, Anjou, Poitou, appartenant au domaine d'oc, passèrent en effet sous domination d'oïl – anglo-normand – après le mariage d'Aliénor d'Aquitaine et d'Henri II Plantagenêt, roi d'Angleterre, avant de revenir au roi de France après la bataille de Bouvines (1214). Sans être seules en cause – l'Aquitaine reste résolument occitane – ces raisons d'ordre politique ont dû jouer pour les provinces frontalières.)

Causes administratives : affaiblissement du pouvoir central

À cette bipartition du territoire, il faut ajouter le morcellement à l'intérieur des deux langues, divisées chacune en six ou sept dialectes, eux-mêmes subdivisés. Or cette diversification dialectale, due, on l'a vu, à l'inexistence de langue romane officielle, a été longtemps favorisée par la faiblesse et l'éloignement du pouvoir royal. Du temps des rois mérovingiens, descendants de Clovis, morcellement territorial et absence de pouvoir centralisateur avaient favorisé la coexistence de nombreux dialectes. Mais sous les Carolingiens et les premiers Capétiens, la différenciation dialectale fut aussi facilitée par le système d'organisation de la société : un roi sans souveraineté réelle, un royaume sans unité, une aristocratie foncière turbulente qui détenait localement tout le pouvoir. Enfin, l'organisation féodale en petites seigneuries indépendantes les unes des autres a accentué les différenciations en sous-dialectes.

Les dialectes de France

Langue d'oc

Les parlers d'oc se subdivisent en gascon, languedocien, béarnais, guyennais, auvergnat, limousin, provençal maritime, provençal alpin. La limite entre oc et oïl va actuellement de l'embouchure de la Gironde à Vienne et Valence, en passant par le nord du Massif central. Une langue littéraire d'oc est devenue langue de culture au Moyen Âge, dans tout le sud du pays : c'est le languedocien des troubadours, qu'eux-mêmes appelaient plutôt le « limousin » *(lemosi)* ou le *mondin* (du nom des comtes Raimondin de Toulouse). C'était aussi une *koïné* supradialectale. Mais cette langue n'est finalement pas parvenue au statut de langue officielle, parce que le pouvoir central a toujours été de langue d'oïl.

Oc et oïl, *deux façons de dire* oui

En latin classique, *oui* se disait *ita*. Mais le domaine de l'assertion – on n'affirme jamais assez vigoureusement – est l'un de ceux où s'exerce largement le besoin de créativité de la langue. Aussi, en Gaule, l'affirmation tendit à se faire au moyen du démonstratif de proximité neutre *hoc* (traduisible par 'ceci' et comparable à notre affirmation moderne par « *c'est ça !* »). En provençal ancien, où les finales se prononcent encore, *hoc* passé à *oc* suffit pour l'affirmation ; dans le nord, où *hoc* se réduit à *o*, les locuteurs éprouvent le besoin d'étoffer l'assertion en ajoutant un pronom personnel, différent selon la question: *o je* (sous-entendu 'le fais', réponse par exemple à : *M'aimes-tu ?*) *o il* (sous-entendu 'le fait', réponse par exemple à : *Vient-il ?*). La réponse par *il,* plus fréquente, s'est généralisée et *oïl* a fini par donner *oui*.

Langue d'oïl

Outre le dialecte d'Île-de-France (« francien » pour les linguistes), les parlers d'oïl recouvraient notamment le picard, le wallon, le normand, le champenois, le lorrain, le bourguignon, les dialectes de l'Ouest, Maine et Touraine, auxquels il faut ajouter aujourd'hui poitevin et saintongeais (autrefois occitans) et gallo (autrefois breton, voir *infra*). Parmi ces parlers, deux marquèrent un temps la langue littéraire :

– le normand, par sa variante l'anglo-normand, parce que, de la bataille d'Hastings (1066), début de la conquête de l'Angleterre par Guillaume le Conquérant, jusqu'à la guerre de Cent Ans, le français sera langue officielle en Angleterre ;

– et le picard, parce que la Picardie était, au XIIIe siècle, une région riche, où se développaient une bourgeoisie puissante et une importante activité littéraire.

De nombreux textes marqués de picard ou d'anglo-normand, parfois aussi de champenois, nous sont restés.

Interférences oc/oïl

Entre langue d'oc et langue d'oïl, une zone d'interférences, à l'est, constitue le domaine franco-provençal : là où le français dit *chanter* et l'occitan *cantar*, le franco-provençal dit *chantar*, par exemple. Cette zone se situe autour de Lyon et de Genève, en Savoie, dans la vallée d'Aoste et la partie supérieure des affluents du Pô. L'influence d'un superstrat dû aux Burgondes, dont le royaume s'étendait sur ces régions au Ve siècle, est controversée.

Langues périphériques

À la périphérie se situent les langues non romanes :

– basque, survivance d'une langue non indo-européenne, peut-être rattachable à la famille caucasienne, antérieure à l'implantation du celtique ;

– breton, qui n'est pas une survivance du gaulois, mais une réimplantation plus tardive (entre 450 et 650) par immigration à partir de la Grande-Bretagne ; le breton a reculé et la partie est de la Bretagne parle aujourd'hui un dialecte d'oïl, le gallo ;

– alsacien, dialecte germanique qui gardera longtemps un statut semi-officiel dans les régions où il était parlé (publication bilingue des textes officiels) ;

– flamand, à l'extrême nord du territoire ;

et les langues plus proches d'une autre langue romane que du français :

– corse, proche de l'italien : soumise à Pise, puis à Gênes, la Corse a connu un bilinguisme corse/italien avant d'être rattachée à la France en 1769 ;

– catalan, proche du languedocien avec un superstrat espagnol.

Des frontières dialectales ?

Comment se fait le passage d'un dialecte à un autre ? Ni géographiquement ni linguistiquement il n'y a de frontière précise et infranchissable entre les langues maternelles. La notion de frontière géographique précise ne s'applique qu'aux langues officielles. De même, seul le statut de langue littéraire, de langue officielle et par-dessus tout de langue religieuse (sanscrit, hébreu, latin, arabe classique) entraîne la création d'une norme qui tend à figer la langue : en l'absence de ces normes, les parlers restent si fluctuants qu'aucun village ne parlera exactement la même langue que son voisin. Il y a entre les dialectes un continuum tel que chacun se fond imperceptiblement dans l'autre.

Quelques isoglosses entre *oc* et *oïl*

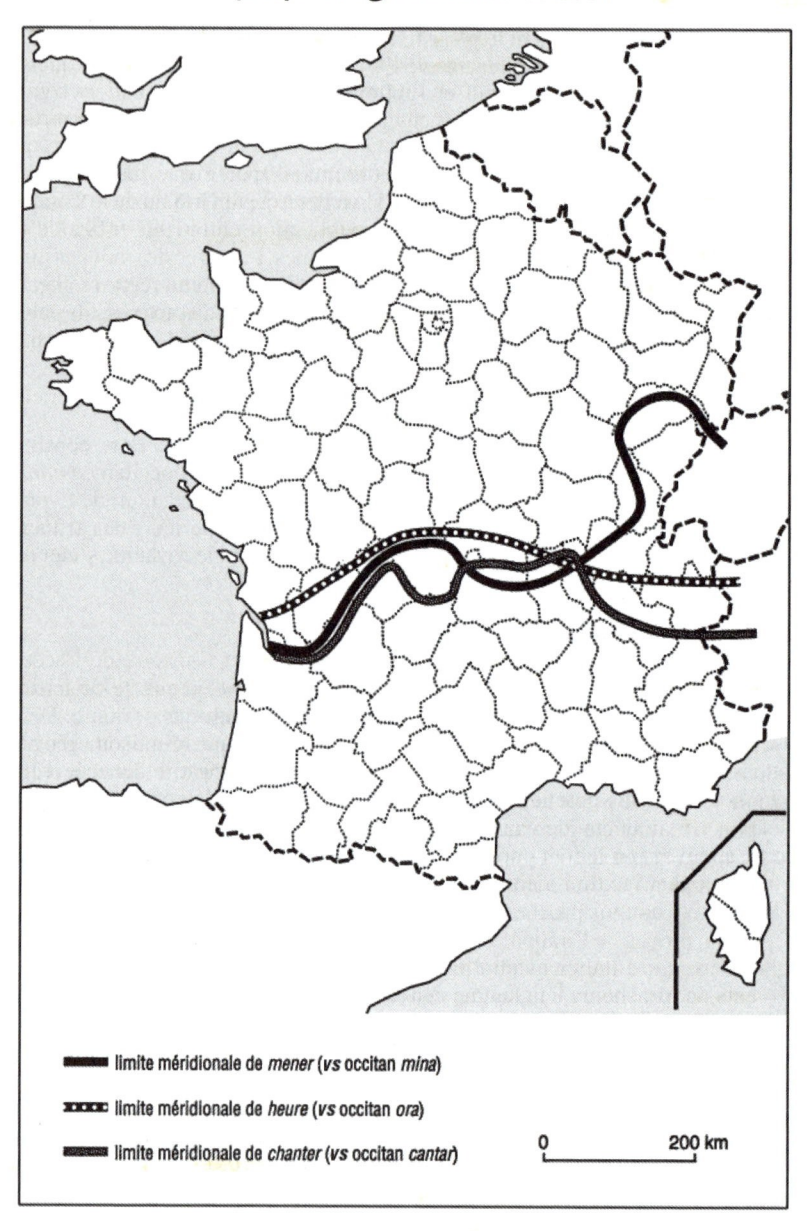

━━━ limite méridionale de *mener* (*vs* occitan *mina*)

⬛⬛⬛ limite méridionale de *heure* (*vs* occitan *ora*)

▭▭▭ limite méridionale de *chanter* (*vs* occitan *cantar*)

0 — 200 km

Source : R.A. Lodge, *Le Français, histoire d'un dialecte devenu langue,* Fayard, 1977

Le français devient langue majoritaire

Dans leurs investigations des langues régionales, les dialectologues délimitent des milliers d'*isoglosses,* frontières délimitant l'extension d'un fait de langue (trait phonétique comme le /R/ roulé ; fait lexical comme la désignation d'un objet par des mots différents [*abeille, é, avette, mouchette, mouche à miel*] ; fait morpho-syntaxique, comme l'emploi du passé dit surcomposé *je l'ai eu connu*, dans le sud de la France). La frontière dialectale est alors déterminée en fonction du plus grand nombre d'isoglosses délimitant une région, et ce sont les faits que délimitent ces isoglosses qui deviennent pertinents pour définir le dialecte décrit.

Un énorme travail de description dialectologique a été fait à la fin du XIXe siècle par J. Gilliéron et E. Edmont, aboutissant à la publication, entre 1902 et 1907, d'un *Grand Atlas linguistique de la France* en sept volumes. Fait avec des moyens limités – un seul enquêteur à bicyclette, huit ans de travail seulement –, cette recherche a été reprise et un *Atlas linguistique de la France par régions* est en cours de publication (parution des premiers volumes en 1955). Inutile de dire que ces recherches, en mettant l'accent sur la diversité des parlers et sur la variation linguistique, ont beaucoup contribué à remettre en question les certitudes des néo-grammairiens.

Comment s'est formée la langue majoritaire

Un dialecte qui a réussi ou une *koïné* officielle ?

On a longtemps pensé que l'histoire du français était l'histoire de l'accession de l'un des dialectes de la France médiévale, le dialecte d'Île-de-France ou « francien », au statut de langue officielle, puis de langue majoritaire. Deux raisons, disait-on, avaient permis au francien de s'imposer : des raisons géographiques peut-être, puisque, situé au centre du domaine d'oïl, le dialecte d'Île-de-France était plus proche des autres dialectes du nord que ceux-ci entre eux, mais plus certainement des raisons d'ordre politique. En effet, la dynastie capétienne, appuyée par le très important centre religieux que fut l'abbaye de Saint-Denis, propagatrice de l'idéologie royale, est issue d'Île-de-France. C'est donc la langue du pouvoir, la langue du roi, qui, dès le Moyen Âge, aurait été adoptée.

On est aujourd'hui beaucoup plus nuancé : dès les premiers textes (dès les Serments de Strasbourg), la langue écrite dont a été gardée la trace n'est pas la transcription d'un dialecte, mais une langue à vocation commune, élaborée par les grands clercs de l'époque carolingienne à partir de différents traits dialectaux (une *scripta transdialectale*, dit B. Cerquiglini) et surtout, selon l'hypothèse très vraisemblable de R. Balibar, à partir du latin appauvri qui s'écrivait au VIIe siècle et avait, à l'époque, fait tant bien que mal figure de langue officielle. Et de fait, on ne possède pas de textes écrits en dialecte : chartes comme textes littéraires, marqués très souvent de forts dialectalismes, sont cependant en ancien français commun, un ancien français commun que les auteurs de l'époque appellent déjà, eux, le « françois ». L'ancien français, tel qu'il nous est parvenu sous sa forme officielle et écrite, comporte une majorité de formes qui proviennent d'une région un peu plus étendue que l'Île-de-France, englobant une partie de la Champagne, de la Normandie et des pays de Loire. La variation de nature dialectale a cependant longtemps été admise puisque la langue littéraire a été teintée de champenois, d'anglo-normand et surtout de picard jusqu'à Froissard, au XIV@ siècle.

La question qui peut alors se poser est celle de l'existence, à côté de la langue officielle écrite, d'une **langue véhiculaire,** servant à la communication entre individus d'origine dialectale différente (comme les marchands dans les foires, les pèlerins). Tout permet de le supposer, rien ne l'atteste réellement.

On en revient donc toujours à la même constatation : dès qu'une langue cesse de ne servir qu'aux communications quotidiennes, elle cesse d'être la pure reproduction de la langue parlée, elle perd de sa variabilité et elle subit une élaboration plus ou moins *normative* qui lui permet d'accéder à un statut officiel.

Enfin, on sait qu'à partir du XII@ siècle et bien entendu plus encore à partir du XVI@, quand les grammairiens commencent à établir une norme, ce « françois » est sélectionné selon l'usage des classes sociales dominantes et d'origine strictement parisienne. Mais il faut prendre garde que ce qu'on appelle souvent « la langue du roi » n'est ni celle que parle le roi (engasconnée, italianisée, etc.), ni celle de Paris, qui « sent sa place Maubert », mais la langue officielle du pouvoir, celle que les rois ont privilégiée dans ses expressions administratives et littéraires.

Constitution d'une norme

La notion de « beau » français a peut-être existé au Moyen Âge, puisque certains auteurs disent qu'ils parlent ou ne parlent pas bien le « françois », mais personne n'en avait fixé les *normes*. C'est au XVI@ et au XVII@ siècle qu'on assiste à une élaboration consciente du français. Les grammairiens du XVI@ siècle se classent en effet en observateurs de l'usage commun et en réformateurs de la langue commune ; Henri Estienne et Théodore de Bèze mettent en place l'approche normative qui caractérisera le siècle suivant. Le modèle de référence est, pour ces érudits, la langue parlée « entre Seyne et Loire », sans dialectalismes, même parisiens. Ce n'est pas la langue des courtisans, trop teintée d'italianismes, mais le parler des « hommes bien appris », voire des savants, qui connaissent le grec et le latin et peuvent rétablir une forme étymologiquement correcte. Quant aux dialectalismes, plus le siècle avance, moins les grammaires et les dictionnaires leur font de place.

Une norme sociale, le bon usage de la cour

« Voicy donc comme se definit le bon Usage [...] c'est la façon de parler de la plus saine partie de la Cour, conformément à la façon d'escrire de la plus saine partie des Autheurs du temps. Quand je dis la Cour, j'y comprens les femmes comme les hommes, et plusieurs personnes de la ville où le Prince réside, qui par la communication qu'elles ont avec les gens de la Cour participent à sa politesse. »

Vaugelas, *Remarques sur la langue française,* 1647
(Slatkine Reprints, 1970, II, p. 3)

Cette réflexion sur la langue française continue au XVIIe siècle, de façon très normative, avec pour résultat une rationalisation au prix d'un appauvrissement de la langue littéraire. Citons Malherbe, qui veut « dégasconner » la langue française et proscrit les provincialismes, les archaïsmes, les néologismes, les termes techniques *(ulcère, entamer, idéal)*, le mouvement précieux, qui cherche lui aussi à épurer le lexique des termes jugés inconvenants, Vaugelas, pour qui le bon usage est fixé par la cour. L'Académie française est créée par Richelieu en 1635 ; il la charge de donner à la langue française un dictionnaire, une grammaire, des règles rhétoriques et stylistiques. Si l'attitude à l'égard de la langue est trop normative et a contribué à faire du français la langue la plus normée, dit-on, des langues vivantes du monde, il faut reconnaître qu'un énorme travail de clarification a été fait, en particulier en ce qui concerne les règles d'emploi des pronoms personnels et de l'anaphore en général.

Mots à proscrire

Les règles de bon usage suivies, à Paris et en province, par tous ceux qui se piquaient d'appartenir à la bonne société ou qui voulaient y parvenir excluent beaucoup de mots jugés bas, qui ne doivent paraître ni dans la littérature ni dans la conversation. Ce sont des mots dont on disait qu'ils sentaient « sa rave » (mots paysans), « sa place Maubert », qu'ils étaient « plébés », « du dernier bourgeois » ou qu'ils « paraissaient peuple ». En voici quelques-uns : *allécher, besogne, brandon, carquois, cotillon* (pour *jupe), face* (parce que l'on disait *la face du grand Turc* pour désigner les fesses), *geindre, grommeler, m'amour, m'amie, pétulance, poitrine.* Il va sans dire que les expressions familières étaient elles aussi exclues : *mijaurée, quenotte, sac à vin, dauber, détaler, rembarrer, de guingois, en tapinois, rondement, tenir le haut du pavé, courir la prétentaine, il a fait son temps...*

Vers la fin du siècle (1660) paraît la *Grammaire raisonnée* de Port-Royal, qui applique les principes de la logique aristotélicienne à la langue française.

Les siècles suivants voient surtout un enrichissement lexical : les termes techniques et des régionalismes entrent dans la langue au XVIIIe siècle ; la révolution romantique (V. Hugo, *Préface de Cromwell,* 1827) proclame que tous les mots sont égaux en droit et dignes d'entrer dans la langue littéraire – mots techniques, mots familiers, populaires, etc. Mais si le lexique se libéralise, la norme grammaticale continue à être fortement maintenue par l'enseignement du français, qui se généralise.

L'éradication des dialectes

Cependant, même si à partir du XIIIe siècle, à la suite des progrès de l'administration royale, le français avait commencé à s'étendre un peu dans les provinces, il n'a été pendant longtemps que la langue d'une minorité. En effet, hors de Paris, on parlait surtout les dialectes, et même des dialectes qui se particularisent en patois. Toute la paysannerie parlait patois, même aux portes de Paris : il suffit de voir comment parlent les paysans de Molière pour mesurer la différence entre le français officiel et la langue parlée du peuple.

Il est évident que l'officialisation du français a contribué à son extension. Ainsi, l'ordonnance de Villers-Cotterêts a fait franchir un pas décisif au français non seulement par rapport au latin, mais par rapport aux dialectes : dès la fin du XIIIe siècle, les documents juridiques étaient devenus plus nombreux en langue vernaculaire qu'en latin, mais l'occitan était encore plus sérieusement implanté dans le sud que le français dans le nord. Après la création de parlements dans les grandes villes du Midi, les rois cherchèrent d'abord à éliminer le latin. Les premières ordonnances autorisent l'emploi du « vulgaire et langage du pays », de la « langue vulgaire des contractants »(1531), du « françois ou a tout le moins [du] vulgaire du pays » (1535). L'ordonnance de Villers-Cotterêts (1539) a donc éliminé de la langue administrative non seulement le latin mais les langues régionales, au grand dépit des Provençaux, obligés d'apprendre suffisamment de français pour s'adresser à l'administration ou à la justice. Selon un témoignage du temps :

> « Il y eut alors merveilleuses complainctes, de sorte que la Provence envoya ses députés par devers sa maiesté, pour remonstrer ces grans inconveniens [...] Mais ce gentil esprit de Roy, les delayans de mois en mois, et leur faisant entendre par son Chancellier qu'il ne prenoit point plaisir d'ouir parler en aultre langue qu'en la sienne, leur donna l'occasion d'aprendre songneusement le François ; puis quelques temps après ils exposèrent leur charge en harangue Françoise. Lors ce fut une risée de ces orateurs qui estoient venus pour combatre la langue Françoise et néantmoins l'avoient aprise [...]. »
>
> Ramuz, cité par F. Brunot, *Histoire de la langue française,*
> A. Colin, 1966, II, p.31
>
> L'anecdote est cependant controversée : selon O. Millet, spécialiste de la langue du XVIe siècle, il est impensable que les membres du parlement de Provence aient ignoré le français, déjà utilisé par la chancellerie.

De même, la propagation du culte protestant, même en pays de langue d'oc (Cévennes), s'est faite en français, ce qui laisse entendre qu'il existait déjà une compétence, au moins passive, de la langue officielle d'oïl.

Il faudrait en fait considérer l'accession du français au statut de langue majoritaire sous deux aspects, le premier étant une éviction de l'occitan comme langue officielle dans tout le sud du pays. Dans cette optique, la date de 1515 est aussi importante que celle de Villers-Cotterêts (1539) : le *Consistori del Gai Saber* se transforme cette année-là en *Collège de rhétorique,* les ouvrages écrits en occitan cessent d'y être considérés. Montaigne, du Bartas, Brantôme, d'origine méridionale, écriront en français.

Le second aspect est celui de l'élimination des patois, y compris les patois occitans, dans une France majoritairement rurale (85 % de la population jusqu'au milieu du XIXe siècle) qui n'éprouve pas le besoin d'une communication hors de la communauté locale. Seules de petites minorités urbaines s'exprimaient en français. Pour elles, l'invention de l'imprimerie au XVIe siècle fut une date importante, car elle contribua beaucoup à diffuser la langue officielle.

Mais la véritable politique visant à faire du français la langue de tous les Français commence avec la Révolution, qui considère qu'à une patrie unique doit correspondre une langue unique, que l'unité du langage scellera l'unité nationale. On pense que le peuple doit avoir accès au français, senti comme l'apanage des classes dominantes, les idiomes régionaux sont suspectés de « fédéralisme » et les délégués du gouvernement central voient en eux un obstacle à la propagation des idées révolutionnaires (« *Le fédéralisme et la superstition parlent bas-breton ; l'émigration et la haine de la République parlent allemand ; la contre-révolution parle italien et le fanatisme parle basque* », disait Barère dans le rapport du 8 pluviôse, an II). Aussi constituants et conventionnels ont-ils mené une véritable politique de la langue et essayé de propager un enseignement élémentaire : Talleyrand a soumis le projet d'une extension de l'enseignement primaire, Barère, le projet, non appliqué, de recruter parmi les habitants des villes des institutrices ne dépendant d'aucun culte pour aller enseigner dans les campagnes ; quant à l'abbé Grégoire (par ailleurs généreux partisan de l'abolition de l'esclavage et de l'émancipation de toutes les minorités), dans son rapport sur la nécessité d'abolir les patois, il alla jusqu'à proposer l'acquisition d'une pratique orale et écrite du français pour pouvoir se marier. Ces mesures n'eurent pas le temps de se réaliser, mais la levée en masse de soldats occasionna un brassage social qui fit très certainement progresser l'utilisation du français.

La langue de la liberté

« On peut assurer sans exagération qu'au moins six millions de Français, surtout dans les campagnes, ignorent *la langue nationale ;* qu'un nombre égal est à-peu-près incapable de soutenir une conversation suivie ; qu'en dernier résultat, le nombre de ceux qui la parlent purement n'excède pas trois millions ; et probablement le nombre de ceux qui l'écrivent correctement est encore moindre […]
On peut uniformiser le langage d'une grande nation, de manière que tous les citoyens qui la composent puissent sans obstacle se communiquer leurs pensées. Cette entreprise, *qui ne fut pleinement exécutée chez aucun peuple,* est digne du peuple français qui *centralise* toutes les branches de l'organisation sociale, et qui doit être jaloux de consacrer au plutôt, dans une République une et indivisible, l'usage unique et *invariable* de *la langue de la liberté.* »

Rapport Grégoire, 16 prairial an II

C'est nous qui soulignons.

Il fallut attendre la IIIe République pour qu'aboutisse ce programme d'éradication des dialectes avec les grandes lois scolaires :
– 1881 : la loi Camille Sée crée un enseignement secondaire laïque à l'usage des jeunes filles ;
– 1882 : la loi Jules Ferry institue l'école primaire gratuite, obligatoire et laïque.
Le français sera bientôt enseigné dans tous les villages par des générations d'instituteurs conscients de permettre ainsi aux petits paysans qu'ils forment d'avoir accès à toutes les hautes fonctions de la République. On interdit l'usage des langues régionales à l'école, même pendant les récréations, et l'enfant surpris à parler patois reçoit une punition.

Mais la disparition des dialectes a aussi été accélérée par l'exode rural, qui date de l'expansion industrielle du milieu du XIXe siècle. En 14-18, le grand brassage de la guerre achève ce que l'école primaire avait commencé : en effet, des régiments régionaux avaient d'abord été constitués, mais l'immensité des pertes entraîna la formation de régiment composites dans lesquels le français appris à l'école primaire devint le seul moyen de communication.

Enfin, la diffusion de la radio (à partir de 1921) et de la télévision (à partir de 1935, mais trouvant sa place dans les années 50 seulement) généralisent l'usage du français standard. Les dernières statistiques indiquent que les Français regardent la télévision en moyenne trois heures par jour (ce qui, compte tenu de ceux qui ne la regardent jamais, représente une grande partie de la vie des autres) : comment s'étonner que la diversité des accents s'estompe ?

Le retour aux langues régionales se fait au moment où elles ont presque complètement disparu. On prend alors conscience que c'est une certaine richesse nationale qui s'est perdue : en 1951, la loi Deixionne permet l'enseignement de certains langues régionales (basque, breton, occitan, catalan, étendu au corse en 1974) dans le second cycle ; en 1982, la circulaire Savary met au point leur enseignement ; enfin, basque, breton, catalan, gallo, occitan, en 1983, puis alsacien, en 1988, sont admis comme langues vivantes au baccalauréat.

SYNTHÈSE

La différenciation entre parlers d'oïl et d'oc est née d'une plus grande influence germanique dans le nord de la France, des subdivisions dialectales au sein de ces deux domaines, du morcellement du pouvoir. La France du Moyen Âge a eu deux langues littéraires, la langue d'oïl et la langue d'oc, qui sont toutes deux des langues élaborées, supradialectales. Mais c'est la langue littéraire d'oïl, langue officielle du roi, qui s'est imposée en France au détriment des dialectes. Les deux causes majeures de la disparition presque totale des dialectes ont été l'institution d'un enseignement primaire obligatoire (1882) et la généralisation de la radio et de la télévision.

Pour en savoir plus

B. CERQUIGLINI, *La Naissance du français*, PUF, Que sais-je ?, 1991	Ce livre démontre le caractère « transdialectal » des Serments de Strasbourg.
R.A. LODGE, *Le Français, histoire d'un dialecte devenu langue*, Fayard, 1977 (texte en anglais, 1973)	La thèse de l'origine « francienne » est, me semble-t-il, contredite par beaucoup d'informations contenues dans l'ouvrage. Le titre anglais, *French from Dialect to Standard*, correspond mieux à la réalité. L'histoire du français est abordée du point de vue d'un sociolinguiste, la conceptualisation est très claire, les documents sont abondants. Lecture facile.

6

LE FRANÇAIS, LANGUE INTERNATIONALE

Depuis quand parle-t-on français hors de France ? Pourquoi y a-t-il en Belgique, en Suisse, au Luxembourg, au Québec, en Louisiane des gens dont le français est la langue maternelle ? Pourquoi le français est-il langue officielle dans de nombreux pays d'Afrique où il n'est cependant pas langue majoritaire ? Comment ont évolué les français des autres nations ? Enfin, peut-on considérer que le français est lui aussi une langue mère ?

Les causes historiques de l'expansion du français (page 64)

L'extension de la langue romane sur un territoire plus large que celui qu'occupe la France, une expansion colonisatrice qui a commencé dès le Moyen Âge, et le rayonnement culturel de la France en Europe aux XVIIe et XVIIIe siècles sont les causes historiques qui ont favorisé l'expansion du français.

Les français nationaux (page 69)

Le français des autres nations a évolué sous l'influence des langues avec lesquelles il a été en contact et son évolution a divergé de celle du français officiel de France. Les créoles sont des états suffisamment évolués du français pour pouvoir être considérés comme des langues qui en sont issues.

La situation actuelle du français dans le monde (page 71)

Le français est en net recul par rapport à l'anglais. Mais il est encore une des langues officielles de la plupart des organismes internationaux. C'est aussi la langue officielle de nombreux pays, mais il partage le plus souvent ce statut avec d'autres langues, sauf dans plusieurs pays d'Afrique et dans les DOM et TOM.

Les causes historiques de l'expansion du français

Pour devenir internationale, une langue doit d'abord avoir été élaborée, standardisée – on imagine mal un dialecte non encore écrit accéder à ce statut. Du point de vue linguistique, il faut en effet que cette langue soit déjà régularisée et stabilisée. Mais cette condition n'est pas suffisante : ainsi, le turc, langue très régularisée au XXe siècle par le pouvoir central, n'a pas de statut international. Il n'est pas indispensable que cette langue soit langue officielle à part entière (l'avancée du français, par exemple, s'est faite très tôt dans le Moyen Âge) –, mais il lui faut être devenue langue d'une culture en avance sur les autres. Cette seconde condition a aussi un caractère linguistique, car elle est liée à l'expression de concepts que les autres langues n'ont pas encore eu à formuler. Il faut surtout que la nation qui utilise cette langue ait une position prééminente du point de vue politique et commercial et fasse preuve d'un certain expansionnisme (colonisation proprement dite, diffusion religieuse, monopole commercial).

Le français, langue héréditaire

En Europe, la Belgique, la Suisse et le Luxembourg ont le français comme l'une de leurs langues héréditaires, parce que ces pays étaient traversés par la frontière linguistique germano-romane. Il est à remarquer que le français, qu'ils ont adopté très tôt dans leur histoire, est, à quelques régionalismes près, la langue officielle française et non un dialecte local, comme l'est par exemple, en Belgique, le wallon, dialecte d'oïl parlé dans les deux provinces de Namur et de Liège.

Belgique

Le sud (40,2 % de la population) de la Belgique est francophone, sauf l'extrême sud-est qui parle allemand (0,6 %), tandis que le nord (59,2 %) parle flamand. Ces chiffres ne tiennent pas compte de la région de Bruxelles, à majorité francophone mais avec 15 % au moins de locuteurs flamands. Le français officiel devient dès le Moyen Âge la langue officielle de l'ensemble de la région, parce qu'il était la langue des classes dominantes. Cette situation se maintient jusqu'au XIXe siècle, où l'on assiste à un réveil du flamand. Le rôle de la Belgique dans l'expansion du français est important, puisque ce pays a été le colonisateur de trois pays aujourd'hui francophones, le Congo (ex-Zaïre), le Rwanda et le Burundi.

Suisse

À partir de 400, les Burgondes occupent la région de Genève et le Jura. Convertis au christianisme, ils adoptent le latin, tandis que les Alamans, à l'est, maintiennent des parlers germaniques. Même si, dès la fin du Moyen Âge, le français avait commencé à supplanter le latin dans l'administration et le commerce, c'est surtout la Réforme qui fait progresser le français, langue religieuse des calvinistes, au détriment du franco-provençal. Actuellement, sur vingt-six cantons, quatre sont francophones (Neuchâtel, Vaud, Genève, Jura) et trois sont bilingues français-allemand (Valais, Fribourg, Berne) ; les francophones représentent 18 % de la population totale du pays.

Luxembourg

Bien que majoritairement de langue maternelle germanique, sa langue officielle a été le français pendant une partie de son histoire. Le Luxembourg a souvent eu des rois wallons, des reines françaises et a même été rattaché un certain temps à la France. Les Luxembourgeois sont actuellement trilingues : luxembourgeois, allemand et français.

L'expansion colonisatrice

Au Moyen Âge

L'expansion colonisatrice de la France a commencé dès le XIe siècle, du fait de la turbulence des seigneurs normands, issus des Vikings (voir chap. 3), et de la forte émigration des seigneurs français pendant les croisades.

En 1066, par la victoire de Hastings, Guillaume le Conquérant, duc de Normandie, se rend maître de l'Angleterre et met des Français aux commandes du pays. Puis une immigration s'instaure, des commerçants français s'installent : le français devient à la fois la langue des affaires et la langue de la cour, du droit, de la littérature et de l'éducation jusqu'à la guerre de Cent Ans, disputant au latin son statut de langue officielle. Le peuple, lui, continue à parler l'anglais, une langue germanique. Cependant, vers la fin du XIIIe siècle, on commence à mal parler français dans la noblesse anglaise, ce qui explique que les premières grammaires de langue française soient en anglais (Palsgrave, voir chap. 4). C'est Chaucer qui, avec les *Contes de Canterbury* (1387), donne à l'anglais son statut de langue littéraire.

Le superstrat français en Angleterre

Les termes que l'anglais a empruntés au français au cours du Moyen Âge sont très nombreux. Parmi ceux-ci, on peut citer des mots qui existaient dans l'ancienne langue et que le français moderne a perdus comme *noise* ('bruit') et des mots qui ont conservé le sens médiéval alors que le sens de leurs frères français a évolué : *bachelor* ('célibataire', désignait en anc. fr. un jeune seigneur n'ayant pas encore reçu de terre, ce qui était le cas des jeunes gens non mariés et en particulier des cadets de famille), *mercy* (qui signifiait en ancien français 'pitié, miséricorde', notre formule de remerciement vient de l'expression *la vostre mercy,* 'par votre grâce'), *gentle* (qui dans l'expression *gentleman* a gardé le sens ancien de 'noble' ; cf. *gentilhomme*).

D'autres termes nous sont revenus après un passage par l'anglais : *budget* (sur *bougette*, 'petite bourse'), *tunnel* (sur *tonel*, 'tuyau', qui a aussi donné en français *tonneau*), *tennis* (sur l'impératif *tenez,* qui était devenu le nom d'un jeu de paume), *challenge* (sur *chalongier*, 'défier, revendiquer un titre'), emprunté deux fois, dans le lexique de la boxe et dans la langue commune.

Ces mots ont souvent gardé leur prononciation ancienne : *oy* pour *oi* (*noise*), *tch* pour *ch* (*chalenge, bachelor*), *dj* pour *g* (*gentle, chalenge*). D'autres ont gardé une prononciation spécifiquement normande : *wardrobe, wage* face aux français *garde-robe* et *gage, case* face au français *châsse*.

À peu près à la même époque (1099) a lieu la prise de Jérusalem par les croisés. Il se crée un éphémère royaume franc de Jérusalem, assez vite repris par les Sarrasins, mais la présence française se maintient à Chypre, et même, jusqu'au XIVe siècle, en Arménie. Certes, les croisés ne sont pas tous français, des princes siciliens, allemands ou anglais participent aux croisades, mais on imagine difficilement ce qu'a été, jusqu'au XIIIe siècle (1254, dernière croisade de saint Louis en Terre sainte) le va-et-vient entre la France et le Moyen-Orient. On voit dans cette présence l'origine de la *lingua franca* ou *sabir*, pidgin oral mêlant des mots italiens, français (mais surtout provençaux), portugais, espagnols et arabes, langue véhiculaire longtemps utilisée dans les ports de la Méditerranée.

Enfin, au XIe et au XIIe siècle, les Normands chassent les Arabes du sud de l'Italie et fondent un royaume chrétien en Italie méridionale et en Sicile. La cour parle français, mais ce superstrat n'a marqué que les dialectes siciliens et méridionaux.

Sous l'Ancien Régime

Jacques Cartier remonte le Saint-Laurent au XVIe siècle (1534, 1535, 1541), mais c'est surtout à partir du début du XVIIe siècle que s'installent des compagnies privées et des colons. Les Français s'installent aussi dans le courant du XVIIe siècle aux Antilles, notamment en Martinique et en Guadeloupe sous Richelieu, en Guyane, à Madagascar et au Sénégal (à Saint-Louis, à Rufisque et dans l'île de Gorée, point de départ du commerce des esclaves), à l'ouest de Saint-Domingue (qui deviendra la république indépendante d'Haïti en 1804, après la révolte menée par Toussaint Louverture), en Louisiane, à la Réunion (appelée alors l'île Bourbon), à l'île Maurice (appelée île de France). Aux Indes, la Compagnie des Indes orientales possède des comptoirs et environ un tiers de la presqu'île passe sous protectorat français.

Mais la France défend mal ses colonies contre l'Angleterre, qui s'efforce de s'emparer de ses possessions et de celles de l'Espagne. En 1713, par le traité d'Utrecht, la France perd l'Acadie, province côtière au sud du Québec. Les Acadiens sont alors déportés par le gouvernement britannique et embarqués de force, c'est le Grand Dérangement (1755). Certains arrivent ainsi en Louisiane, d'autres en Nouvelle-Angleterre. La lutte reprend de plus belle pendant la guerre de Sept Ans ; Québec est pris en 1759 par les Anglais, qui s'emparent aussi de la Martinique, de la Guadeloupe et des Indes.

Tout l'empire colonial est perdu ; lors du traité de Paris (1763), la France ne garde de ses « colonies » que les cinq comptoirs des Indes et quelques îles : Gorée, Maurice (perdue ultérieurement), la Réunion, Haïti, la Guadeloupe, la Martinique, Saint-Pierre-et-Miquelon.

Le cas de la Louisiane est particulièrement intéressant : devenue colonie de peuplement au XVIIIe siècle *(cf. Manon Lescaut),* elle connaîtra l'immigration des Acadiens (dont le nom a été déformé en *cajuns* par les Anglais), puis l'immigration d'aristocrates français pendant la Révolution et de propriétaires fonciers avec leurs esclaves lors de la révolte de Saint-Domingue. Aussi y trouve-t-on trois types de parlers dérivés du français : le vieux français créole, l'acadien et le *black-creole* ou *gombo*, proche du créole antillais. Perdue en 1763, reprise ensuite, elle est enfin vendue en 1803 aux États-Unis par Bonaparte.

Après l'Empire

La seconde vague de colonisations commence après la chute de l'Empire, pendant la Restauration : explorations en Afrique, administration du Sénégal (à partir de 1817), implantation en Polynésie et Nouvelle-Calédonie, dans les Comores, conquête de l'Algérie. Sous le second Empire, la France s'impose en Asie du Sud-Est : Annam, Cochinchine, Cambodge. Enfin, la IIIe République colonise l'Afrique équatoriale et tropicale, Madagascar, la Tunisie, le Maroc, Tahiti, Wallis et Futuna. Mais, sauf dans le Maghreb, il y a peu d'émigration française – et donc une faible pénétration de la langue.

Dans le même temps a lieu une autre colonisation francophone, la colonisation belge : Congo belge (1885), Rwanda et Burundi.

Mais la politique de l'enseignement est différente selon les pays colonisateurs. L'enseignement français est mené dans une optique « jacobine », fortement centralisatrice. C'est une éducation hostile aux langues et aux cultures locales comme elle l'est aux dialectes. Cet enseignement est assez inadapté pour le niveau élémentaire, et il a, surtout en Afrique, un effet destructeur sur les cultures en place, mais c'est un enseignement sélectif, élitiste, qui permet à quelques-uns une progression sociale dans les structures du pays colonisateur. En Asie du Sud-Est, la déculturation est beaucoup moins grande, l'annamite est enseigné et devient langue nationale. Quant au Maghreb, dans les débuts de la colonisation, il manifeste une forte résistance à l'enseignement public français et les populations préfèrent l'enseignement coranique traditionnel.

La Belgique, qui a le souci de ne pas privilégier le français par rapport au flamand, choisit au contraire un enseignement de masse, usant uniquement des langues locales dans les deux premières années de cours et surtout tourné vers l'apprentissage. Mais cet enseignement est accusé d'empêcher la promotion sociale.

Pour la plupart de ces pays, la décolonisation s'opère après la guerre de 39-45.

Le rayonnement culturel

Aux XVIIe et XVIIIe siècles, le français est devenu pour un temps, au même titre que le latin, langue internationale de l'Europe. Cette situation concerne surtout l'Europe du Nord et de l'Est, car les états fortement unifiés que sont l'Espagne et le Portugal résistent mieux à l'extension de la langue française.

Dès le Moyen Âge, on constate un rayonnement de la littérature française en Italie, Allemagne, Norvège, Angleterre. Écrivent alors en français ou en provençal des seigneurs de langue germanique ou des Italiens (Philippe de Novarre, Marco Polo, Brunetto Latini) jusqu'à ce que Dante, Pétrarque et Boccace fassent du toscan une langue littéraire. Au XVIe siècle, un enseignement français se met en place dans certaines universités allemandes.

Au XVIIe siècle, le rôle dominant de Louis XIV dans la politique européenne impose le français comme langue de la diplomatie. Mais c'est au XVIIIe que le français supplante en grande partie le latin comme langue internationale, en l'occurrence comme langue de communication intellectuelle entre membres de nations différentes et donc comme langue seconde des élites. Des Anglais comme Bedford et Gibbon, des Allemands comme Leibniz, des Italiens comme Casanova écrivent directement en français ; de nombreuses correspondances internationales se font en français. Frédéric II de Prusse invite Voltaire à sa cour, et Catherine II de Russie accueille Diderot comme déjà, au siècle précédent, Christine de Suède avait reçu Descartes. Les élites allemandes reçoivent un enseignement en français, l'aristocratie russe fait venir de France des précepteurs pour ses enfants. Frédéric II impose même le français à l'Académie des sciences et belles-lettres qu'il vient de fonder.

Mais cette position dominante sera de courte durée. Avec le romantisme et le réveil des nationalismes, de nombreuses langues accèdent à un statut de langue de culture, et la place du français diminue. Puis la révolution industrielle en Angleterre et l'expansion économique des États-Unis favorisent la prééminence de l'anglais.

L'Europe emprunte au français

Un Italien du XVIIIe siècle notait que si les Français ont « enrichi » les langues de l'Europe, c'est que « leur industrie a produit avec une étonnante variété des objets sans modèles et pour lesquels nos ancêtres ne nous ont légué aucun terme ». Voici les champs sémantiques où se trouvent la plupart des termes que l'Europe a empruntés à la France et les supériorités techniques qu'ils lui attribuent.

La restauration : it. *ristorante, menu, bigné, croissant, marron glacé, charlotte ;* esp. *vinagre, jamón, croqueta, merengue, soirée, buffet, hotel, croissant, entrecot ;* port. *crepe, champignon, chef, chantilly, flan, tarte ;* dan. *flute* (baguette de pain), *citronfromage* (mousse au citron) ; all. *Bonbon, Bouillon, Omelett, Frikassee, Ragout, Krokette, Champignon, Dessert, Kasserolle, Mus, Cordon-bleu, Croissant, Kompot ;* néerl. *jus, bonbon, karbonade.*

La mode : it. *chiffon, eau de toilette ;* esp. *detalle, modista, pantalon, toilette, trousseau, bibelot, beige, bisuteria* (bijouterie) ; port. *chapèu, nuance, atelié, bibelô, blusa, boné, chique* (chic), *soutien* (soutien-gorge), *chic, vitrine, mise* (mise en plis), *bâton* (rouge à lèvres) ; all. *Kostüm, Decolleté, Plisee, beige, Garderobe, Mode, Parfum ;* néerl. *elegantie, manicuren, modieus ;* angl. *chic, à la mode, blouse, brassière, négligé* (déshabillé).

La galanterie : it. *osé ;* esp. *coqueta,* le calque *golpe de ojo* (coup d'œil) ; port. *dama, coquete, deboche ;* néerl. *aventuur, cadeau, bordeel, pleizer, charmant ;* all. *Dame, Galant homme, Rendez-vous ;* angl. *coquette, beau* (prétendant), *femme fatale, gallant.*

L'automobile : it. *garage, automobile ;* esp. *garage, chofer, capo, ralenti, reprise ;* port. *camião* (camion), *chofer, garagem, camionnete, capot, pneu, ralenti ;* all. *Garage ;* néerl. *garage ;* angl. *automobile, garage, chauffeur/euse.*

La guerre : it. *sabotaggio ;* esp. *bayonta, batallon ;* port. *blindar, camouflagem, chefe ;* all. *Leutnant, Kapitän, General, Regiment, Kaserne, Étappe ;* angl. *general, lieutenant-colonel, regiment.*

Le système des poids et mesures *(mètre, litre, gramme)* inventé par la Révolution a aussi été repris partout.

D'après les publications d'H. Walter, Laffont, 1988 et 1994

Le français, langue internationale

Des politiques de la langue

Ce rayonnement du français a été favorisé par la politique de la langue sous l'Ancien Régime. Aux XVe et XVIe siècles, les rois de France ont contribué à l'officialisation du français en lieu et place du latin, et cela a sans doute aidé le français à le supplanter aussi en partie comme langue internationale. L'extrême codification de la langue a peut-être aussi joué un rôle. Dans ce cas, le travail normatif, l'appauvrissement lexical, les clarifications syntaxiques (articles, pronoms, anaphores), toute l'œuvre lexicographique et grammaticale du XVIIe siècle soutenue par le pouvoir (*cf.* Richelieu et la création de l'Académie française) auront été un élément important de l'expansion du français en Europe au XVIIIe siècle.

En revanche, l'attitude jacobine des révolutionnaires et de Napoléon a tendu à éradiquer les langues nationales comme on éradiquait les dialectes (lois de 1794 et 1795 interdisant l'usage de toute autre langue que le français dans les pays occupés, tentative d'extension à tout l'Empire des structures scolaires françaises). Cet autoritarisme maladroit a, bien entendu, plutôt nui à la « langue de la liberté » et suscité des réactions nationalistes.

À l'heure actuelle, la politique de la langue menée par la France consiste surtout en une défense contre l'envahissement de l'anglais, avec, par exemple, la constitution, depuis 1984, d'organismes de soutien de la francophonie ou la loi Toubon (1994) visant à limiter l'emploi des anglicismes dans le français officiel. Cependant, la langue française est aussi défendue par d'autres pays ou par des provinces francophones comme le Québec ou la Wallonie. De ce fait, le français officiel de France ne devrait plus avoir le même statut hégémonique : les pays francophones tendent à imposer une définition plus souple du français, tenant compte de la diversité des français nationaux.

Les français nationaux

Substrat, superstrat, créolisation

L'évolution du français dit « hexagonal » et la formation des français nationaux permet d'éclairer par des exemples contemporains ce qui s'est passé dans les débuts de l'histoire du français. On peut distinguer deux types d'évolution : les modifications dues à l'influence des strats et les transformations profondes qui aboutissent à la création de créoles.

Les strats

L'influence d'un superstrat français sur une autre langue, par exemple autrefois sur l'anglais (voir plus haut, encadré) et aujourd'hui sur l'arabe maghrébin ou le portugais ne nous intéresse pas ici, mais ce dernier exemple surtout montre qu'à notre époque la notion de superstrat recouvre d'autres faits que l'occupation d'un pays par un colonisateur. En revanche, on peut nettement reconnaître l'influence d'un *adstrat* anglais sur le français du Canada (ainsi, par exemple, *tomber en amour* calque de l'anglais *to fall in love, pinotes* pour *cacahuètes, bines* pour *haricots*) tandis que l'existence d'un substrat africain dans les français nationaux d'Afrique ou les créoles est plus difficile à démontrer. Pour le créole d'Haïti, par exemple, le lexique africain ne survit que dans des secteurs bien délimités : le culte vaudou et quelques noms de plantes (Ph. Baker, 1993).

Pour les français nationaux d'Afrique, on connaît des phénomènes d'interférences comme celui que décrit J. Picoche :

> « Certains morceaux de mots français sont interprétés comme des morphèmes africains : au Rwanda, *iki-, igi-* étant augmentatifs, *aka-, ga-*, diminutifs, *examen* /*ikizimi*/, compris 'grand examen', engendre /*akazami*/, 'petit examen' ; *casserole* /*gasoroli*/, 'petite casserole', engendre /*igisoroli*/ 'grande casserole'. »
> J. Picoche et Ch. Marchello-Nizia,
> *Histoire de la langue française,* Nathan, 1994

Les créolisations

On pourrait définir la créolisation comme la constitution de langues mixtes ayant connu des influences provenant d'autres familles de langues. Les créoles sont des langues le plus souvent orales (bien que des langues créoles soient langues officielles, en Haïti depuis 1987 et aux Seychelles), ayant évolué sans tradition orthographique et sans enseignement ; ce sont aussi les langues de populations dominées et déculturées, et tout cela n'est pas sans rappeler les origines du français. De même, le statut des créoles par rapport au français est assez proche de celui du français par rapport au latin, vers le VIIIe siècle. Enfin, les créoles diffèrent entre eux et diffèrent de la langue mère, le français, un peu comme les langues romanes se sont différenciées du latin.

Pratique vivante de la langue en Haïti

En exemple de créole d'Haïti, la publicité de « Magic Dry Cleansing », d'après D. Fattier-Thomas, 1984.

(Le maître)
– M te kwè m' te di o se ou k' pou prepare kostum mwen kounye-a

(La bonne)
– Non, madanm di keu tout moun kounye a se nan majik dray klining nan ru du sant.

(Le maître)
– A non, sa se pa kostum pa m'nan ! Sa se kostum nèu ! Pote yo tounen, se erèu !

(Le maître) – Je croyais que je t'avais dit que c'est toi qui devais me préparer mon complet maintenant.

(La bonne) – Non, Madame a dit que tout le monde maintenant fait préparer les habits chez Magic Dry Cleansing dans la rue du Centre.

(Le maître, regardant son complet propre) – Ah non, ça, ce n'est pas mon habit à moi ! C'est un complet neuf ! Va le rendre, c'est une erreur !

La variété de créole représentée ici n'est pas le créole des monolingues (dit « basilectal »), qui a été choisi comme langue officielle, mais un créole représentatif de la compétence des bilingues francophones.

Le terme de *créole* vient du portugais *criollo*, qui désigne l'esclave né dans le pays, élevé dans la maison de son maître (sur *criar*, nourrir). On considère le plus souvent que les créoles sont des évolutions du français simplifié dans lequel on s'adressait à ces esclaves. C'était aussi la seule langue par laquelle ils communiquaient entre eux : on prenait soin, en effet, de mélanger les ethnies, pour faciliter l'assimilation et éviter des conspirations. Ce mélange a entraîné une très forte évolution de la langue, sans que l'on puisse démontrer l'influence d'une langue africaine particulière.

Évolutions divergentes et langues en contact

Dans tous les français nationaux, il s'est produit une évolution phonétique autonome, due en partie à l'influence des strats, en partie aussi à la prononciation du français à la date de son importation. Dans les pays où la transmission du français s'est faite de façon surtout orale, on voit à l'œuvre des phénomènes qui sont aussi intervenus dans la formation du français : tendance à l'invariabilité, en particulier pour les verbes, changement de genre des substantifs, non-appréhension des niveaux de langue, dans des usages non maternels. Pour les langues fortement divergentes, on peut aussi noter de nouveaux types d'auxiliation marquant temps et aspect des verbes, la création de systèmes différents de pronoms, de déictiques et d'articles. Tous ces faits ressemblent fort à ceux qui seront décrits dans la suite de cet ouvrage, à propos de l'évolution morpho-syntaxique du latin au français.

« Archaïsmes » et « néologismes »

Le fait qu'il y ait eu divergence linguistique entre les différents français nationaux induit, pour l'observateur français, l'impression que les autres peuples emploient des archaïsmes ou des néologismes alors que, du point de vue de ces peuples, ce sont les Français qui ont innové là où eux ont conservé, et conservé là où eux ont innové. Ainsi peut-on considérer que les Acadiens archaïsent en prononçant /u/ le *o* de *pomme* (ce qui correspond pour nous à une prononciation ancienne de certains *o*, disparue pour *courbeau,* maintenue dans *coussin*) ou est-ce le français qui a innové en prononçant /pɔm/ ? De même, sont-ce les Belges qui sont conservateurs en continuant à appeler *déjeuner* le repas du matin, *dîner* le repas du midi et *souper* celui du soir, ou bien sont-ce les Français qui ont innové en décalant ces repas et en créant le néologisme *petit déjeuner* ? On pourrait faire les mêmes remarques pour les canadiens *espérer, postillon, plumer,* en face des français *attendre, facteur* ou *éplucher,* ou pour l'acadien *s'appareiller* face à *s'habiller.*

De la même façon, les nombreux « néologismes » des français d'Afrique – *enceinter* (engrosser), *boulotter* (travailler), *doigter* (montrer du doigt), *hériter quelqu'un, retraiter quelqu'un* (le mettre à la retraite), *fiancer quelqu'un* – ne sont pas de délicieuses naïvetés, encore moins des « fautes », mais témoignent simplement de la forte créativité de langues en plein développement.

La situation actuelle du français dans le monde

Il est difficile de dire combien il y a de locuteurs français dans le monde ; le nombre d'habitants des pays ayant le français comme langue officielle donne un chiffre illusoire car, dans bien des pays, seule une minorité parle réellement le français. On propose, sans aucune certitude, les chiffres de 90 ou 100 millions de francophones, de langue maternelle ou seconde.

Les français nationaux

Voici quelques trouvailles des français nationaux, expressions imagées différentes de celles du français « hexagonal », mais ni plus ni moins pleines de verve que *prendre des vessies pour des lanternes* ou *avoir du vague à l'âme*.

– *argent braguette :* allocations familiales (Antilles)
– *bonne-main :* pourboire (Suisse)
– *bureau (*ou *deuxième bureau) :* maîtresse d'un homme marié (Afrique)
– *carte-vue :* carte postale (Belgique)
– *chalet de nécessité :* toilettes publiques (Canada)
– *coup de soleil :* coup de foudre (Haïti)
– *débarbouillette :* gant de toilette (Canada)
– *disquette :* jeune femme délurée (Mauritanie)
– *faire boutique mon cul :* se prostituer (Afrique)
– *magasiner :* faire du lèche-vitrines (Canada)
– *mettre un canon :* donner un coup de poing (Nouvelle-Calédonie)
– *pain chargé :* sandwich (Afrique)
– *tomber faible :* s'évanouir (Belgique)

Langue internationale

On a vu que le français s'était substitué au latin comme langue de la diplomatie sous Louis XIV (1714, traité de Rastadt). Il a gardé ce statut jusqu'au traité de Versailles, à la fin de la guerre de 14-18.

Aujourd'hui, le français est « langue de travail et langue officielle » à l'ONU, où il est utilisé par 48 délégations sur 159, avec l'anglais, l'arabe, le chinois, l'espagnol et le russe, à l'Unesco, avec l'anglais et l'arabe dans la Ligue arabe et la Conférence islamique ; enfin, il est encore la langue officielle des jeux Olympiques. Mais, partout, le français est en recul par rapport à l'anglais, un anglais qui tend, il est vrai, à devenir une *koïné* supranationale, simplifiée et… fortement romanisée, en particulier dans son lexique technique et scientifique.

Langue officielle nationale

Le statut international du français vient en partie de ce qu'il est actuellement langue officielle nationale, seul ou avec d'autres langues, dans de nombreux pays du continent africain. Cela tient au fait que ces pays ont souvent plusieurs langues maternelles (le cas extrême étant la République démocratique du Congo (ex-Zaïre), avec plus de 200 langues) et qu'ils préfèrent maintenir une langue officielle à bon statut international plutôt que de privilégier une langue maternelle, fût-elle majoritaire, au détriment des autres.

Les pays où le français est la seule langue officielle sont la France, ses DOM : Guadeloupe, Martinique, Guyane, Saint-Pierre-et-Miquelon, Réunion, et ses TOM : Mayotte, Nouvelle-Calédonie, Wallis-et-Futuna ; Monaco et treize pays d'Afrique : Bénin, Burkina Faso, Congo, Côte-d'Ivoire, Gabon, Guinée, Mali, Niger, Sénégal, Togo, République démocratique du Congo (ex-Zaïre).

Le français, langue internationale

Le monde francophone

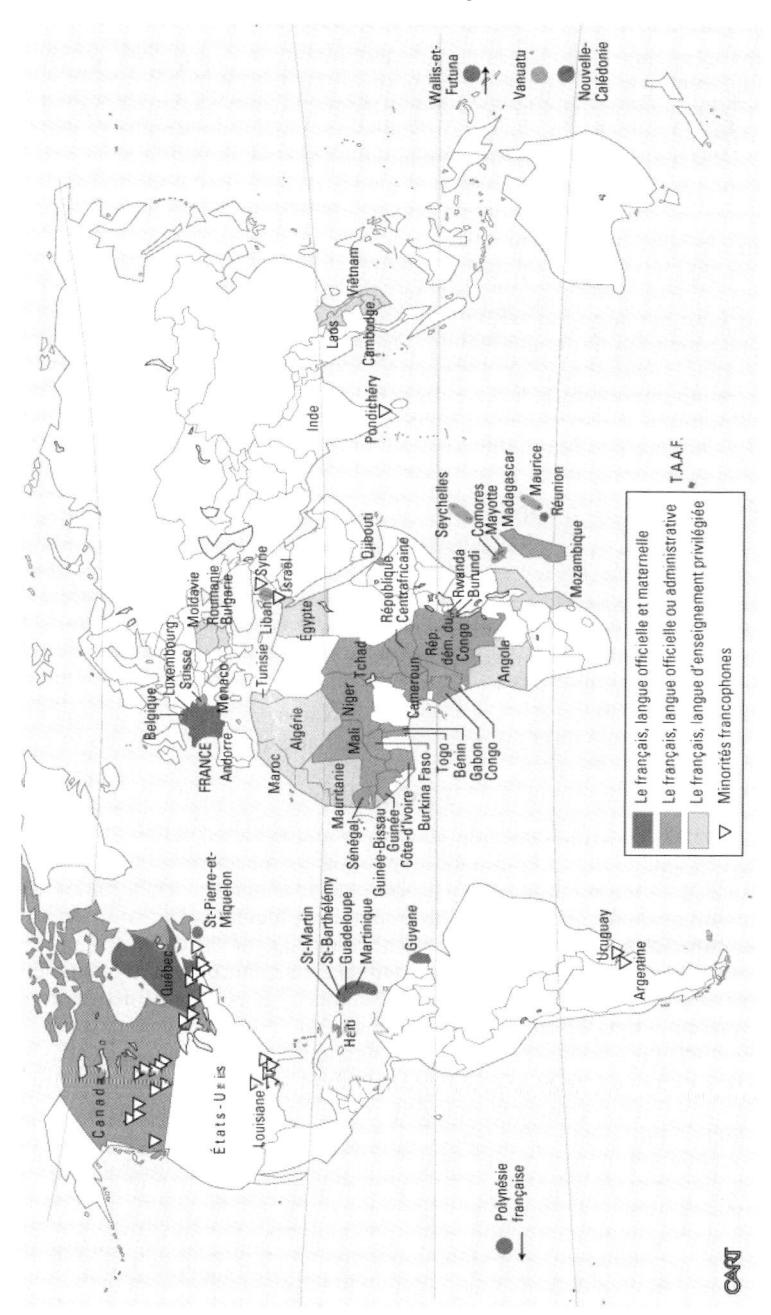

Ceux où il est langue officielle en concurrence avec d'autres langues sont la Belgique (avec le flamand et l'allemand), le Luxembourg (avec le luxembourgeois et l'allemand), la Suisse (avec l'allemand et l'italien ; le romanche est langue nationale, mais non langue officielle), les Comores, les Seychelles, Vanuatu. En Haïti, le français est en concurrence avec le créole, au Burundi avec une langue locale, au Rwanda avec une langue locale et l'anglais, au Cameroun avec l'anglais, au Tchad avec l'arabe, en Polynésie française, enfin, avec le tahitien.

Langue officielle régionale

Le français est langue officielle régionale en Louisiane depuis 1968, dans le Val d'Aoste (Italie), qui appartenait autrefois à la maison de Savoie et compte encore environ 43 % de francophones, et dans les îles anglo-normandes (Royaume-Uni), qui faisaient autrefois partie du duché de Normandie. Au Canada, le Québec (86 % de francophones) et le Nouveau-Brunswick (avec l'anglais) ont aussi le français comme langue officielle. Des groupes de francophones minoritaires, un peu partout dans le pays, vont s'amenuisant.

Une langue étrangère dominante

Le français est langue étrangère dominante dans le Maghreb, malgré la montée de l'anglais : il est parlé par 25 à 30 % de la population, mais n'a aucun caractère officiel. Il en va de même au Liban, sous mandat français de 1920 à 1943 mais qui, dès le XIXe siècle, possédait de nombreuses écoles françaises privées, si bien que la majorité des habitants de Beyrouth parlait le français. L'arabe y est langue officielle, mais le français est souvent plutôt langue seconde que langue étrangère.

SYNTHÈSE

L'expansion internationale du français, aujourd'hui en net recul par rapport à l'anglais, tient certes à une expansion colonisatrice qui a commencé dès le Moyen Âge, mais aussi à la politique de la langue menée par les différents pouvoirs qu'a connus la France. Les locuteurs francophones de Belgique, Suisse et Luxembourg ont adopté la langue officielle de leur voisine, la standardisation opérée au XVIIe siècle a contribué au rayonnement du français dans toute l'Europe et la politique scolaire de la IIIe République a joué un rôle essentiel dans la diffusion de la langue.

Mais le français officiel a donné naissance à des français nationaux et à des créoles, en passe de devenir eux-mêmes langues nationales. Leurs processus de formation, actuellement observables, permettent de mieux comprendre la formation de la langue mère à partir d'un latin créolisé.

Pour en savoir plus

X. DENIAU, *La Francophonie,* PUF, Que sais-je ?, 1992 (2ᵉ éd.)	Sur la situation actuelle de la francophonie, statut du français dans les états francophones, nombre de locuteurs. Lecture facile.
J. PICOCHE et Ch. MARCHELLO-NIZIA, *Histoire de la langue française,* Nathan, 1994 (3ᵉ éd.)	La première partie, *Histoire externe de la langue française,* est surtout une histoire de la francophonie. Lecture facile.
H. WALTER, *Le Français dans tous les sens,* Laffont, 1988 *L'Aventure des langues en Occident,* Laffont, 1994	Ouvrages pour grand public – le second a été un succès de librairie. Lecture très facile et amusante, pour non-spécialistes.

7

QUELQUES FACTEURS DE CHANGEMENT : L'ÉVOLUTION PHONÉTIQUE

Comment s'explique la très grande différence entre les mots latins et leurs héritiers français ? Les changements phonétiques n'ont-ils lieu qu'à certaines époques ? Touchent-ils en même temps tous les mots contenant le même son ?

L'instabilité phonétique (page 77)
La prononciation, dans toutes les langues vivantes, ne cesse d'évoluer. Entre le latin et le français, les changements, parfois masqués par l'orthographe, sont considérables, le plus important étant la grande réduction du mot français par rapport au mot latin.

Peut-on parler de « loi phonétique »? (page 81)
L'hypothèse de l'absolue régularité des changements phonétiques a été remise en question par des études plus poussées qui ont mis l'accent sur l'hétérogénéité des prononciations dans une même communauté linguistique.

La nature des changements phonétiques (page 84)
Les changements phonétiques, malgré tout assez réguliers, se distinguent des accident phonétiques, qui ne touchent que certains mots. Un changement est dit phonétique lorsqu'il touche un son dans une certaine position dans le mot, phonologique quand il affecte ce son où qu'il se trouve.

L'instabilité phonétique

Une langue vivante est en constante évolution phonétique. Cette évolution peut être plus rapide dans les périodes de grands brassages sociaux (influence de substrats ou de superstrats, changements de classe dominante entraînant un changement de la norme de prononciation) et quand la langue se transmet oralement et n'est pas enseignée.

À l'inverse, le passage à l'écrit d'une langue jusque-là uniquement orale (aux Xe-XIe siècles pour le français, aujourd'hui pour les créoles ou pour certaines langues africaines) peut avoir un effet de frein, mais l'évolution continue tout de même. L'orthographe est souvent un leurre qui masque certaines évolutions. Ainsi, les mêmes lettres (les linguistes disent **graphèmes**) cachent trois prononciations du groupe *oi* dans *roi* : aux tout débuts du français /oj/ comme dans l'anglais *boy*, puis, bien plus tard /we/ comme dans *rouet*, et /wa/ aujourd'hui, et deux prononciations du graphème *r*, car le *r* a autrefois été roulé dans toute la France.

Quand le français a commencé à faire l'objet d'un enseignement élémentaire de masse, l'orthographe a même, parfois, provoqué des changements de prononciation, dus à l'apprentissage purement écrit de certains mots, tant par les instituteurs que par leurs élèves de langue maternelle dialectale.

Quelques changements de prononciation dus à l'orthographe

– *Gageure* se prononçait autrefois *gajure*, prononciation que l'on maintient encore.
– Les consonnes suivies d'une autre consonne ne se prononçaient pas : *cheptel*, *dompter* se prononçaient *chétel*, *donter* (pour ce dernier mot, la prononciation ancienne est parfois maintenue).
– *Ign* servait autrefois à écrire le son que nous écrivons *gn* : *poigne* et *pogne* étaient naguère des doublets, *Montaigne* faisait rimer son nom avec *montagne*, et la prononciation actuelle de *poignet* ou de *poigne* était encore critiquée par certains grammairiens du début du siècle ; il ne reste plus de cette prononciation ancienne que la prononciation du mot *oignon*.
– *Aiguiser* se prononçait comme *aiguille*, et le *u* sonnait aussi dans *arguer*, *quintette*.
– *Magnanime* se prononçait autrefois *mag-nanime*.
– Les consonnes finales dans les infinitif en *-ir* et *-oir* où le *r* ne se prononçait pas au XVIIIe siècle – « Compère Guilleri/Te lairas-tu mouri'? » dit une chanson ancienne – ou dans les mots en *-il* : *mil*, *gril*, *grésil*.

Changements phonétiques en cours

Ce serait donc une erreur de croire que le français moderne est phonétiquement stable. Ainsi, parmi les évolutions récentes ou en cours, on peut citer :
– la disparition du *l* mouillé et du *n* palatal : on différenciait autrefois *ay !* et *aille*, et *-ni-* dans *panier* ne se prononçait pas comme *gn* dans *gagner* ;
– la tendance à la disparition de l'opposition entre voyelles ouvertes et voyelles fermées : la tendance va vers l'emploi des ouvertes en syllabes entravées, des

fermées en syllabes libres ; on prononce alors de la même façon *peau* et *pot, dé* et *dais ;*
– la disparition de l'opposition entre les sons correspondant aux graphies *in* et *un*, seul le sud de la France maintient les oppositions *brin/brun, incompétent/un compétent, empreint/emprunt ;*
– quant à l'opposition entre le *a* de *patte* et celui de *pâte*, on ne la maintient, en plaisantant, qu'entre *mal* et *mâle.*

D'autres évolutions sont moins perceptibles, parce qu'elles concernent un son de la langue française, un *phonème,* dans une certaine position seulement. Il faut écouter très attentivement pour entendre que, dans les mots *substance, absolu,* ce n'est pas un *b* qui est prononcé, mais un *p (supstance, apsolu)* parce que les organes de la phonation ont anticipé la prononciation du *s* en arrêtant de faire vibrer les cordes vocales un son trop tôt. En effet, les cordes vocales ne vibrent ni dans le *p* ni dans le *s,* tandis que la seule chose qui distingue un *b* d'un *p* prononcés tous deux par une fermeture momentanée des lèvres, c'est que les cordes vocales vibrent dans le *b*. Les linguistes disent qu'il y a là une assimilation partielle et que le /b/ devant /s/ s'assourdit en /p/. Des quantités de phénomènes de ce genre se sont passés imperceptiblement pendant la période où le latin, parlé par une population illettrée et souvent de langue maternelle différente, était en train d'évoluer librement.

Du latin au français

Des évolutions cachées par l'orthographe...

Quelques changements survenus entre le latin et le français sont moins spectaculaires, car l'écriture les masque. *Vita* se prononçait *wita ; jactare,* qui est à l'origine de *jactance,* ce qui ne nous étonne guère, se prononçait comme un mot que nous écririons *yactaré ; cilium,* l'ancêtre de *cil,* se prononçait comme *kilioum,* et *gentilem* – notre *gentil* – comme une espèce de *guèntilèm ;* les changements qui ont affecté la prononciation du *v,* du *j,* du *c* et du *g* devant *e* et *i* ont commencé en bas-latin, avant les invasions germaniques.

Bien plus tard, du temps des Mérovingiens, ce qu'il restait encore de *ou* (écrit *u*) a changé de prononciation : *murum* s'était prononcé *mouroum* (ou même *mououroum,* car le premier *u* était long), il a donné *mur.*

Enfin, c'est entre le XIe et le XIVe siècle que les voyelles suivies d'un *n* ou d'un *m,* qui se prononçaient en deux sons, *an* /a + n/ comme dans *canne, on* /o + n/ comme dans *bonne,* etc., sont devenues ce que les linguistes appellent les voyelles *nasales* (/ã/, /ɔ̃/, /ɛ̃/, /œ̃/).

... et des changements spectaculaires

D'autres changements ont complètement changé l'aspect du lexique et ont même eu de sérieuses conséquences sur la morphologie et la syntaxe.

Certains – comme l'évolution des consonnes intervocaliques, dont la disparition du *t* est l'exemple extrême, ou comme le passage de certains *c* au son que nous notons *ch* (/ʃ/) – différencient fortement le français des autres langues romanes (lat. *caballum,* fr. *cheval,* esp. *caballo*).

D'autres ont pour origine la structure accentuelle du latin. Le latin était une langue à accent variable, soit sur l'avant-dernière syllabe *(can***ta***re),* soit sur l'antépénultième *(e***pis***copum, an***ge***lem,* ***ta***bula).* C'était un accent fort, que la

Comment vita est devenu vie, ou les avatars d'un t entre deux voyelles

Ce sont des phénomènes d'assimilation qui expliquent la disparition du *t* latin entre deux voyelles, qui fait que nous disons *vie* (du latin *vita*) ou *muer* (du latin *mutare*), à côté de *vital, vitalité, muter, mutation*. Ces quatre derniers mots n'ont pas connu la lente évolution, le passage par des gosiers gaulois et germaniques, mais ont été empruntés un jour et directement traduits du latin par quelque savant.

Pour *vie* et *muer (vita* et *mutare)*, l'évolution a commencé par une prononciation *d* du *t*, parce que *d* est le son que l'on produit à la place du *t*, avec la langue contre l'arrière des dents, si on fait vibrer les cordes vocales. En effet, les cordes vocales vibrent quand on prononce les voyelles (d'où leur nom : *voyelle*, qui a le même radical que *voix, vocal, vocalisme* ; mais les linguistes appellent les phonèmes pour lesquels vibrent les cordes vocales des **sonores**). Comme une prononciation relâchée ne cesse pas de faire vibrer les cordes vocales entre les deux voyelles, on a prononcé *vida* et *mudare*. Ce phénomène, que les linguistes appellent sonorisation des consonnes intervocaliques, est très fréquent dans les langues : à New York, par exemple, *little Italy* se prononce à peu près *lédelédelé*.

La plupart des langues romanes se sont arrêtées à ce *d*, mais le français est allé plus loin. Ce qui caractérise les voyelles, c'est qu'en les prononçant on laisse passer l'air librement, continûment, tandis que ce qui caractérise *t* et *d* (et *p, b, k, g*), c'est qu'il y a une fermeture momentanée en un certain point de la bouche : les lèvres pour *p* et *b*, l'arrière des dents pour *t* et *d*, le haut du palais pour *k* et *g* (on les appelle des **occlusives**). On peut faire l'expérience d'une prononciation continue *aaaaa, iiiiiiiii* ou *sssssss, chchchchch*, tandis qu'il est impossible de prononcer en un sifflement les occlusives : le souffle ne passe pas continûment, comme pour les voyelles et les consonnes dites **continues** (*f, v, s, z,* /ʒ/ que nous écrivons *ch* et /ʃ/ que nous écrivons *j*) ; pour les consonnes comme *p, b, t, d, k, g,* l'occlusion momentanée se fait, si bien qu'on prononce à chaque fois une autre consonne *p+p+p+p*.

Donc, en langue d'oïl où l'évolution a continué, le *d* de *vida* a encore été assimilé aux deux voyelles, devenant continu, ce qui a produit un souffle assez comparable au *th* anglais de l'article *the*, correspondant continu du *d*. Puis la prononciation s'est encore plus relâchée, la bouche s'est encore plus ouverte, comme elle le fait pour prononcer les voyelles, et on n'a plus rien entendu du tout ! Et comme, entre-temps, le *a* final était devenu un *e* muet, *vita* est devenu *vie*.

---

prononciation germanique a encore accentué. Il en a résulté deux phénomènes, qui ne sont pas sans rappeler ce qui se passe en anglais actuellement.

– D'une part, la plupart des voyelles accentuées, mais uniquement quand la syllabe dans laquelle elles se trouvaient n'était pas entravée par une consonne, se sont développées, allongées, au point de finir par se diphtonguer (comme dans l'anglais *(to) make* parfois prononcé *mééik*) ; puis ces diphtongues ont encore évolué, redonnant même souvent d'autres voyelles simples. C'est ce qui explique les grandes différences de vocalisme entre le latin et le français : entre *florem* et *fleur*, *gula* et *gueule*, *marem* et *mer*, *pĕdem* et *pied*, *pĭlum* et *poil*, *tēla* et *toile*. Ces diphtongaisons des accentuées en syllabes libres ont eu lieu du IIIe au VIe siècle.

– D'autre part, un peu comme en anglais aussi, le mot latin s'est considérablement réduit, sous l'effet d'une prononciation forte de la syllabe accentuée et d'un accent d'attaque sur l'initiale. C'est ainsi que, en général, toutes les voyelles intérieures, sauf l'accentuée, sont tombées, à des dates diverses, que les finales autres que *a* sont tombées au VIIe siècle, tandis que le *a* devenait un *e* sourd /ə/ qui se prononçait encore au Moyen Âge. En général, d'un mot latin ne s'est conservé en français que l'accentuée et l'initiale, plus un petit *e* purement orthographique de nos jours, qui rappelle les mots terminés en *a*. C'est ainsi que certains mots latins sont devenus méconnaissables, par exemple *dis(ju)nam(u)s* devenu *(nous) dînons* ou *dig(i)t(um)* devenu *doigt*.

Ces quelques exemples sont loin d'épuiser le sujet des changements survenus entre le latin et le français ; une science très complexe, la phonétique historique, en fait la description minutieuse. On trouvera quelques éléments supplémentaires dans la partie « Repères et outils », pp. 180-184.

Mots héréditaires et mots d'emprunt

Le français unit souvent dans une même famille des mots dits « héréditaires » – ceux qui sont passés des Romains aux Gaulois et des Gaulois aux Francs – et des mots savants, empruntés au latin. Les mots héréditaires sont si usés qu'ils sont devenus méconnaissables, les mots empruntés ressemblent beaucoup au latin. En général, seule leur fin est francisée.

Mots héréditaires
mère (latin : *mater*)
jour (latin : *diurnum*)
charité (latin : *caritas*)
évêque (latin : *episcopum*)
lait (latin : *lactem*)
muer (latin : *mutare*)

Mots empruntés
maternel, maternité, matriarcat...
diurne
caritatif
épiscopat, épiscopal
lacté, lactation, lactique...
mutation, muter

Cette richesse lexicale permet à des gens qui n'ont pas étudié le latin d'avoir, sans même s'en douter, une petite familiarité avec cette langue.

Causes des changements phonétiques

Aucune explication totalement satisfaisante n'a encore été avancée : action des strats, importante, certes, mais limitée ; rééquilibrage des systèmes phonologiques (on a ainsi expliqué le passage du /u/ long latin au /y/ par l'influence du gaulois qui aurait eu des antérieures labialisées, puis l'apparition de la série /œ/, /ø/, antérieures labialisées inconnues elles aussi du latin, par un effet de rééquilibrage de système phonologique) ; alternance, par période, d'énergie ou de faiblesse articulatoire. On a aussi parlé de l'asymétrie des organes de la phonation comme facteur de déséquilibre, les sons ayant tendance à se déporter vers l'avant de la bouche.

Peut-on parler de « loi phonétique » ?

Les néo-grammairiens

La notion de loi phonétique est un concept des indo-européanistes de la seconde génération, les néo-grammairiens. C'est vers les années 1860-70 que les chercheurs commencèrent à observer les correspondances phonétiques dans les langues indo-européennes et les modifications qu'elles supposaient. C'est alors qu'ils posèrent le principe de la loi phonétique, « qui ne souffre pas d'exception » car « l'évolution s'accomplit selon des lois rigoureuses ».

> « C'est l'observation de cette régularité qui a conduit au postulat, énergiquement souligné par la linguistique moderne, de l'absence d'exception des lois phonétiques. Un tel postulat n'a bien entendu jamais signifié que les lois admises s'exerçaient dans chaque cas particulier, mais bien que les lois phonétiques, comme d'ailleurs les lois naturelles, s'exerçaient sans exception lorsqu'elles n'étaient point annulées par d'autres ou par des faits singuliers les contrecarrant. »
> W. Wundt, *Völkerpsychologie*, Leipzig, 1911, 3ᵉ éd., I, p. 373

Ils ajoutaient que ces transformations étaient :
– progressives : c'est peu à peu que *vita* est devenu *vie,* en passant par les stades, représentés ici en transcription phonétique : /vita, vida, viðə, viə ; vi/ ;
– temporaires : le *t* intervocalique de *mutare* a disparu en très ancien français ; le *t* de *muter*, emprunté plus tardivement, est parfaitement stable dans le français d'aujourd'hui ;
– locales : si le *t* intervocalique de *maturum* s'efface dans le nord de la France pour donner l'ancien français *meür* (fr. mod. *mûr*), il se maintient sous forme de *d* en langue d'oc : *madur*.

La représentation sous-jacente est donc que dans une communauté linguistique (peuples, habitants d'une région) l'évolution est la même pour tous les locuteurs, et que tous les mots susceptibles de connaître cette évolution sont touchés de la même manière et en même temps. C'est une conception qui exclut la variation linguistique.

Ces principes de régularité des changements phonétiques ont permis de rendre compte de façon rigoureuse de la parenté des langues, de décrire les évolutions qui les avaient séparées (voir chap. 1) et d'établir une différence entre le changement phonétique d'une part, l'analogie et l'emprunt d'autre part, mais ils reposaient sur un certain nombre de présupposés que les recherches ultérieures en dialectologie et en sociolinguistique ont remis en question, des présupposés dus à l'ignorance de faits mieux compris depuis : l'expansion par vague d'un changement linguistique (dont la première formulation remonte cependant a 1872, par J. Schmidt) et l'hétérogénéité constitutive de la langue.

Dialectologues et sociolinguistes

Aussi ce principe de l'absence d'exception des lois phonétiques, qu'avaient posé les néo-grammairiens de la fin du siècle dernier, a-t-il été en partie remis en question. Par les dialectologues d'abord : dès les premières années du XXᵉ siècle, les enquêtes de Gilliéron pour l'*Atlas linguistique de la France* ont montré que, au sein d'un même village, il n'existait aucune espèce d'uniformité. De même, à l'intérieur d'un dialecte, les isoglosses indiquent qu'une propagation phonétique n'affecte pas tous les mots en même temps et qu'il existe aussi, sous l'influence de parlers plus prestigieux, des phénomènes de régression. Enfin, comme le dit Wartburg (*Problèmes et méthodes de la linguistique*, p. 38), l'évolution d'un mot varie suivant qu'il désigne un objet souvent utilisé ou qu'il correspond au contraire à un concept plutôt abstrait ou à un objet importé du dehors, par exemple de la capitale. C'est à ces types de progression et de régression que les sociolinguistes ont appliqué le nom d'expansion par vague : les facteurs lexicaux et sémantiques l'emportent sur les facteurs phonétiques, et la diffusion se fait graduellement.

Régression de la prononciation ka en Normandie

Wartburg, dans *Problèmes et méthodes de la linguistique* (p. 40-41), étudie, après Gilliéron, la carte de quelques mots à étymon *C+a*, qui ne passent pas, en principe, à *ch* /ʃ/ en Normandie. Or, alors que l'on devrait trouver uniformément *camp, candelle, candeleur, canson, cat* pour *champ, chandelle, chandeleur, chanson, chat*, la carte des isoglosses de ces mots, au début du XXe siècle, est la suivante :

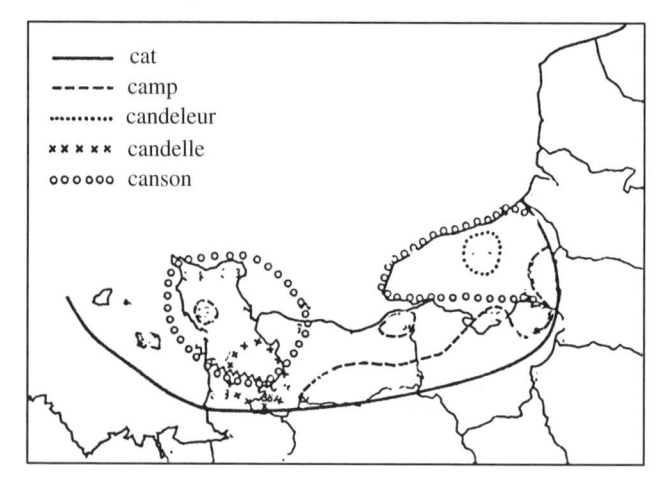

———— cat
- - - - - camp
.... candeleur
× × × × candelle
oooooo canson

C'est qu'il y a eu extension par vague de la prononciation officielle française, qui fait régresser la prononciation primitive. *Cat,* l'animal domestique, reste en langue maternelle, *camp* recule le long de la frontière, infiltration en rapport avec les achats et ventes de terre des paysans. La *chandelle* est un article manufacturé : on apprend chez le marchand le nom français. *Chandeleur* appartient à la langue officielle de l'Église : il n'est plus connu qu'en deux points isolés sous sa forme régionale. *Canson* se maintient, plus largement, autour de ces zones, alors que *chanter* présente partout la forme française. Wartburg voit là l'influence de l'école et de l'Église. (« *On chante en effet à l'église, mais on ne saurait y tolérer des chansons !* »)

Mais ce dont Wartburg avait déjà l'intuition et que les enquêtes des sociolinguistes ont confirmé, c'est que les conflits ne sont pas seulement géographiques : dans un même lieu, les variantes coexistent selon les groupes socioculturels, selon les individus, parfois chez un même individu, selon la situation discursive dans laquelle il se trouve et parfois même dans le même discours. De même, la progressivité des changements n'est plus aussi évidente : la conception des néogrammairiens, qui est encore celle d'une certaine phonétique historique, est basée sur le présupposé de communautés linguistiques homogènes, dans lesquelles la variation ne saurait exister, et le changement est donc conçu comme graduel (passages datés de *vita* à *vida,* de *viðə* à *viə*). Mais l'observation de la variation phonétique, telle qu'on la mène actuellement, met plutôt en évidence le caractère abrupt des changements : *vita* et *vida* ont dû s'employer côte à côte. Le même individu a à sa disposition deux phonèmes nettement distincts et non pas une suite de phonèmes se différenciant progressivement. Si bien qu'à un moment donné deux formes coexistent, la forme avec changement et celle sans.

« Les savants ne sont bons qu'à nous prêcher en chaise »

Historiquement, ce sont ces coexistences de prononciation différentes selon les groupes socioculturels qui sont à l'origine de curiosités comme l'existence des doublets *chaise* et *chaire* (du latin *cathedra*).
Une mutation en /z/ du /R/ intervocalique (encore roulé à l'époque) a en effet tenté de s'imposer en France entre le XIIIe et le XVe siècle, c'est-à-dire à une époque où le poids de l'écrit était déjà décisif pour enrayer un changement. De cette évolution contrecarrée ne sont restés que les mots *bésicles* (< beryllus) et *chaise*.
L'opposition *chaise/chaire* témoigne de la lutte entre une évolution spontanée : *chaise* (prononciation populaire, comme le montre la phrase de la servante des *Femmes savantes* reproduite en titre), et le maintien d'une prononciation conforme à la norme : *chaire*. Dans ce cas, les deux formes se sont maintenues, l'une, la forme populaire, réservée au meuble de tous les jours ; l'autre, *chaire,* ne gardant qu'une acception plus technique.
Mais c'est le contraire en Saintonge où *chaire* désigne le siège, *chaise,* le lieu d'où prêche le curé : c'est que, dans cette région qui n'a pas connu le passage de *r* à *z, chaire* désignait naturellement tous les sièges. Mais *chaise,* mot importé de Paris, paraissait plus élégant que *chaire,* il fut utilisé pour désigner l'objet le moins familier.

Pourquoi dit-on un Chinois *mais pas un* Japonais ?

S'il y a, en français, une distribution assez aléatoire des suffixes *-ais* et *-ois* pour les noms de peuples, cela s'explique aussi par la coexistence de deux prononciations, l'une considérée comme plus populaire que l'autre. L'origine de ces deux suffixes est la même, un suffixe latin en *ē(n)sem* (ex. : *lugdunēnsem > lyonnais*) dont le *e* accentué, libre du fait de la non-prononciation très précoce du *n,* s'était diphtongué en /ei/, plus tardivement prononcé /oj/ comme on l'a vu, au début de ce chapitre, à propos des voyelles de *roi,* jadis prononcées comme dans *boy*. La prononciation avait changé au siècle suivant, devenant /we/, prononciation qui restera la seule élégante jusqu'à la Révolution : Louis XIV prononçait normalement « *Le roué c'est moué* ».

À partir de là, deux tendances entrent en lutte :
— une première évolution spontanée a lieu : elle atteint en particulier les terminaisons de l'imparfait et du conditionnel, certains noms de peuples (anglais, portugais), mais la cour maintient la prononciation /we/ ;
— une seconde évolution spontanée d'origine parisienne — combattue elle aussi par l'attitude normative de la cour — fait alors évoluer ce /we/ en /wa/ *(toi, moi, chinois, iroquois)*. À l'époque classique, cette prononciation était considérée comme très vulgaire ; au cours du XVIIIe siècle, les grammairiens témoignent qu'elle s'est imposée à tous pour certains mots : pour *bois, mois, noix, poids* au début du siècle, plus tard pour *gloire, croire, vouloir, avoir* — à côté de la prononciation *wè* pour *roi (roué), toit (toué), loi (loué), fois (foué), voix (voué), joie (joué)* ; mais le maintien de /we/ a cessé d'être la norme lors du brassage social de la Révolution française, où la prononciation populaire /wa/ s'est généralisée.

La distribution des noms de peuples est donc de même origine. L'usage a fixé l'évolution jusqu'à *-ais* de certains d'entre eux, souvent (mais pas toujours : *japonais*) les plus employés dans l'ancienne langue.

Il est à remarquer que, dans le cas que nous évoquons, l'orthographe n'a pas joué le même rôle de frein que pour le passage du /r/ (roulé) intervocalique à /z/ : l'orthographe s'est en effet figée dans le digraphe *oi*, qui transcrivait la prononciation du XIIe siècle et qui a masqué l'évolution puisqu'elle transcrit aujourd'hui les sons /wa/.

La nature des changements phonétiques

Changement phonologique et changement phonétique

Changement phonologique

On appelle changement phonologique un changement qui affecte un *phonème* (son pertinent de la langue) quelle que soit sa position dans la chaîne parlée.

La disparition de l'opposition /ɛ̃/ /œ̃/ *(brin/brun)* et la tendance à la disparition de l'opposition voyelle ouverte/voyelle fermée *(lait/lé)* constatées en français moderne sont des changement phonologiques. Les principaux changements d'ordre phonologique intervenus au cours de l'histoire du français sont :
— dès le latin vulgaire, le passage d'une opposition entre voyelles longues et voyelles brèves à une opposition de timbre, ouvert ou fermé. Le phonème persiste, mais sa nature change : le latin distingue *pōpulus*, avec un o long (peuplier) de *pŏpulus* avec un o bref (peuple) ; le latin tardif (IIe siècle) distinguera *populus* avec un /o/ (o fermé) et *populus* avec un /ɔ/ (o ouvert) ;
— du IVe au VIIe siècle, en Gaule seulement, le phonème /u/ change de timbre et devient /y/ : *muru(m)* > *mur* (/myr/) ;

– vers la fin du XVIIᵉ siècle, la cour, qui fixe la norme, adopte la prononciation /R/ pour /r/, jusque-là roulé.

Changement phonétique

Le changement phonétique, lui, affecte un phonème dans une certaine position dans la chaîne parlée : soit, par exemple, le mot du latin populaire *amandula*, qui comporte trois fois le phonème /a/. Ce mot est devenu en français *amande* : le premier /a/, à l'initiale, n'a pas subi de changement ; le second, dans la voyelle accentuée et en contact avec une consonne nasale, est devenu /ɑ̃/, le troisième, à la finale du mot, position faible, s'est affaibli en /ə/. Les assimilations que nous avons décrites *(suptance, vita > vie)* sont des changements phonétiques.

Changements phonétiques et accidents phonétiques

Alors que les changements phonétiques peuvent toucher tous les phonèmes dans une certaine position (les /t/ intervocaliques ou les /a/ devant une consonne nasale), ceux que nous allons évoquer maintenant sont des « accidents » phonétiques qui ne touchent que certains mots. Citons :

– la métathèse : interversion de deux phonèmes, comme, en français moderne *aréoport, infractus, diqse* (pour *disque*). Historiquement, on peut donner l'exemple de *breuvage* pour *bevrage (< biberaticum)* ;

– la dissimilation : différenciation de deux éléments identiques, comme parfois aujourd'hui, *sercher* pour *chercher, collidor* pour *corridor, sirurgien* pour *chirurgien*. Historiquement, on peut mentionner *rossignol* pour *lossignol, pèlerin* pour *pèrerin* (lat. *peregrinum*), *flairer* (lat. *fragare*), *frileux* (lat. *frigorosum*) ;

– l'écrasement : disparition d'un phonème non accentué : *m'sieur, m'dame, t't à l'heure*, à l'origine de nos enclises *du* pour *de le, au(x)* pour *à le(s)* ;

– l'hypercorrection : attitude qui consiste à corriger abusivement une forme supposée incorrecte. Dans un idiolecte qui ouvre naturellement tous les *o* en syllabe fermée, la prononciation /pol/ comme *Paule* (pour *Paul*) et /sol/ comme *saule* (pour *sole*) est un phénomène d'hypercorrection. Historiquement, on peut citer *serpe, asperge* : Paris prononçait *Piarre* pour *Pierre, Maubart* pour *Maubert,* en corrigeant ces prononciations, on a aussi corrigé *asparge < asparagus* et *sarpe < sarpa*.

SYNTHÈSE

Entre le latin et le français moderne, l'évolution phonétique a généralement réduit le mot latin à ses syllabes initiales et accentuées, et changé le timbre de presque tous les phonèmes subsistant. Des « lois » décrivant ces changements peuvent être énoncées, bien qu'elles ne s'appliquent pas de façon aussi générale que les premiers historiens de la phonétique l'ont cru. « Accidents » phonétiques, régressions, facteurs d'ordre social (notion de norme, influence de certaines classes), emprunts d'une communauté locale à une autre jouent aussi dans le changement de prononciation des mots, même si la standardisation de la langue tend à masquer ces phénomènes.

Pour en savoir plus

N. ANDRIEUX-REIX, *Ancien et moyen français : exercices de phonétique*, PUF, 1993	Il existe de nombreux manuels de phonétique historique du français. Celui-ci est la meilleure préparation à l'épreuve de l'agrégation de lettres modernes. Pour étudiants avancés.
A. MARTINET, *L'Économie des changements phonétiques*, Berne, Franke, 1955 *Le Français sans fard*, PUF, 1969	Études structurales de changements en cours dans le français du XXe siècle.
W. von WARTBURG, *Problèmes et méthodes de la linguistique*, PUF, 1946	Les pages 32 à 72 font le point sur la notion de loi phonétique et ses limites. Lecture facile.

8

QUELQUES FACTEURS DE CHANGEMENT : L'INNOVATION LINGUISTIQUE

Comment la langue peut-elle rester un système régulier malgré les bouleversements qu'entraînent les changements phonétiques ? Les besoins d'une communication claire, expressive et aisée ont-ils une influence sur l'innovation linguistique ? Peut-on imaginer que l'évolution d'une langue ait un sens, aille dans une direction précise ?

Changement phonétique et réfection linguistique (page 88)
Si le changement phonétique désorganise le système de la langue, l'unification analogique et l'emploi de synonymes sont des créations individuelles qui peu à peu le reconstruisent.

Les « besoins de la langue » (page 91)
La communication doit être facilitée par le plus de régularité possible tout en maintenant ou en créant les distinctions propres à la clarté et en s'exprimant de façon vivante et imagée. Ces besoins causent les changements dans la langue.

Des courants plus profonds (page 96)
Des courants plus profonds entraînent aussi les langues et même les familles de langues dans des directions qu'on voit se dessiner lorsqu'on observe le sens de leurs changements sur plusieurs siècles, comme la tendance à l'agglutination pour certaines, à la segmentation pour d'autres.

Changement phonétique et réfection linguistique

Effets des changements phonétiques

Sur la syntaxe
L'érosion phonétique opère de grands bouleversements dans le système de la langue, surtout quand ce changement affecte les voyelles finales dans une langue comme le latin, qui, justement, indique par la finale du mot son nombre, son genre, sa fonction dans la phrase pour les noms ; son temps, son mode et sa personne pour les verbes.

Sur la morphologie
Le changement phonétique ruine les paradigmes : comme le verbe latin était accentué tantôt sur le radical, tantôt sur la désinence, et que les voyelles accentuées ont plus évolué que les autres, *probat* avec un *o* initial accentué donne en ancien français *(il) prueve*, tandis que *probamus*, avec un *o* initial inaccentué donne *(nous) prouvons*. Pour la même raison, l'indicatif présent fort régulier en latin de *levare* (lever) *lev-o, lev-as... lev-atis* devient, en ancien français, *(je) lief, (tu) lieves... (vos) levez*. Qui reconnaît encore que *relief*, formé sur cette conjugaison ancienne, appartient à la même famille que *relever*? Il en va de même pour *œuvre, manœuvre, ouvrage* et *ouvrable*, tous apparentés, car un jour *ouvrable* est étymologiquement un jour où l'on peut *œuvrer*, c'est-à-dire travailler.

Il en va de même pour les désinences. Ainsi, la deuxième personne du pluriel est régulière en latin : selon les conjugaisons, *-atis, -etis, -itis*, c'est-à-dire une voyelle *a, e, i* appartenant à la forme longue du radical et une désinence de personne bien régulière *-tis*. Mais comme c'était le *a*, le *e* et le *i* qui étaient accentués, que les voyelles finales tombent tandis que les voyelles accentuées changent de timbre, on aurait dû trouver en français les formes *-ez, -oiz et -iz* (le **graphème** *z*, représentant anciennement le son *ts* auquel aboutit la désinence inaccentuée *-tis*). Une même désorganisation aurait dû toucher les morphèmes de première personne *-amus, -emus, -imus*.

Sur le lexique
Le changement phonétique, lorsqu'il réduit des mots à une seule syllabe, les condamne bien souvent : en effet, plus un mot est court, plus il a d'homonymes et plus un mot a d'homonymes, plus la confusion risque de se faire dans les discours où il est employé. En voici trois exemples :
– le mot *apem* ('abeille' en latin) se réduit en ancien français à *ef* puis à *é* (homonymes *est, et, hé!*, et dans certaines prononciations *hait, ai* et *ais*) ;
– quand les consonnes finales ne se sont plus fait entendre en ancien français, la troisième personne du verbe *oïr* ('entendre'), *(il) ot* s'est prononcé /o/ ;
– pour la même raison, celle de *issir* ('sortir') qui était *ist* s'est prononcé /i/.
Ces trois mots ont disparu.

Des monosyllabes condamnés

H. Frei, dans sa *Grammaire des fautes* (1929), donne ainsi toute une liste de mots que leur monosyllabisme a condamnés. On peut citer :
- *ais* remplacé par *planche*
- *clin* remplacé par *clignement*
- *bru* remplacé par *belle-fille*
- *coi* remplacé par *tranquille*
- *croc* remplacé par *crochet*
- *fat* remplacé par *prétentieux*
- *font* remplacé par *fontaine*
- *gré* remplacé par *volonté*
- *huis* remplacé par *porte*
- *las* remplacé par *fatigué*
- *seing* remplacé par *signature*
- *us* remplacé par *usage*

Ces mots ont disparu de l'usage mais ils se maintiennent souvent dans des locutions figées plus étoffées, où ils restent compréhensibles : *de gré ou de force, en un clin d'œil, sous seing privé, un bon petit gars.*

Mais face à ce bouleversement de l'organisation sémantique de la langue : mots ou morphèmes distincts qui deviennent synonymes ou morphème unique subissant des évolutions différentes, une sorte de reconstitution du système va s'opérer, sous l'effet de deux phénomènes : la « thérapeutique verbale » et l'analogie.

La « thérapeutique verbale »

La « thérapeutique verbale » consiste à remplacer un élément de la langue devenu difficile à employer par un synonyme. J'emprunte ce terme à Gilliéron qui, dans les articles où il a commenté son *Atlas linguistique,* montre comment, là où une insuffisance se produit, la langue puise dans un stock d'expressions synonymes pour remédier à la perte de sens qui risque d'advenir. Ainsi, selon les régions, au lieu de *é* on trouve *abeille* (emprunté au provençal), *avette, mouchette* ou *mouche à miel* ; ainsi *ouïr,* venant de *audire,* devenu défectif dès le moment où son présent de l'indicatif se réduit à *o*, est remplacé par un verbe de sens voisin, *entendre*, à proprement parler 'prêter attention'. Il en va de même d'*issir (j'is, il ist)* ; le verbe *sortir*, qui le remplace, a d'abord signifié « tirer au sort » (dans des phrases du genre : « le deux est sorti »).

Un exemple de cette « thérapeutique » est la formation du futur français. Alors que, par suite de l'érosion des finales, le futur latin tendait à se confondre, selon les verbes, soit avec le parfait soit avec le présent, les gens ont dû utiliser de plus en plus fréquemment un futur périphrastique, comme il en existe en français moderne (« je vais partir »). En latin, ce futur périphrastique se formait avec *avoir*, conjugué, postposé à l'infinitif : *partire habeo* : 'j'ai à partir', *partire habes* : 'tu as à partir'. Ce sont ces formes, après écrasement *(partirai habeo* était devenu **partirayyo)* qui sont à l'origine de notre futur.

Une forme fréquente de thérapeutique verbale est la suffixation : *croc* cède la place à *crochet, gars* à *garçon* ; *avette* qui remplace parfois l'impossible **é* remonte à *apita,* suffixation diminutive de *apis*. Dès le latin, de nombreux diminutifs avaient eu cette fonction : on a vu, par exemple, au chapitre 2, que *auricula* 'la petite oreille' avait remplacé *aurem* : c'est que, du jour où *a + u* (qui se prononçait *aou*, comme dans *miaou*) s'est prononcé comme *o, aurem,* 'l'oreille', s'est confondu avec *orem,* 'la bouche' – ce qui était gênant !

La préfixation est plus rare. La substitution de la forme préfixée *ici* à l'ancien français *ci* en est un exemple : avant le XIIIᵉ siècle, *ci* se prononçait *tsi* et il n'était donc pas homonyme d'un adverbe très fréquent en ancien français, *si* ; quand les deux mots se sont confondus, on s'est mis à employer une forme préfixée, jusque-là assez peu fréquente.

La « thérapeutique verbale » ne s'applique pas qu'aux mots devenus homonymes. Elle intervient aussi lorsqu'un verbe présente une difficulté de conjugaison : *moudre,* par exemple, a des temps difficiles à conjuguer, la plupart des locuteurs français ne se sentent pas en sécurité pour l'employer au futur ou à l'imparfait. Aussi utiliseront-ils soit le verbe *mouliner,* soit des formes périphrastiques : *j'étais en train de moudre mon café, je vais moudre des noix.* Le remplacement en latin tardif de *loqui* par *parabolare* relève de la même démarche.

Ces remplacements sont de nature discursive, c'est-à-dire qu'ils se font au niveau de la parole : chaque locuteur, au moment de s'exprimer, cherchera le mot le plus adéquat pour éviter les confusions et puisera donc dans les synonymes à sa disposition. Mais le système de la langue a aussi son influence : ce ne sont pas les mots outils (verbe auxiliaire *est,* conjonction *et*) qui disparaissent, mais les mots pleins *é* et *ais* ; et de deux mots pleins comme *aurem* et *orem,* c'est celui qui a la plus vaste famille qui se maintient.

L'analogie

L'analogie, dans une série de formes, un ***paradigme*** (une conjugaison, par exemple, ou une famille de mots), est l'influence régularisatrice d'une ou de plusieurs formes sur une ou plusieurs autres. Il s'agit souvent de toute une série de pressions convergentes, parfois extrêmement difficiles à déterminer.

Pour en donner un exemple simple, actuellement en cours, c'est par analogie avec *tuer* que *conclure* tend à passer à la conjugaison du premier groupe ; *il conclue* et même *il conclua* sont de plus en plus fréquents. Mais pourquoi est-ce le groupe *huer, tuer, muer* qui a attiré le groupe *conclure, inclure, exclure* et pas le contraire ? On pourrait penser que la conjugaison du premier groupe, majoritaire et régulière, exerce un attrait. Mais *envoyer,* lui, a de plus en plus tendance à se conjuguer *il envoit,* comme *il voit,* c'est-à-dire à quitter cette conjugaison du premier groupe. La pression d'une forme de conjugaison plus massivement employée (la conjugaison en *-er*) est contrariée dans le cas de *envoyer/voir* par la simple fréquence d'emploi du verbe *voir,* plus fréquent que *envoyer.* On remarquera que ces changements en cours s'opèrent sur des signes orthographiques non prononcés, c'est-à-dire dans des cas où la mémoire auditive ne joue pas.

C'est l'analogie qui a joué pour régulariser les paradigmes verbaux de l'ancien français. *Je lief, tu lieves, nos levons,* et beaucoup d'autres verbes à alternance radicale, dont *il prueve, nos prouvons,* ont été refaits sur la forme accentuée sur la désinence, majoritaire dans la conjugaison d'un verbe (anc. fr. *je levai, je levoie, je leverai, je leverois, levé, levant*). Ce n'est pourtant pas toujours la forme la plus fréquente dans la conjugaison qui l'emporte. Ainsi, pourquoi *aimer,* qui faisait *j'ain, tu aimes, nos amons... j'amai, j'amoie, j'amerai, amé, amant,* a-t-il connu l'évolution inverse ? C'est qu'une pression inverse s'est exercée : celle des deux premières personnes de l'indicatif présent, le plus souvent employées.

Si nous n'avons pas trois désinences de deuxième personne du pluriel, *-ez, -oiz, -iz,* c'est aussi que l'analogie a généralisé la forme *-ez,* désinence des verbes en -*er* ; la marque de première personne du pluriel -*ons* est aussi une généralisation analogique, mais son origine est plus controversée.

Enfin, l'action de l'analogie est aussi sensible dans les familles de mots : *cuire* a entraîné *cuisine* (au lieu de *coisine*) et *cuisson* (au lieu de *cousson), *pauvre* a entraîné *pauvreté* (au lieu de *pauverté).

Une forme complexe d'analogie : la première personne du présent de l'indicatif

C'est par analogie qu'ont été refaites les premières personnes, qui, par évolution phonétique (chute des finales autres que -*a*), n'avaient pas de marque désinentielle en ancien français (indic. présent : *je chant, tu chantes, il chante*) mais assez souvent une différence radicale *(je vueil, tu veus, il veut)*. Pour les trois premières personnes du présent de l'indicatif et du subjonctif, l'ancien français connaissait plusieurs possibilités :

Indic.	Subj.	Indic. et subj.	Indic.	Subj.	Indic.	Subj.
je port	je port	je tremble	je di	je die	je vueil	je vueille
tu portes	tu porz	tu trembles	tu dis	tu dies	tu vueus	tu vueilles
il porte	il port	il tremble	il dit	il die	il vueut	il vueille

Dans la réfection analogique, plusieurs pressions se sont exercées :
– l'influence des deuxième et troisième personnes sur la première (un peu comme les enfants disent *je m'en ira, je recommencera*) explique *je porte* et, en partie, *je veu(x)* ;
– l'influence de la majorité des subjonctifs en *e* explique *que je porte, que tu portes, qu'il porte* ;
– mais comment s'expliquent le *s* de *je dis* et le *x* de *je veux* ? Il y a là une influence curieuse de la deuxième personne qui s'est aussi produite à l'imparfait et au conditionnel *(je partoie* devenu *partois*, puis *partais* ; *je partiroie* devenu *partirois*, puis *partirais)*, mais ni au futur ni au passé simple, où la différence phonétique est beaucoup plus grande, ni pour le subjonctif et l'indicatif des verbes en -*er*, où la différence phonétique est nulle.

Les « besoins de la langue »

Tout ce travail de la langue a été étudié par H. Frei dans un ouvrage paru en 1929 : *La Grammaire des fautes*, relevé très riche d'emplois rejetés par la norme, avec un corpus constitué, en particulier, de lettres des prisonniers de guerre. Frei estime que la créativité de la langue se fait pour satisfaire cinq besoins, souvent contradictoires : assimilation, invariabilité, clarté (ou différenciation), brièveté et expressivité.

Le besoin d'assimilation

Le besoin d'assimilation est une « force d'imitation inhérente au système lui-même », qui commande à l'analogie proprement dite, que nous venons de décrire longuement, mais aussi à d'autres phénomènes.

L'étymologie populaire

L'étymologie populaire est une forme particulière d'analogie qui tend à remplacer un mot peu « parlant » par un mot plus clair. On remarquera que les exemples cités sont des mots qui ont l'apparence de mots composés, et qui d'ailleurs le sont parfois : face à un exemple particulièrement agaçant d'arbitraire du signe (à quoi bon un suffixe et un radical si ni l'un ni l'autre n'ont de sens ?), l'étymologie populaire, qui redonne sens à l'un au moins des **morphèmes,** est une tentative de remotivation du signe. Par exemple, dans l'alsacien *sourcroute, sour* signifie 'acide' et *krût,* 'chou' ; mais les locuteurs n'identifient aucun des deux éléments et rapprochent l'élément *sour* de *chou :* le mot devient *choucroute.* La *coute-pointe* était, en vieux français une *couette piquée,* édredon aplati par des piqûres, par opposition à un édredon gonflé ; mais le mot *coute* ne s'emploie plus et le verbe *poindre,* devenu défectif, n'est plus compris : *coute-pointe* est transformé en *courtepointe,* le nom y devient adjectif et l'adjectif, nom. Le *forsené* était un homme hors de son bon sens (*fors* signifiait 'hors de', *sené* signifiait 'sensé'), il devient un *forcené,* et le mot est capté par la famille de *force* bien que *-né* ne soit pas un suffixe ; la même incompréhension de *fors* transforme *forsbourg* (à l'extérieur du bourg) en *fau(x)bourg.*

L'assimilation phonétique

L'assimilation, déjà présentée dans le chapitre 7, explique bien des changements phonétiques. Ainsi, on y a vu deux exemples d'assimilation : les prononciations *apsolu* ou *supstance,* et la chute du *t* intervocalique de *vita* se réduisant à *vie.* Les nasalisations s'expliquent aussi par le fait que la voyelle qui précède la consonne nasale reçoit, par anticipation, le caractère nasal : le voile du palais se met par anticipation dans la position qui permet à une partie de l'air de s'échapper par le nez.

L'attraction homonymique

L'attraction homonymique est une captation du sens d'un mot isolé, qui est rattaché à une famille mieux représentée. On peut citer le cas de *dolent* (souffrant) qui n'est plus rattaché à la famille de douleur et qui, capté par son opposé *indolent,* ne désigne plus qu'un état de mollesse de l'être ; ou bien celui d'*émoi,* terreur paralysante, qui, capté par *émotion,* peut entrer dans le syntagme « un doux émoi ». Dans les exemples déjà évoqués, on peut rappeler le cas de *(jour) ouvrable,* capté par la famille de *ouvrir,* et celui de *forcené,* désormais rapproché de *force.* On assiste actuellement à une captation (mais sans destruction de paradigme, puisque le mot est emprunté à l'anglais *to crash*) avec l'apparition de la forme pronominale et de l'orthographe française : *se cracher,* pour désigner un accident d'avion.

La contamination

Ce que H. Frei appelle la contamination ressemble beaucoup à ce mode de création que nous appelons l'invention de « mots-valises », c'est-à-dire formés par le télescopage de deux mots. M.-F. Mortureux (*La Lexicologie, entre langue et discours,* 1997) propose les exemples d'*informatique* (information + automatique) de *caméscope* (caméra + magnétoscope), de *photocopillage* (photocopie

Histoire du mot émoi

Il existait en vieux germanique un verbe *magan* qui signifiait 'pouvoir' (de même racine que l'anglais *to may*, 'pouvoir'). Dans la période de bilinguisme des VIe et VIIe siècles, ce verbe est latinisé en *magare*, puis négativé en *exmagare*, avec le préfixe *ex-* qui signifie 'hors de'. Ce verbe signifiait 'faire perdre toute force en terrifiant' et s'employait volontiers pour décrire la déroute des ennemis : il donne en ancien français *esmaier*, sur lequel on forme *esmai* bientôt prononcé *esmoi*, puis *émoi* : 'terreur'. Ce mot se démode à la fin du XVIe siècle, il est considéré comme archaïque jusqu'au moment où les romantiques commencent à le réutiliser. Mais comme *esmaier* a disparu et qu'*émoi* est isolé dans la langue, ils rattachent ce mot à *ému, émotion, émouvoir* et l'utilisent pour désigner un léger trouble agréable, en général d'ordre sentimental.

+ *pillage)*. La différence entre les mots-valises et la contamination est que les mots-valises ont pour origine un acte de création individuel tandis que la contamination, comme par exemple *se dégrouiller (se grouiller + se débrouiller)*, naît spontanément dans la langue.

Le besoin d'invariabilité

Ce besoin est assez proche du besoin d'assimilation : on remarque, par exemple, une tendance à l'invariabilité, dans le code oral, du nom et de l'adjectif en genre et en nombre, du verbe en personne. L'emploi de *on* à la place de *nous* permet d'éviter la forme en *-ons* de la première personne du pluriel. Il est d'ailleurs à remarquer que *on*, après avoir conquis la place de *nous*, tend aussi à prendre la place de *vous*, en particulier dans les ordres : *On se calme !*

Le besoin de différenciation, ou besoin de clarté

La « thérapeutique verbale »

Comme nous l'avons vu page 89, c'est en effet le besoin de distinguer deux formes devenues synonymes qui fait inconsciemment puiser dans le stock d'homonymes dont on dispose pour éviter la forme gênante.

La différenciation phonétique

Phonétiquement, la différenciation, contraire de l'assimilation, est une perte de l'élément commun de deux phonèmes en contact (*anme < anima*, souvent attesté sous la prononciation *arme* en ancien français). La différenciation est souvent posée comme stade théorique dans l'évolution des voyelles du latin au français.

Appartient aussi au besoin de différenciation la prononciation de la consonne finale, pour éviter la synonymie des monosyllabes *mœurs, but, porc, soit...*

Le besoin de brièveté

L'amuïssement phonétique

En phonétique, on appelle amuïssement la disparition d'un phonème : dans les positions faibles (à l'intervocalique pour les consonnes, à la finale ou entre des syllabes plus accentuées pour les voyelles), les phonèmes ont eu tendance à s'affaiblir jusqu'à disparaître. C'est ce qui s'est passé, on l'a vu, pour de nombreuses consonnes intervocaliques du latin qui ont fini par disparaître en français : *securum* > anc. fr. *seür* > *sur ; vitam* > *vie*, et pour la plupart des voyelles finales : *heri* > *hier, mare* > *mer, murum* > *mur*.

La troncation

H. Frei appelait troncation la réduction d'un mot, comme par exemple : *(chemin de fer) métro(politain), télé(vision), cinéma(tographe)*, lui-même réduit en *ciné*.

On distingue aujourd'hui (M.-F. Mortureux, *op. cit.*, p. 50-51) deux procédés voisins, la troncation proprement dite et l'abréviation. Le terme d'abréviation sera utilisé lorsque le mot tronqué fonctionne indépendamment dans la langue : *auto*(mobile), (auto)*bus, photo*(graphie) *(Assis dans le bus, j'ai pris une photo de ton auto)*, tandis que le terme de troncation sera réservé à la création d'un radical dépendant, que l'on peut isoler, mais qui n'a pas d'autonomie comme *antibio-*, troncation de *antibiotique* que l'on trouve dans *antibiogramme*.

Les abréviations peuvent faire l'objet de dérivation, par l'ajout d'un préfixe ou d'un suffixe : *cinéphile, téléphobe*, souvent aussi par création d'un mot composé de deux radicaux soudés : *autoroute, abribus, téléspectateurs*.

Autobus et supérette

Troncation, dérivation suffixale et composition entraînent la formation de mots dits « démotivés » (M.-F. Mortureux, *op. cit.*), c'est-à-dire dans lesquels le sens du radical n'a plus rien à voir avec son étymologie.

Ainsi, au début du XIXe siècle, on a appelé *voitures omnibus* des transports en commun urbains, sortes de diligences tirées par des chevaux. *Omnibus* est un mot latin, formé sur *omnis* qui signifie 'tout', avec la désinence *-bus*, qui en latin est la marque d'attribution au pluriel. Voici donc un mot savant qui signifie 'pour tous'. Par abréviation, le mot devient tout d'abord *omnibus*, puis *bus*. Le mot entre alors en composition *trolleybus, airbus, aérobus, autobus*. Mais le mot *autobus* a ceci de particulier que son premier élément *auto* résulte aussi d'une abréviation : *automobile* signifie 'voiture mobile par elle-même', et c'est ce 'par elle-même' que signifiait *auto*. *Autobus* est donc un mot doublement démotivé.

Quand à *supérette*, mot qui désigne un petit libre-service urbain, il vient de la troncation de *supermarché* (troncation et non abréviation : le terme abrégé qu'a retenu la langue est *un hyper*) avec le suffixe diminutif, féminin d'ailleurs, *-ette*. La curiosité du mot est qu'il associe un augmentatif et un diminutif.

La siglaison

On appelle siglaison la formation d'un mot à partir des initiales d'un groupe de mots désignant un concept bien défini, groupe en général trop long pour devenir mot composé. Ainsi, le *certificat d'aptitude professionnelle* devient le *CAP ;* le *diplôme d'études universitaires générales*, le *Deug ;* une *unité de formation et de recherche*, une *UFR* ; *le syndrome d'immuno-déficience acquise*, le *sida*. Ces sigles peuvent parfois se lexicaliser au point d'entrer dans la formation de dérivés : *bi-Deug* ou *sidéen, sidologue*.

> **De mon seigneur à m'sieur**
> Ce terme d'adresse, du fait de sa fréquence d'emploi, a connu deux écrasements : le premier est l'écrasement de *seigneur* en *sieur*, le second est l'écrasement du possessif *mon* en *m'*. (La prononciation moderne *meusyeu* qui semble témoigner d'une évolution atypique de *mon* en *me* est sans doute due à la réintroduction d'un e sourd /ə/ dans le groupe *m'sy*).

L'écrasement

L'écrasement, lui aussi dû au besoin de brièveté, est un des accidents phonétiques dont il a été parlé au chapitre précédent. On peut aussi citer les exemples de *t'as* pour *tu as*, *s'pas* pour *n'est-ce pas*. On peut aussi citer le refrain d'une chanson récente : « *Si tu me crois pas, hé ! t'ar ta gueule à la récré* » (*t'ar* pour *tu vas voir* est un écrasement, *récré* pour *récréation*, une abréviation, quand à la première proposition, elle contient une ellipse).

Les ellipses et les sous-ententes

Avec les ellipses, on en vient à la non-expression d'un constituant du groupe nominal :

« *On pourrait envoyer des cartes postales... Des en couleur et des en noir* » (ellipse de *cartes*),

ou d'un constituant de la phrase :

« *le cortège aura lieu, pluie ou pas pluie* » (ellipse de *qu'il y ait*),

« *connais pas* » (ellipse de *je*).

La suppression, courante en français oral, de la première partie de la négation *ne (si tu me crois pas)* peut être considérée comme une forme d'ellipse.

Le besoin d'expressivité

H. Frei définit le besoin d'expressivité comme un besoin de renouveler les expressions usées, de les rendre plus parlantes :

> « Plus le signe est employé fréquemment, plus les impressions qui se rattachent à sa forme et à sa signification s'émoussent. Du point de vue statique et fonctionnel, cette évolution est contrebalancée par un passage en sens inverse : plus le signe s'use, plus le besoin d'expressivité cherche à le renouveler, sémantiquement et formellement. »
>
> H. Frei, *op. cit.*, p. 233

Citons, parmi les mots dont le sens s'est affaibli : *abîmer*, originellement 'précipiter dans un abîme' ; *gâter*, étymologiquement 'dévaster' (latin *vastare*) ; *charmer*, étymologiquement 'ensorceler' (latin *carmen* : 'incantation, parole magique'). Citons aussi des domaines où le langage est très créatif, parce que les expressions y perdent vite de leur force : l'ennui, *barbant, assommant, rasant, rasoir, soporifique* ; l'admiration, *super, extra, génial, au poil* et *sensass* (très vieillis, 1950?), *épatant* (encore plus vieilli, 1935?), l'acquiescement, *d'accord, d'ac, tout à fait, OK, évidemment, bien sûr, certes*. Appartiennent aussi au besoin d'expressivité les suffixations plaisantes du type *téloche, éconocroques* et les créations périphrastiques des journalistes : *l'homme de la rue, le numéro un de..., l'homme fort de..., il faut raison garder*, ou les créations argotiques : *manger les pissenlits par la racine* (un peu ancien, pour 'mourir') ou *ça prend la tête* (pour 'ce n'est pas facile'). Beaucoup d'emprunts inutiles, comme *cool* pour 'décontracté' ou *boosté* pour 'gonflé à bloc', relèvent du besoin d'expressivité.

Combinaison de plusieurs besoins

Ces besoins peuvent être contradictoires : les besoins d'assimilation et de brièveté peuvent jouer en sens inverse de celui de différenciation, le besoin d'invariabilité peut être contrecarré par le besoin d'expressivité. Plusieurs besoins interviennent aussi souvent dans un changement linguistique :

– soit, par exemple, la forme fautive fréquente d'imparfait du subjonctif **qu'il prisse* pour *qu'il prît*. On peut y voir à l'œuvre le besoin d'assimilation : tout le reste du paradigme est en effet en *-iss-* (*que je prisse, que tu prisses, que nous prissions*, etc.) ; mais le besoin de différenciation joue aussi : on veut distinguer phonétiquement l'imparfait du subjonctif *prît* du passé simple *prit* ;

– soit, dans un domaine tout à fait différent, le sigle *BCBG* : la siglaison peut être due au besoin de brièveté (l'expression originelle était *bon chic bon genre*), mais cette siglaison plaisante (la siglaison est rare quand il s'agit d'une qualification) est aussi commandée par le besoin d'expressivité, besoin qui s'affirme encore lorsque l'on passe à la prononciation /bɛsbɛʃ/.

Des courants plus profonds

Lorsque l'on considère les changements syntaxiques entre le latin et le français, on constate que ce qui caractérisait le latin classique, c'est que toute l'actualisation du mot (verbes, substantifs et adjectifs) se faisait au moyen de suffixes qui se combinaient à la finale du radical pour indiquer le genre, le nombre et la fonction pour le substantif et ses déterminants, le degré pour l'adjectif, le temps, la personne et même en partie la voix (active ou passive) pour le verbe. Ce qui caractérise le français moderne, c'est au contraire l'antéposition de toutes ces marques : il faut voir à l'œuvre, dans ce lent travail de réfection syntaxique, l'effet du besoin de clarté (différencier singuliers, pluriels, féminins, masculins, fonctions, temps et personnes) et sans doute aussi du besoin d'expressivité.

Cependant, certains linguistes vont plus loin encore et considèrent que l'évolution des langues est orientée, que les changements les entraînent dans une direction définie. C'est l'hypothèse de la dérive des langues, proposée par Sapir. Selon ce linguiste, le langage se déplace selon un courant propre, malgré l'ensemble aléatoire des créations individuelles :

« La dérive linguistique a une direction. Autrement dit, seules lui donnent forme ou la portent ces variations individuelles qui se déplacent dans une certaine direction, tout comme seules certaines vagues dans la baie délimitent le courant de marée. La dérive d'une langue est constituée par la sélection inconsciente de la part des sujets parlants de celles des variations individuelles qui s'accumulent dans une direction particulière. On peut déduire cette direction essentiellement de l'histoire passée de la langue. »

E. Sapir, *Language,* Harcourt, 1949, p. 154-155

Ainsi, selon R. Lakoff (« Regards nouveaux sur la dérive », *Langages,* 1973), tous les changements que nous venons de décrire vont dans le même sens, la segmentation, qui caractérise l'évolution des langues indo-européennes modernes, tandis que le latin était une langue synthétique. On pense que du proto-indo-européen au latin, la dérive a plutôt été vers la synthèse. Il en va de même de la dérive d'autres familles de langues. La dérive vers plus de segmentation n'est donc pas une règle générale.

Actuellement aussi, des chercheurs commencent à tester sur des études ***diachroniques*** des hypothèses qui donnent des structures syntaxiques comme facteur premier de l'évolution ; il s'agirait en particulier de chercher si la dérive ne se fait pas en fonction de certains types de structures, comme par exemple la position du verbe.

SYNTHÈSE

L'innovation linguistique a ceci de curieux qu'elle ne peut être que le fait de créations individuelles, mais que ces créations, pour ne pas rester éphémères, doivent entrer dans le moule du système de la langue : maintenir des oppositions, comme le font toutes les évolutions obéissant au besoin de différenciation ou de clarté, ou maintenir des régularités comme le font les changements dus aux besoins d'assimilation et d'invariabilité. Analogies et « thérapeutique verbale », en particulier, concourent à maintenir le bon fonctionnement du système. Et la force de la structure abstraite qui règle le fonctionnement d'une langue est telle que le courant des évolutions d'une langue semble « dériver » dans une direction définie.

Pour en savoir plus

H. FREI, *La Grammaire des fautes,* Genève, Slatkine Reprints, 1971 (1ʳᵉ éd. 1929)	La théorie des besoins de la langue exposée ici est encore intéressante et le corpus étudié est d'une très grande richesse.
Ch. MARCHELLO-NIZIA, *L'Évolution du français,* A. Colin, 1995	Le chapitre I, *L'évolution des langues naturelles : pour une théorie du changement linguistique,* fait le point sur les théories en présence.
M.-F. MORTUREUX, *La Lexicologie, entre langue et discours,* Sedes, Campus, 1997	Plusieurs chapitres traitent de la créativité lexicale en français moderne. Cet ouvrage aborde sous l'angle de la linguistique synchronique ce que nous présentons en diachronie.

9

LA FORMATION DU FRANÇAIS : LE LEXIQUE

Pourquoi crée-t-on sans cesse des mots ? Depuis quand le français emprunte-t-il aux langues étrangères ? Comment inventer un terme pour désigner un objet ou un concept nouveau ? Pourquoi et comment les mots changent-ils de sens ?

Les origines du lexique français (page 99)
Le lexique français n'est héréditaire qu'en partie. La plupart des mots ont été empruntés, à toutes les époques et à toutes sortes d'idiomes, y compris les dialectes, les argots et les lexiques techniques. Nous n'en sommes pas toujours conscients, car l'emprunt a souvent été fait dans des temps très anciens, et fréquemment au latin lui-même.

La vie et la mort des mots (page 104)
L'acquisition ou la perte de concepts sont les causes les plus fréquentes de la création lexicale comme de la disparition de certains mots. L'emprunt n'est pas le seul moyen d'introduire des mots nouveaux : dérivation, composition, attribution de noms propres à des objets sont d'autres procédés traditionnels. La siglaison et la troncation créatrice de nouveaux radicaux sont aujourd'hui très productrices aussi.

Les changements de sens (page 106)
Ils peuvent avoir des causes culturelles ou des causes internes : évolution de mots que rien ne rattache plus à leur étymologie, déplacements métaphoriques ou métonymiques. Ces changements de sens entraînent souvent des réactions en chaîne.

Les origines du lexique français

On dit qu'il faut deux générations pour que se réalise un changement phonétique et plusieurs siècles pour établir un changement syntaxique, mais les changements lexicaux sont beaucoup plus spectaculaires : nous avons tous fait l'expérience de mots déjà disparus de notre propre langage *(électrophone)*, de mots frais apparus *(didactitiel)* et de mots par nature éphémères *(jupette,* 1996, 'vieille voiture' ou 'jeune ministre').

Du point de vue de l'origine, on distingue traditionnellement deux grandes catégories de termes : ceux qui proviennent du fonds héréditaire et ne sont jamais sortis de la langue, et ceux qui ont été empruntés.

Le lexique héréditaire

Le lexique héréditaire peut provenir du gaulois ou du germanique, bien que les mots venant de ces langues puissent aussi être classés comme de très précoces emprunts. La majorité du lexique héréditaire est en effet d'origine latine. Ce sont les mots les plus courants, qui n'ont jamais quitté la langue : *aimer, vivre, parler, chanter, homme, femme, père, mère, sœur, frère,* etc., mais parfois aussi les mots les plus rares, qui se sont maintenus dans une langue hyper-spécialisée, comme le terme de vénerie *daintier* ('testicule de cerf', tirant son origine du latin *dignitate,* 'la dignité').

Mot héréditaire et mot emprunté

Les termes héréditaires ont généralement subi une très forte usure phonétique et sémantique par rapport à leur ***étymon*** latin, comme le montre la comparaison de ces mots de même étymologie, remontant à la même forme dans la langue d'origine, que l'on appelle des doublets.

Les doublets : des mots frères

On remarquera l'importante évolution phonétique des mots héréditaires. On remarquera aussi que les mots empruntés, dont le sens apparaît comme étonnamment moderne, ont souvent été introduits très tôt dans la langue.

Mot latin	**Mot héréditaire**	**Mot emprunté**
auscultare	*écouter*	*ausculter* (XVIIe)
calumnia	*challenge*	*calomnie* (XIVe-XVe)
captivus	*chétif*	*captif* (XVe)
dotare	*douer*	*doter* (XIIe)
fabrica	*forge*	*fabrique* (XIVe)
fragilis	*frêle*	*fragile* (XIVe)
hospitalem	*hôtel*	*hôpital* (XIIe)
legalita(s)	*loyauté*	*légalité* (XIVe)
mutare	*muer*	*muter* (XVe)
potionem	*potion*	*poison* (XVIe)
singularem	*sanglier*	*singulier* (XIVe)
strictum	*étroit*	*strict* (XVIIIe ?)

Si l'on parle (de moins en moins) pour ces doublets de « forme populaire » et de « forme savante », il ne faut pas voir là l'effet d'une quelconque différenciation sociale ni d'une connotation plus familière pour l'un ou l'autre de ces mots, à une époque ou une autre. Simplement, les emprunts ont souvent été faits par des savants : on voit, par exemple, un très grand nombre de néologismes tirés du latin apparaître à la fin du Moyen Âge sous la plume des premiers humanistes, qui transfèrent ainsi dans la langue française des concepts et des mots qu'ils trouvent dans les textes qu'ils pratiquent. Beaucoup, d'ailleurs, viennent des traducteurs, qui ne trouvent pas toujours dans le lexique héréditaire de mot rendant très précisément la nuance du mot latin à traduire. En effet, le mot qui est toujours resté dans la langue, outre son érosion phonétique, a généralement subi des glissements de sens : on passe, par exemple, de la qualification d'un objet qui se casse facilement *(fragilis)* à celle d'un être peu vigoureux (sens de *frêle* vers le milieu du XIIe siècle). Il devient alors nécessaire d'avoir un terme pour exprimer la notion de 'facile à casser', et on l'emprunte au latin en francisant sa finale.

Le lexique d'emprunt

L'emprunt provient souvent de la nécessité de trouver un mot pour désigner un objet ou un concept nouveau. Parfois aussi, l'emprunt n'est que le simple effet de langues en contact. Ainsi, le Moyen Âge, qui disposait du terme *pucele* pour désigner à la fois la jeune fille et la servante, n'avait pas particulièrement besoin d'emprunter *meschine* à l'arabe (voir encadré page suivante). Il en va de même aujourd'hui de quelques termes anglais, mais bien plus rarement que les puristes veulent nous le faire croire. En effet, l'emprunt est souvent indispensable. Le traducteur de *The Sentimental Journey,* de Sterne, en introduisant le mot en 1769, se justifiait ainsi : « *Le mot anglais* sentimental *n'a pu se rendre en français par aucune expression qui pût y répondre et on l'a laissé subsister.* » On pourrait en dire autant de tous les termes que nous allons citer.

Les emprunts du Moyen Âge

Au Moyen Âge, on a surtout emprunté à l'arabe et au latin. Les emprunts à l'arabe sont le plus souvent passés par l'Espagne ou l'Italie, ceux faits sur place pendant les croisades sont beaucoup plus rares. Ce sont surtout des emprunts de type technique : *algèbre, chiffre* et *zéro* (même origine, l'arabe *sifr :* 'zéro'), *alambic, alchimie* (puis *chimie* par suppression de l'article *al*), *sirop, zénith, camphre, alcool,* et si des noms de plantes comme *épinard, estragon, safran* ont aussi été empruntés, c'est que ces plantes s'utilisaient en médecine. Les Arabes, héritiers entre autres de la culture grecque, ont en effet été très en avance sur leur temps dans les domaines de la médecine, de l'alchimie, des mathématiques et de l'astronomie. Certains des termes qui sont passés en français à partir du latin scientifique médiéval avaient d'abord été empruntés par l'arabe au grec : *alchimie,* arabe *al kimiya,* grec *khêmia ; alambic,* arabe *al anbiq,* grec *anbix,* par exemple.

La seconde source d'emprunt est encore plus importante : il s'agit des emprunts au latin, dont les doublets nous ont déjà donné une idée. Ces emprunts sont particulièrement nombreux à la fin du Moyen Âge, quand commencent les traductions des premiers humanistes et l'expansion de la littérature didactique en langue vernaculaire. Souvent, les humanistes introduisaient le terme nouveau en

> **Tous les doublets ne viennent pas du latin**
>
> Un même mot peut en effet être emprunté à deux époques différentes, comme les mots *amiral* et *émir*, tous deux venus de l'arabe *amir* : 'chef'. *Amiral* apparaît le premier, dès la *Chanson de Roland*, sous les formes *amiralt, aumirant*, et désigne d'abord un chef sarrasin ; il prend le sens de 'chef de la flotte' sous influence sicilienne. *Émir* est emprunté au XIIIe siècle et garde le sens de 'prince musulman'. Le mot médiéval *meschine* (arabe *miskin* : 'humble, pauvre') a désigné, dans l'Orient des croisades d'abord, puis en France, la jeune servante et, par extension, la jeune fille. Le mot a disparu mais, au début du XVIIe siècle, on a emprunté sous la forme *mesquin* un terme, *meschino* ('avare'), que les Italiens avaient eux-mêmes reçu de l'arabe.

l'accompa-gnant du terme ancien : *puissance auditive ou puissance de oïr*, par exemple. C'est de cette époque que datent les mots *limitation, réflexion, certitude, digérer, digestion, contusion, spéculation, frauduleux, électeur* et même *médecin* (la forme héréditaire est *mire*).

Les emprunts du XVIe siècle

Au XVIe siècle se fait sentir une forte influence italienne, *cavalerie* (très utile car le mot français de même étymologie, *chevalerie*, désignait, sinon une classe sociale, du moins une caste) *caporal, colonel, soldat* (le mot français était *soudard*), *caprice, brave, bouffon, ballet, mascarade, carnaval*... On continue aussi à emprunter des termes techniques au latin : *visière, structure*, par exemple. Enfin, les grands voyages apportent des mots exotiques qui ont souvent transité par l'Espagne ou le Portugal : *ouragan, tornade* (Antilles), *mangue* (Malabar), *chagrin* (Turquie), *thé* (Chine), *cacao* (Mexique).

Les emprunts du XVIIe siècle

Le XVIIe siècle est une époque d'épuration plutôt que d'enrichissement de la langue. Quelques termes littéraires viennent cependant de l'Espagne : *duègne, matamore* (début XVIIe), *fanfaron* (fin du XVIe). *Chocolat*, mot d'origine mexicaine importé par les Espagnols, est attesté à la fin du XVIe, mais la diffusion du mot se fait avec celle de la boisson, à la suite du mariage de Louis XIV avec une infante espagnole.

Les emprunts du XVIIIe siècle

Au XVIIIe siècle, on recommence à emprunter, à l'anglais surtout, du fait de l'intérêt pour les institutions *(parlement, club, franc-maçon, budget)* et pour les modes de vie anglais *(redingote, grog, jockey)*.

À la fin du siècle, avec la Révolution, il devient nécessaire de forger un nouveau vocabulaire politique. On se remet à puiser massivement dans le stock latin, de *veto* (droit de...) à *régicide*, tandis que l'emprunt au grec permet de nommer les nouvelles unités de mesures *mètre, kilomètre, gramme* (*litre* vient, lui, du latin médiéval).

Les emprunts modernes

De nos jours, les emprunts viennent en grande majorité de l'anglais, *dandy, châle* (d'abord orthographié *shall*), *magasin* et *magazine, péniche, tennis, express, rail, tunnel, wagon, touriste* datent du XIXe siècle ; *pull, cardigan, blazer,* des années 30.

Des mots voyageurs

Certains mots passent de langue en langue, comme les mots arabes qui ont transité par l'espagnol ou l'italien : *coton, darse* sont venus par le port de Gênes, *arsenal* par Venise, *échec* (altération de l'arabo-persan *shâh* dans l'exclamation *shâh mât ! :* 'le roi est mort !') est passé par l'Espagne.

Sucre a été emprunté à l'italien *succhero :* les Italiens avaient eux-mêmes emprunté le mot aux Arabes *(soukkar),* qui l'avaient reçu du persan – le raffinage du sucre se faisait en Perse –, et les Persans l'avaient reçu du sanscrit *(çakara,* probablement 'grain'). Le royaume de Sicile, passé maître dans le raffinage de ce produit, issu des cannes à sucre que les Arabes avaient plantées en Andalousie et en Sicile, exportèrent le mot et la chose dans toute l'Europe.

Le mot *abricot* connut une histoire tout aussi complexe : le mot latin *praecox* est emprunté par le grec qui introduit le terme en Syrie pour désigner une certaine variété précoce de pêches. Les Arabes en font *al barquoûq* et plantent le fruit dans les vergers d'Espagne et de Sicile (esp. *albaricoque).* Le terme français, anciennement *aubercot,* vient de la péninsule ibérique, probablement du Portugal. Il est à noter que le périple du mot n'est pas celui de l'objet : l'abricot vient de Chine, *via* l'Arménie (Pline l'appelle *armeniacum),* la Syrie, d'où il passe en Andalousie et en Sicile.

Un autre type de périple est la boucle qu'ont effectuée les mots de vieux français passés en anglais et revenus en France.

Les emprunts aux langues régionales

Le français a aussi emprunté aux dialectes qu'il a plus ou moins évincés. Les emprunts au provençal sont les plus nombreux et datent souvent de la fin du Moyen Âge : *abeille, aiguière, aigue-marine (aqua* latin donne *eau* en français, *aigue* en occitan), *aubade, bastide, bourgade, cabane, cap, ciboulette, dôme, escargot, estrade, goudron, langouste, rascasse, salade.* Ils sont parfois même apparus plus tôt, avec la poésie courtoise, la poésie des troubadours : *ballade, jaloux, amour* (une évolution française du mot latin aurait été **ameur).*

Estaminet, houille, grisou viennent du wallon, *choucroute, kirsh, quiche* sont alsaciens, *baragouiner* est sans doute breton (sur *bara :* 'pain' et *gwin :* 'vin'), mais aussi *bijou* (sur *biz :* 'doigt'), *goéland, goémon, dolmen, biniou.*

Nombreux aussi sont les mots qui viennent du normand : *bouquet* (qui a désigné un petit bois avant de prendre, au XVe siècle, le sens d'assemblage de fleurs et de feuilles), *brioche, enliser, falaise, houle* (primitivement 'trou où se cache le poisson'), *masure, pieuvre* (doublet de *poulpe,* introduit par Hugo dans *Les Travailleurs de la mer,* à partir du parler de Guernesey), *potin, ricaner ;* certains d'entre eux *– crabe, flâner, garer, girouette, homard, quille, varech –* remontent aux Vikings.

Les emprunts internes du français

L'emprunt ne consiste pas seulement en importations de mots étrangers ou dialectaux. Une langue s'emprunte aussi à elle-même, faisant passer dans le vocabulaire commun des termes appartenant à des lexiques spécialisés. Il peut aussi bien s'agir alors de termes techniques, ayant un sens précis à l'intérieur d'une profession, que du langage particulier de certains groupes sociaux.

Emprunts à l'argot

L'argot a d'abord été la langue des malfaiteurs, une langue cryptée, utilisée pour ne pas être compris des non-initiés. Le terme d'*argot* lui-même, d'origine inconnue, est d'abord employé dans l'expression *royaume d'argot :* 'corporation des gueux'. Mais, à partir du XIXe siècle, l'argot commence à pénétrer dans la langue commune. Certains termes comme *amadouer, abasourdir, bribe, brocante, camelot, chantage, cambrioleur, dupe, drille, fourbe, grivois, gueux, jargon, narquois, polisson, truc* sont actuellement utilisés dans la langue courante sans aucune connotation particulière, certains (*cambrioleur, drille, narquois,* par exemple) appartiendraient même à un lexique un peu recherché ; d'autres sont couramment utilisés et compris, mais sont ressentis comme familiers : *boniment, flouer, frappe, fripouille, godiche, jobard, larbin, mouchard, piper* (et son composé moderne *pipeau*), *roublard, toc.* Actuellement, une forme d'argot, le *verlan,* formé comme l'ont été autrefois le *louchebem* (argot des bouchers) et le javanais, par manipulation du mot appartenant à la langue commune, semble devoir faire entrer dans la langue commune les deux termes *ripou* (sur *pourri,* dans le sens de policier, homme d'affaires, politicien corrompu) et *beur*. Ce dernier mot, formé sur *arabe,* a pris le sens de '(jeune) français d'origine maghrébine' – l'entrée dans la langue est entérinée par la création de son féminin *beurette* et par le changement du phonétisme, régularisé sur *beurre,* alors que, comme dans *meuf* (sur *femme*) et *keuf* (sur *flic*), qui restent plus marginaux, le son orthographié *eu* était initialement fermé comme celui de *peu.*

Langue commune/langue spécialisée

Il peut aussi arriver que le mot se déplace seulement de la langue commune à la langue spécialisée d'un certain métier ou vice-versa. Ainsi, *labourer* (lat. *laborare*) a d'abord signifié 'travailler' dans la langue commune et ne s'est maintenu que dans la langue spécialisée de l'agriculture. Il en va de même de *traire* qui signifiait autrefois dans la langue commune 'tirer' (il nous en reste le substantif déverbal *trait : tirer un trait, un cheval de trait*). *Travail* s'était maintenu avec un sens proche de son sens latin d' 'instrument de torture' (lat. pop. *tripalium*) dans la langue d'un métier aujourd'hui pratiquement disparu, celui de maréchal-ferrant ; *travail* y désignait l'instrument où l'on assujettit les chevaux pour les ferrer. *Travail* s'est aussi maintenu avec le sens qu'il avait dans la langue commune au Moyen Âge ('souffrance, efforts pénibles') dans le langage de la médecine où *une femme en travail* est une femme chez qui s'est déclenché le processus de l'accouchement. C'est le sens d' 'antipathie soudaine' qu'avait pris le mot *grippe* qui l'a fait entrer, vers le milieu du XVIIIe siècle, dans le vocabulaire de la médecine, pour désigner une brusque fièvre infectieuse.

Un mot peut aussi passer d'un vocabulaire technique à un autre : *démarrer,* du lexique de l'automobile, appartenait autrefois à celui de la marine où il signifiait primitivement *désamarrer.*

À l'inverse, les langues spécialisées fournissent des mots à la langue commune. Ainsi, *traquer* était un terme de vénerie qui signifiait 'fouiller un bois pour en faire sortir le gibier' – nous devons à la physique *avoir des atomes crochus, survolter,* nous reprenons de la psychanalyse *fantasme, parano(ia), mégalo(mane), schizo(phrène)*. Les langages techniques fournissent aussi des métaphores : on *aiguille* une conversation comme un train, on *démarre* une recherche comme une voiture.

La vie et la mort des mots

Des mots disparaissent

On a cité en début de chapitre un mot par nature éphémère, *jupette,* formé sur le nom du ministre A. Juppé. La création lexicale due au besoin d'expressivité – mots argotiques, mots d'une génération – apporte chaque année un stock de mots qui ne font que passer. Mais on voit aussi disparaître des termes bien plus stables.

Des objets hors d'usage

L'évolution technologique et culturelle, qui entraîne la disparition d'objets et de concepts, entraîne souvent la disparition du lexique qui y était attaché. Les *destriers,* les *palefrois* et les *caparaçons* n'ont pas survécu à Azincourt, les *chausses,* les *braies* et les *vertugadins* n'ont plus de signifiés précis, les poids et mesures de l'Ancien Régime, *muids, setiers, pouces, empans, paumes,* ne disent plus rien à personne, seules les *lieues* parlent encore à notre imaginaire à cause des *bottes de sept lieues* du Petit Poucet et des *Vingt Mille Lieues sous les mers* de Jules Verne.

C'est d'ailleurs souvent le sort de ces mots perdus que de se maintenir dans des locutions : on continue à *pendre la crémaillère,* à *mettre la charrue avant les bœufs,* à *brûler la chandelle par les deux bouts,* à *louper le coche* et à *mettre le pied à l'étrier !* Certaines locutions ne se comprennent même plus : *avoir maille à partir avec quelqu'un,* qui signifie aujourd'hui 'être en litige', c'était avoir à partager (sens ancien de *partir*) avec cette personne une *maille,* la plus petite pièce de monnaie dont pouvait disposer l'homme du Moyen Âge – partage impossible et donc source d'incessantes disputes !

Parfois la disparition du référent, de l'objet n'entraîne pas celle du mot, qui se maintient dans la langue avec un sens tout à fait différent : c'est le cas du *talent* latin, qui représentait une forte somme d'or. Le sens moderne de 'don inné' est venu d'une parabole souvent racontée, où il est question de « faire fructifier son talent ».

Parfois enfin, le lexique d'une technique nouvelle, comme l'automobile, emprunte à une technique ancienne : *cheval-vapeur* (abrégé à nouveau en *chevaux,* toujours pluriel – *une deux-chevaux*), *benne* et *jante* étaient de vieux mots gaulois, *camion* a d'abord désigné un type de charrette à bras, *frein* était le mors du cheval, la pièce de métal qu'on met dans sa bouche et qui sert pour l'arrêter.

Des synonymies gênantes

L'érosion phonétique entraîne souvent une réduction fatale du lexème, puisqu'un mot trop court a tendance à disparaître. On peut ajouter aux exemples précédemment cités ceux des mots *chère* et *vis* qui désignaient anciennement le visage. À la fin du Moyen Âge, quand les consonnes finales et le *e* sourd ont cessé de se prononcer, *chère* et *chair, vis* et *vit* ont connu des synonymies gênantes et les deux mots ont cédé la place au composé *visage*. Il en reste *vis-à-vis* et *faire bonne chère* (étymologiquement 'faire bon visage' et donc 'bon accueil' – or quel meilleur accueil qu'un bon repas ?).

La synonymie a même pu frapper des mots plurisyllabiques. Lorsque ces mots appartenaient au même domaine et pouvaient être employés dans des contextes ambigus, l'un des deux a disparu. Ainsi en est-il allé de *esmer* (venant de *estimare*, 'estimer') en concurrence avec *aimer*, ou de *moudre* (de *mulgere*, 'traire') et *moudre* (de *molere*, 'moudre'). On voit même se produire des réactions en chaîne : la disparition de *moudre* entraîne l'emprunt à la langue courante de *traire* ('tirer'), le passage de *traire* à la langue de l'agriculture entraîne son remplacement dans la langue courante par *tirer* (mot d'origine mystérieuse).

Création de mots nouveaux

Les besoins de la communication entraînent une très grande créativité lexicale. Or l'emprunt ne peut satisfaire qu'une petite partie de ces besoins en fournissant des bases autour desquelles se formeront des familles de mots. Il n'y a pas eu de création *ex nihilo* avant le XXe siècle, grand demandeur de nom de marques et de produits (*aspirine, daflon, nylon, téflon,* etc., où la créativité d'ailleurs s'exerce selon certains modèles). Dans les siècles antérieurs, les bases non empruntées ont le plus souvent eu pour origine des noms propres de personne : *guillotine* (du docteur Guillotin), *praline* (du duc de Praslin), *poubelle* (du préfet Poubelle), ou de lieu : *tulle, liège, damas*.

Les procédés traditionnels : dérivation et composition

La plus grande partie de l'innovation lexicale se fait par dérivation ou par composition. La dérivation est l'ajout de suffixes *(inclination, inclinaison)* ou de préfixes *(inexact, démotivé)* ou leur suppression, dite dérivation régressive *(une attaque,* déverbal de *attaquer)*, procédé toujours bien vivant *(la bouffe, la frime, la drague)*. La dérivation a été foisonnante au Moyen Âge *(vilain, vilenage, vilenaille, vilenastre)*, l'époque classique, au contraire, toujours mue par le désir de figer la langue, a essayé de faire la chasse aux néologismes. La composition est la conjonction de deux mots radicaux *(un wagon-lit)* ou le figement d'un syntagme *(porte-manteau, machine à laver)*.

Des procédés plus récents

Les noms d'objets nouveaux se forgent sur le latin (par ajout d'un suffixe français à un radical latin, *déflecteur*) ou plus souvent sur le grec *(cinématographe, métropolitain, télégraphe, thermomètre* et, tout récemment, *liposome)*, sans que l'on puisse proprement parler d'emprunt : il s'agit plutôt de composition savante. C'est un procédé déjà ancien, comme le montre la création des noms de mois révolutionnaires : *nivôse, vendémiaire* (latin suffixé), *messidor* (latin + grec).

Un procédé moderne très fréquent est la siglaison : alors que les médecins anciens créaient des mots comme *rubéole* (dérivé savant de *rubeus*, 'rouge'), les biologistes du XXe siècle créent *sida*. Ces sigles entrent ensuite dans la formation de dérivés : *capésien, smicard, érèmiste*.

Une spécialiste de la néologie lexicale, M.-F. Mortureux, attire l'attention sur la très grande productivité d'un nouveau mode de création qu'elle appelle double troncation : deux mots tronqués, devenus radicaux, sont ensuite accolés : *caméscope (caméra + magnétoscope), télématique (télévision + informatique)*.

Les changements de sens

Causes extra-linguistiques

Les changements de sens ont souvent des causes culturelles. Ainsi, c'est le passage d'un mode de vie rural à un mode de vie citadin qui a entraîné le déplacement d'horaire que l'on remarque pour les noms de repas : le *déjeuner* était le repas du petit matin, le *dîner* celui du milieu du jour, le *souper* celui du soir, dans une civilisation rurale où l'on se lève et où on se couche tôt. Le changement s'effectue quand les classes dirigeantes prennent des habitudes plus citadines.

Paradigmes sémantiques

Il existe des paradigmes sémantiques : des concepts qui sont régulièrement mis en relation avec d'autres, pour des raisons culturelles.

Ainsi, les désignations de la jeune fille ont tendance à s'appliquer aux prostituées (qu'on appelait d'ailleurs au Moyen Âge les *fillettes*) ou aux idiotes : *fille, garce, donzelle, pucelle* et même *jeune fille*. Les termes avec lesquels l'aristocratie se désignait elle-même et qui, après avoir simplement signifié 'noble', avaient représenté les valeurs que la classe dominante s'attribuait – valeurs chevaleresques du Moyen Âge : vaillance, libéralité, générosité, beauté – ont tendance à se dévaloriser pour ne plus désigner qu'une forme de bonté assez bêtasse : c'est le cas de *gentil* (étymologiquement, 'noble'), de *débonnaire* (*de bonne aire :* 'de bonne race'), rejoints par *brave* (emprunté à l'italien ou à l'espagnol). À l'inverse, *vilain*, dont le sens premier est 'paysan', subit la dégradation péjorative qui guette les travailleurs de la terre : *plouc, paysan* (autrefois 'paysan riche'), *rustre, rustaud* et enfin *paysan* lui-même, devenu pendant un temps une injure d'automobiliste. Les rapports à autrui apparaissent souvent sous l'image d'une torture : *gêner* (*géhenne :* 'enfer'), *casser les pieds, mettre à l'épreuve...*

La rousse et la bouille

Dans *Structures étymologiques du lexique français* (Larousse, 1967), P. Guiraud proposait des hypothèses pour expliquer certaines créations argotiques. Ainsi, il y aurait eu une tendance à désigner la tête par des termes désignant des tranches de bois dans un tronc d'arbre, c'est-à-dire une forme ronde et aplatie : *trogne, trognon, tronche, bille, bouille* auraient tous ce sens. Une autre tendance serait la désignation par des objets ronds : *bille* encore, *citron, citrouille, pomme*. Des termes régionaux ou familiers désignant le chat : *maraud, marlou, maroufle* auraient été appliqués à l'homme peu recommandable, d'autres, désignant le chaton, à l'enfant : *chaton, miton, miston, marmiton, mitron*. Quant aux désignations argotiques du policier, elles auraient toutes désigné aussi le mauvais cheval – *rosse, roussin, rousse, cogne, bourrique, cagne* – ou un autre animal : *vache, poulet*.

Les étymologies argotiques sont souvent spéculatives, mais si ces structures ont existé, il faudrait considérer que certaines ont perdu leur productivité, dans une société où l'on rencontre de moins en moins de chevaux (surtout cagneux) et de billes de bois !

Causes linguistiques

Démotivation du signe

On dit qu'un mot est motivé quand son rapport à la chose qu'il désigne (le référent) n'est pas, comme c'est généralement le cas, totalement arbitraire. Cette motivation peut être un rapport onomatopéique au référent ou une motivation partielle, dans le cas des mots construits qui peuvent être rattachés à une famille.

L'évolution phonétique peut détruire la motivation onomatopéique du mot, mais les mots ainsi motivés sont rares. On cite le cas du germanique *klinka*, dont la sonorité de verrou qui se ferme ne se retrouve pas dans le terme français qui en est issu : *clenche* (mieux connu par les mots apparentés *déclencher, enclencher*). Le changement phonétique peut aussi changer la motivation onomatopéique, et de là le sens : du temps où *murmurer* se prononçait *mourmourare*, le verbe désignait le grondement sourd de l'orage ; il s'emploie aujourd'hui pour le bruit léger d'un ruisseau.

Un pigeon ne pépie pas

L'histoire du pigeon est une amusante illustration de la démotivation du signe par évolution phonétique.

Ce redoutable roucouleur s'appelait en latin *columbus*, ce qui donne *coulon*, mot usuel jusqu'au XVIe siècle, mais son petit s'appelait *pipio*, mot onomatopéique représentant le cri du jeune animal. C'est l'accusatif de ce *pipio*, la forme *pipionem*, qui donne notre moderne *pigeon*. Le mot *pigeon*, n'ayant plus aucune motivation onomatopéique qui l'aurait peut-être empêché d'être attribué à l'adulte, a fini par remplacer *coulon*, sans doute parce qu'il était préférable, au marché, de vendre de tendres pigeonneaux plutôt que de vieux pigeons.

La démotivation partielle peut toucher un mot créé, dans les temps très anciens, à partir d'une autre forme qui le justifiait. Ainsi, le nom latin de la lune, *luna*, était formé sur *lucere :* 'luire', la lune était 'celle qui luit'. *Femme* vient du latin *femmina*, qui signifiait 'la femelle', et ce mot était formé sur *fellare :* 'téter' – la femelle était 'celle qui allaite'. Les termes sont restés, mais toutes ces anciennes représentations du monde se sont perdues. Et qui reconnaît encore dans *lundi* le jour *(diem)* de la Lune, dans *mardi* celui de Mars, dans *mercredi* celui de Mercure, dans *jeudi* celui de Jupiter *(Jovis)*, dans *vendredi* celui de Vénus, dans *samedi* celui du sabbat et dans dimanche celui du Seigneur *(Dominus)* ?

La démotivation partielle entraîne aussi des divergences sémantiques dues à l'éclatement des paradigmes. Ainsi, *dire* et *bénir* étaient originairement apparentés, puisqu'ils viennent respectivement de *dicere* et de *benedicere* ('dire, souhaiter du bien'). Parfois aussi, c'est le même mot à des cas différents qui a engendré des termes ayant maintenant des sens divergents : qui reconnaîtrait dans le pronom *on* la forme sujet de *homme* (le sujet latin *homo* a donné *hom, om, on,* la forme du complément, *hominem*, a donné *homme*) ? De la même façon, *maire* vient de *major* ('le plus grand') et *majeur* de *majorem :* qui penserait à rapprocher le notable local et le plus grand doigt de la main ?

Le déplacement métonymique ou métaphorique

L'image, métaphore ou métonymie, est une grande cause de déplacement de sens : ainsi en va-t-il, par exemple, du *timbre*. À l'origine, ce mot venu du grec *(tymbanon)* désignait une sorte de tambour, dont on ne retient que la forme ronde pour désigner, par le même mot, un tampon, un cachet rond que l'on appose sur les messages, d'où le sens de 'marque que la poste met sur les lettres'. *Timbre* a donc fini par désigner un petit rectangle dentelé qui nous sert depuis 1848 à affranchir nos lettres.

L'histoire de *bureau* est aussi exemplaire d'une série de métonymies : le mot désigne à l'origine un tissu, la bure, puis une table à écrire couverte de cette bure, puis la pièce qui contient cette table, puis la maison qui contient cette pièce ou l'équipe qui y travaille.

Réactions en chaîne

Comme la langue est une structure, dont chaque élément tire valeur de son opposition avec les autres, les changements entraînent en général des réactions en chaîne. Aussi ne faut-il pas se contenter de considérer isolément chaque terme, mais prendre en considération une micro-structure, se demander à quel terme la signification a été prise, et pourquoi, et quel terme est venu remplacer le terme qui a évolué.

Ainsi, si *venir* qui, vers 1200, s'emploie dans le sens de 'se diriger vers, atteindre' *(il vint au chevalier),* finit par signifier plus précisément 'se diriger vers, atteindre le locuteur' *(viens ici immédiatement !),* un autre verbe ira remplacer *venir,* le verbe *arriver,* initialement terme de navigation signifiant 'atteindre le rivage', sens qui sera lui-même dévolu à *accoster,* terme qui signifiait surtout au XIIe siècle, où il s'employait à la forme pronominale, 's'approcher de, se lier avec'.

Wartburg donne l'exemple de l'évolution diachronique d'une structure, celle des désignations de la femme dans les principales langues de la *Romania,* et propose un tableau simplifié de la désignation des concepts de 'femelle', 'femme', 'épouse', ainsi que du terme d'adresse réservé à la femme.

Les désignations de la femme

	1. Femelle	2. Femme	3. Épouse	4. Apostrophe (titre)
lat. class.	*femina*	*mulier*	*uxor*	–
lat. Ve s.	*femina* (*femella*)	*mulier*	*uxor*	*domina*
vx fr.	*femelle*	*femme*	*oissor (jq. 1300)* *moillier (jq. 1500)*	*dame*
fr. mod.	*femelle*	*femme*		*(ma) dame*
italien	*femmina*	*donna*	*moglie*	*signora*
espagnol	*hembra*	*mujer*	*mujer*	*senora*
vx esp.			*uxor*	
portugais	*femea*		*mulher*	*senhora*

Source : W. von Wartburg, *Problèmes et méthodes de la linguistique,* PUF, 1946

Il montre ainsi que ce n'est que là où le terme tardif *femella* acquiert le sens de 'femelle' que *femina*, qui désignait la femelle en général, devient libre pour nommer l'humain de sexe féminin. Italien, espagnol et portugais gardent soit le terme héréditaire *(mulier)* soit le terme d'adresse (it. *donna*). Par ailleurs, la désignation de la 'femme' et celle de l' 'épouse' ont tendance à s'unir, comme le montre la disparition des vieux termes français d'*oissor* et de *moillier*, du vieil esp. *uxor*.

SYNTHÈSE

L'innovation lexicale, toujours spectaculaire, a deux causes principales. L'une est le besoin d'expressivité, qui fait que le sens des mots se déplace par métaphore ou métonymie, que des termes se déprécient, que l'on cherche des expressions plus neuves pour exprimer le même concept. L'autre est le besoin de création lexicale des langues, en rapport avec les changement de l'environnement humain. Pour répondre à cette exigence de mots nouveaux, les langues font principalement appel à l'emprunt et à la dérivation. Le français a beaucoup emprunté aux langues vivantes étrangères, mais plus encore au latin et au grec. En ce qui concerne la dérivation, on voit apparaître, à côté des procédés traditionnels de préfixation, suffixation et dérivation régressive, des procédés nouveaux comme la siglaison et la double troncation.

Pour en savoir plus

P. GUIRAUD, *L'Argot*, PUF, Que sais-je ?, 1956	Sur les origines de l'argot, étymologie et modèles de création. Le numéro 90 de *Langue française*, « Parlures argotiques », dirigé par D. François-Geiger et J.-P. Goudaillier, a été consacré, en 1991, aux argots plus récents.
G. GOUGENHEIM, *Les Mots français dans l'histoire et dans la vie*, Picard, 1966 (rééd. 1990), 3 vol.	Près de deux cents petits articles sur de mots regroupés par champ sémantique ou classés selon leurs utilisateurs. Lecture distrayante.
A. REY (dir.) *Dictionnaire historique de la langue française*, Le Robert, 1992, 2 vol.	Un peu onéreux, mais l'instrument indispensable pour tous les amoureux de la langue. Origine et histoire des mots, mais aussi articles encyclopédiques, tableaux. Passionnant.
M.-F. MORTUREUX, *La Lexicologie entre langue et discours*, Sedes, Campus, 1997	Étude des procédés contemporains de créativité lexicale. Lecture facile.

10

LA FORMATION DU FRANÇAIS : LE GROUPE NOMINAL

Comment est-on passé du modèle agglutinant de la déclinaison latine au modèle éclaté du groupe nominal français ? Pourquoi le pluriel des noms et des adjectifs est-il en -*s* et leur féminin en -*e* ? Comment se sont formés les articles et les démonstratifs ? Ont-ils toujours eu le même sens ? L'ordre des mots dans la phrase est-il fixe ?

D'où viennent les formes de pluriel ? (page 111)

C'est une série de modifications phonétiques et syntaxiques qui fait que notre forme de pluriel provient de l'accusatif latin, après chute des voyelles finales.

D'où vient le genre des noms ? (page 113)

Les anciens neutres latins ont été répartis entre féminins et masculins, le plus souvent à partir de leur finale. Sauf pour un certain nombre de mâles et de femelles, la répartition des genres ne correspond plus à une vision du monde.

L'emploi des déterminants du nom (page 114)

Les articles créés à partir du numéral *un* et du démonstratif de l'éloignement se sont généralisés progressivement. La détermination a d'abord été utilisée pour les objets concrets et bien spécifiés.

L'ordre des mots, indice de fonction (page 117)

L'ordre des mots du français moderne est différent de l'ordre latin, qui plaçait le déterminé après le déterminant et le verbe en fin de phrase. L'ordre des mots dans la phrase est devenu fixe, seule la place après le verbe de l'objet indiquant sa fonction.

L'adjectif qualificatif (page 118)

L'adjectif qualificatif a changé de formes de comparatif et de superlatif, il tend de plus en plus à se placer après le nom qu'il détermine. Alors que beaucoup d'adjectifs latins étaient invariables en genre, la marque du féminin, qui provient d'une déclinaison en -*a*, s'est généralisée par analogie.

D'où viennent les formes de pluriel ?

La déclinaison latine

En latin classique, les substantifs, adjectifs et déterminants étaient déclinés, c'est-à-dire que leur fonction était indiquée non par leur place dans la phrase comme en français moderne, mais par un suffixe ou désinence qui indiquait de façon synthétique le nombre et le cas (c'est-à-dire, *grosso modo*, la fonction). Ainsi, en latin, le sujet se mettait au nominatif, l'apostrophe au vocatif, l'objet à l'accusatif, le complément de nom (ou complément adnominal) au génitif, le complément d'attribution (ou objet second) au datif, et beaucoup de circonstanciels (en particulier l'agent du passif) à l'ablatif.

Voici, à titre d'exemple, les deux principales déclinaisons latines (il en existait cinq), la première est à l'origine de nos féminins et la seconde de nos masculins.

**Première déclinaison (type : *rosa, la rose*),
à l'origine de nos féminins**

	Singulier	Pluriel
Nominatif (sujet)	*rosa*	*rosae* (devenu *rosas* en bas-latin)
Vocatif (apostrophe)	*rosa*	*rosae* (devenu *rosas* en bas-latin)
Accusatif (objet)	*rosam*	*rosas*
Génitif (compl. adnominal)	*rosae*	*rosarum*
Datif (compl. attribution)	*rosae*	*rosis*
Ablatif (compl. circonstanciels)	*rosa*	*rosis*

**Deuxième déclinaison (type : *dominus, le maître*),
à l'origine de nos masculins**

	Singulier	Pluriel
Nominatif (sujet)	*dominus*	*domini*
Vocatif (apostrophe)	*domine*	*domini*
Accusatif (objet)	*dominum*	*dominos*
Génitif (compl. adnominal)	*domini*	*dominorum*
Datif (compl. attribution)	*domino*	*dominis*
Ablatif (compl. circonstanciels)	*domino*	*dominis*

Les compléments circonstanciels se construisaient directement, en général à l'ablatif, parfois à l'accusatif. Mais certains d'entre eux étaient précédés de préposition comme *ab* (en partant de), *ex* (hors de), *de* (de), *cum* (avec), *ad* (vers, à), *ante* (devant), *post* (derrière), *inter* (entre), *per* (à travers).

Or, en latin tardif, le *-m* final avait disparu, le *-i* se rapprochait de *-e*, le *-u* se rapprochait de *-o*. La prononciation accélérait donc la confusion des cas qui étaient

111

devenus d'un maniement difficile pour beaucoup de locuteurs. L'emploi des prépositions suivies de l'accusatif s'est alors étendu pour marquer la fonction, là où le latin employait une construction directe, en particulier pour les compléments de nom (qui seront construits avec *de* ou *ad*) et les compléments d'attribution (construits avec *ad*).

De la déclinaison latine, l'ancien français ne gardera que deux cas : un cas sujet, issu de l'ancien nominatif, et un cas dit « régime » (parfois aussi « oblique »), valable pour tous les compléments (y compris le complément de nom), forme issue de l'accusatif et de l'ablatif confondus. La conservation du -*s* final est à l'origine de cette déclinaison à deux cas, qui subsista en Gaule et dans une partie de la Suisse, déclinaison qui n'a jamais embrassé la totalité des substantifs et adjectifs, puisque les féminins et certains mots invariables, parce que terminés par -*s* ou -*z*, y ont toujours échappé. Parmi les langues romanes, seuls l'ancien français, l'ancien occitan et le roumain ont gardé une déclinaison du nom.

Les marques de pluriel en français

Les pluriels réguliers

Il a donc existé en ancien français une déclinaison à deux cas, l'un pour les sujets et le groupe sujet, l'autre pour tous les compléments. Ces cas avaient pour origine, pour la forme du sujet, le nominatif latin (cas du sujet) et, pour la forme des compléments, l'accusatif latin (cas du complément d'objet) de la seule deuxième déclinaison latine car l'analogie avait joué en faveur de la déclinaison la plus fréquente, soit :

Masculin

	Singulier	Pluriel
Cas sujet	*(li) murs < murus*	*(li) mur < muri*
Cas régime	*(le) mur < muru(m)*	*(les) murs < muros*

Les règles phonétiques qui se sont appliquées sont la chute des finales autres que /a/ et le maintien du /s/ final.

Cette déclinaison médiévale ne s'est pas maintenue, elle a disparu à la fin du XIIIe siècle, et ce sont les formes les plus fréquentes qui sont restées : celles du cas régime, puisqu'il y a, dans les énoncés, beaucoup moins de sujets nominaux que de compléments.

Les féminins ne se déclinaient pas, l'analogie ayant joué très tôt pour transformer le nominatif pluriel, originellement en -*ae*, en -*as*, comme l'accusatif pluriel dans la première déclinaison latine d'où ils ont été tirés.

Féminin

	Singulier	Pluriel
Forme unique	*(la) rose < rosa* et *rosa(m)*	*(les) roses < rosas*

Les règles phonétiques qui se sont appliquées sont la transformation du *a* final en *e* sourd, puis muet, et le maintien du *s* final.

À dire vrai, il a aussi existé deux autres déclinaisons, à cas sujet singulier irrégulier – formé sur un radical différent –, l'une pour les masculins, l'autre pour les féminins, mais elles n'ont pas joué de rôle dans l'évolution ultérieure du français.

Ainsi, la forme -s du pluriel français est la survivance de l'accusatif pluriel latin, un -s qui s'était maintenu dans la prononciation gallo-romane.

Les pluriels irréguliers

Les pluriels irréguliers proviennent d'une autre évolution phonétique : la vocalisation du /l/ devant une consonne, qui fait que les latins *alter* et *ultra* (anc. fr. *altre* et *oltre*) sont devenus en français *autre* et *outre*. Cette vocalisation s'était aussi opérée devant le -s désinentiel, si bien qu'on disait en ancien français *le cheval, les chevaus*, mais aussi *le rossignol, les rossignous ; le chevel, les cheveus ; le col, les cous*. L'alternance ne s'est maintenue que pour la classe des mots en -al, il y a eu réfection analogique, le plus souvent sur la forme plurielle, pour les autres mots.

Enfin, le -x orthographique que nous mettons à la finale de ces mots garde le souvenir d'une habitude des scribes du Moyen Âge d'abréger en -x la séquence de lettres -us (ils écrivaient, par exemple, *les chevax*).

D'où vient le genre des noms ?

Le genre n'est pas une catégorie logique pour les inanimés : si *poule* s'oppose à *coq*, il n'y a aucune raison pour que *mur* soit masculin et *muraille* féminin. D'ailleurs, le genre change selon les langues : les Allemands, par exemple, disent *le salade (der Salat)* et *la chocolat (die Schokolade)*.

Le proto-indo-européen opposait, semble-t-il, deux genres : l'animé et l'inanimé. En latin, il existe un neutre, représentant l'inanimé des Indo-Européens, mais les animés sont divisés en un masculin et un féminin, qui regroupent aussi bien des mâles et des femelles que des éléments symboliquement considérés comme tels (la terre, les arbres, porteurs de fruits, sont considérés comme féminins). Les déclinaisons latines sont en -us au masculin et en -a au féminin pour la majeure partie des adjectifs, mais, pour les noms, l'appartenance à l'une ou l'autre de ces déclinaisons n'est pas une indication de genre (*rosa* est du féminin, *agricola*, 'le cultivateur', du masculin, *dominus*, 'le maître', du masculin, *populus*, 'le peuplier', du féminin). Quand au neutre, il est en -um au singulier, en -a au pluriel.

Les langues romanes garderont l'opposition masculin/féminin, qui recouvrira en partie l'opposition mâle/femelle mais qui, pour les inanimés, aura tendance à classer comme masculins les mots en -us, comme féminins les mots en -a. Ainsi, à part *manus* qui a donné *la main*, tous les mots en -us sont passés au masculin.

Le genre neutre, lui, a disparu, sauf pour les pronoms ; cette évolution avait commencé dès le latin populaire, du temps des classiques. La chute du -m final a encore accentué la confusion : les singuliers se sont donc assimilés aux masculins, les pluriels aux féminins. Ainsi, les neutres pluriels collectifs comme *folia* (= 'l'ensemble des feuilles, le feuillage') ont été sentis comme des féminins... singuliers et ont reformé un pluriel en -as. C'est ce qui s'est passé avec les noms de fruits, en général neutres en latin (selon la logique symbolique décrite plus haut : l'arbre est maternel et le produit est neutre). Par exemple, *pira* ('les poires', pluriel de *pirum*) est compris comme un singulier : 'la poire', et il se refait un pluriel *piras*.

Tous les noms d'arbre sont devenus masculins, sans doute à cause de leur terminaison en *-us*, mais ils ont aussi connu une réfection suffixale : le poirier se disait *pirus* (fém.), le prunier *prunus* (fém.), mais leur nom français vient de **pirarius*, **prunarius*.

Enfin, des changements sont même survenus pour des êtres sexués, pour des noms d'animaux : le masculin *vervex* (désignant le mouton châtré, le mâle se disait *aries*) est devenu *brebis*, le neutre *jumentum* désignant l'animal de trait est devenu *jument*.

Au cours des siècles, des mots ont changé de genre, surtout lorsqu'ils se terminaient par *-e* et que leur initiale vocalique ne permettait pas de distinguer le genre de l'article *l'* qui les précédait. On a dit autrefois *un horloge, une incendie, une âge, une abîme, un période*. Pour donner des exemples récents, *autoroute* a longtemps hésité et la plupart des ouvrages de linguistique que j'ai eus à consulter se gardent bien d'avoir à accorder *isoglosse*.

L'emploi des déterminants du nom

Absence de certains déterminants en latin

Le latin détermine les substantifs par des numéraux : *unus, duo, tres, quattuor, quinque, sex*, etc., des possessifs : *meus, tuus, suus, noster, vester, sui*, des indéfinis : *aliquis* (quelque), *quidam* (un certain), etc., et des démonstratifs : *hic, iste, ille* (voir *infra*), mais il ne connaît ni l'emploi de l'article défini, ni celui de l'article indéfini.

L'apparition des articles est à rapprocher de celle des pronoms personnels, des adverbes comparatifs, des auxiliaires, du développement des prépositions, c'est-à-dire de cette tendance à placer avant le mot radical des morphèmes autonomes remplaçant les morphèmes dépendants et postposés du latin. L'article, quasiment indispensable en français moderne, a en effet, entre autres fonctions, d'être un indicateur de genre et de nombre.

Systématisation de l'emploi des articles

Articles et référence en français moderne

Mais la question des déterminants est aussi à envisager du point de vue de la référence (voir M. Perret, *L'énonciation...*, 1994), c'est-à-dire de l'identification des objets dont on parle.

En français moderne, l'article défini s'emploie :
– parce que le **référent** (l'objet, la personne, le concept dont on parle) est identifiable par l'interlocuteur. On parle alors d'emplois *spécifiques*. Le référent est identifiable soit parce qu'il se trouve dans l'entourage des interlocuteurs (emplois dits déictiques), soit parce que l'on en déjà parlé (emplois dits anaphoriques) ;

– parce qu'il s'agit d'une classe de référents *(l'homme est mortel)* ; on parle alors d'emplois **génériques** du défini, et la question de l'identification du référent ne se pose pas puisque toute la classe des hommes est concernée.

On peut rapprocher de ces emplois génériques tous les cas où l'identification du référent n'est pas un problème, soit parce qu'il n'y a pas vraiment de référent (« *j'ai la fringale !* » : quelle fringale ?), soit parce que l'objet est unique *(la lune)*, soit parce que c'est un abstrait ou une matière *(l'or, le pain, l'amitié)*. Les noms de peuples entrent aussi dans cette catégorie.

Pour l'article indéfini, bien que le référent ne soit pas supposé identifiable par le locuteur, il peut aussi être :

– spécifique : il s'agit alors d'un référent précis *(un homme entra alors)* ;

– générique, quand n'importe quel objet de la classe pourrait être concerné *(un pain mal cuit, c'est pâteux,* ou encore *il est blanc comme un pain mal cuit).*

Or, si la systématisation de l'article semble bien obéir à une certaine dérive de la langue et aboutir à l'indication du genre et du nombre (autrefois agglutinés au radical) par morphème autonome postposé, cette dérive ne s'est pas faite au hasard, mais selon un cheminement sémantique précis. L'emploi des articles ne s'est étendu que tardivement aux énoncés où la question de l'identification du référent ne se posait pas (génériques et assimilés).

Extension de l'emploi des articles : des spécifiques aux génériques

Ainsi, en latin vulgaire, ce n'est que pour présenter un objet, toujours concret, identifiable par le locuteur, qu'on utilise le déictique de l'éloignement *ille* 'celui-là' ou, en anaphore, pour souligner fortement qu'on a déjà parlé de cet objet, l'adjectif anaphorique de soulignement *ipse* 'lui-même'. L'article défini du bas-Empire sera issu du démonstratif *ille*.

C'est à la même époque que l'on voit apparaître *unus* (un) à la place de *quidam* (un certain), dans des emplois bien spécifiques quoique indéfinis. *Unus* a d'ailleurs, dans ses premiers emplois, une valeur de soulignement ('un, choisi entre les autres', ce qui correspond exactement à la définition de l'indéfini spécifique, dont on dit qu' « il opère une extraction non aléatoire dans une classe d'objets répondant à la même définition »).

En ancien français, l'article défini a tendance à ne pas s'employer dans les cas où la question de la référentialité n'a pas à se poser : la grande majorité des emplois génériques *(souvent femme varie)*, les objets uniques *(lune, terre, ciel, paradis)*, les noms de pays et de peuples, les abstraits, les emplois non référentiels (dans les locutions verbales ou prépositives : *faire guerre, à peine, mettre pied à terre).*

Quant à l'article indéfini, il ne s'employait que dans les cas où le référent est spécifique. On peut ainsi comparer les deux exemples suivants :

Il prend une pierre (= une certaine pierre)

Pierre qui roule n'amasse pas mousse (= toute pierre, n'importe quelle pierre).

De plus, il n'apparaissait qu'au singulier (le pluriel *uns* ne s'utilisait que pour un objet composé d'une série d'éléments semblables : *uns soliers,* 'une paire de souliers' ; *unes denz,* 'une denture'). Ni l'indéfini pluriel *des* ni l'article dit « partitif » *du, de la,* n'existaient (on disait *il prit chevax* : 'il prit des chevaux', *boire vin* : 'boire du vin').

L'indéfini pluriel *des* n'est apparu qu'en moyen français, le partitif s'est généralisé au XVIe siècle.

Mais l'emploi de l'article, qui naturellement avait tendance à s'étendre, fut l'objet d'interventions vigoureuses des grammairiens normatifs des XVIe et XVIIe siècles.

> « Garde toy [...] de tomber en un vice commun, même aux plus excellens de notre langue, c'est l'omission des articles. »
> J. du Bellay, *Défense et illustration de la langue française*, II, chap. IX.

Aussi l'article défini devient-il régulier au XVIIe siècle, même dans les emplois génériques. On ne l'emploie cependant pas toujours avec les abstraits (mais l'usage hésite, Maupas admet *Noblesse provient de vertu* comme *La noblesse provient de la vertu*) et les noms propres (*ma provision pour Bretagne*, Mme de Sévigné). En revanche, les grammairiens exigent l'article pour les emplois où le nom est défini par une relative : après Malherbe, Vaugelas condamne *il a été blessé d'un coup de fleche qui estoit empoisonnee* (il faut *d'une flèche*).

Quant à l'article indéfini, il peut encore ne pas s'utiliser dans certains emplois non référentiels : après *c'est (c'est crime, c'est médisance)*, emplois dont certains ont survécu *(c'est folie, c'est pitié)*, et dans beaucoup plus de locutions verbales ou prépositionnelles qu'en français moderne *(promettre mariage, faire bouclier de son corps, faire habitude de, de traîtresse manière)*. Certains de ces emplois ont survécu *(faire compliment, en pareille occasion)*.

Enfin, ni le défini ni l'indéfini ne s'employaient devant *tout*, *même* et *autre*.

En français moderne, l'article est utilisé même dans les emplois non référentiels : *avoir la trouille, les boules, la haine ; faire la manche*.

Les démonstratifs

Le latin possédait un système de trois démonstratifs :
– *hic*, près du locuteur ;
– *iste*, près de l'interlocuteur, éloignement moyen du locuteur ;
– *ille*, éloigné du locuteur et de l'interlocuteur.

Il faut adjoindre à ce système un anaphorique, *is*, simple pronom de rappel, qui n'a pas subsisté ; ainsi qu'un présentatif déictique, *ecce* ('voici'), qui a été utilisé plus tard pour renforcer les démonstratifs.

Ce système sera complètement transformé en ancien français, peut-être sous influence germanique, les Francs n'ayant que deux démonstratifs :
– le démonstratif *hic* disparaîtra (le neutre *hoc* ne survit que dans le provençal *oc (langue d'oc)*, le français moderne *oui (hoc ille > oïl > oui)*, l'ancien français *ço (ecce hoc)* ;
– le système des deux démonstratifs se fait, par renforcement de la valeur déictique, par la combinaison du présentatif *ecce* et des démonstratifs *iste* et *ille* :
• *ecce iste > cist*, démonstratif médiéval de la proximité (= celui-ci, proche du locuteur) ;
• *ecce ille > cil*, démonstratif médiéval de l'éloignement (= celui-là, éloigné du locuteur). On remarquera donc que le démonstratif *ille* est à la fois l'ancêtre de l'article défini et, sous une forme renforcée, du démonstratif de l'éloignement.

Ces démonstratifs sont à la fois pronoms et adjectifs ; ils seront remplacés, entre le XIVe et le XVIIe siècle, par le système moderne qui oppose une série pronominale et une série « déterminants du nom » (adjectifs démonstratifs) :

- *celui, celle -ci/là*, pronoms, issus de *cil* ;
- et *ce, cette, ces -ci/là*, adjectifs, en partie issus de *cist* et en partie analogiques de *le, les*.

Ch. Marchello-Nizia (*op. cit.*, 1995) fait remarquer que cette évolution aboutit à la formation de deux macro-systèmes morphologiquement cohérents, d'une part les pronoms *celui, celle, ceux, celles / lui, elle, eux, elles*, d'autre part les déterminants *ce, cette, ces / le, la, les / un, une, des / mon, ma, mes*.

L'ordre des mots, indice de fonction

Au niveau du groupe nominal ou verbal

En principe, en latin, le déterminant précède le déterminé : adjectifs et compléments de nom se trouvent en tête du groupe nominal (*insigna officia* = les importants services ; *Ciceronis officia* = de Cicéron les services). Si le nom est accompagné de deux expansions, elles se trouvent toutes deux devant lui (*insigna in Ciceronem officia* = les importants rendus à Cicéron services). L'adverbe précède le verbe (*funditus vicit* = complètement il vainquit). Cet ordre sera très vite abandonné en ancien français ; seules quelques locutions archaïques (*La Dieu merci* = la grâce de Dieu) en témoignent encore. L'ordre moderne est : déterminé + déterminant, les compléments suivent le nom.

Au niveau de la proposition

Dans la proposition, le verbe se trouve en dernière position, l'ordre le plus fréquent étant sujet + circonstanciel + objet + verbe : *Scipio in Africa Poenos funditus vicit* = Scipion en Afrique les Carthaginois complètement vainquit.

En ancien français, le verbe est en seconde position (les linguistes disent que c'est une langue V_2). La place du sujet n'est pas fixe, l'objet peut être antéposé, ce qui entraîne alors la postposition du sujet : *Mon pere tua une foldre del ciel* = une foudre tombée du ciel tua mon père.

On dit que c'est l'existence d'une déclinaison qui permet cette construction (on remarquera cependant que, dans l'exemple proposé, le sujet est féminin, donc non décliné). Un circonstanciel ou un adverbe entraînent aussi la postposition du sujet : *Vers lui vient li chevalier* = le chevalier s'avance vers lui.

En français moderne, l'antéposition de l'objet est impossible et l'ordre des mots est fixe, puisque la position devant le verbe est la marque de la fonction sujet et la position postverbale, celle de la fonction objet : *Pierre bat Paul ; Paul bat Pierre*.

Il existe cependant, une possibilité stylistique d'inversion du sujet : *Restait cette formidable infanterie de l'armée d'Espagne*, mais l'objet est toujours postposé.

Selon Ch. Marchello-Nizia, l'évolution du français se caractérise moins par la fixité de la place du sujet qui, dans certaines conditions, peut être inversé que par l'obligation de respecter l'ordre verbe + objet qui commence à se généraliser dès le XIIe siècle.

L'adjectif qualificatif

Le féminin des adjectifs
La plupart des adjectifs qualificatifs latins se déclinaient selon les deux modèles que nous avons reproduits au début de ce chapitre : ils ont donc formé leur féminin par adjonction d'un *e*, évolution normale du *a* final : *bonu(m)* > *bon*, *bona* > *bone*, orthographié ensuite *bonne*. En effet, les voyelles autres que *a* sont tombées à la finale des mots, ce qui explique le masculin ; la voyelle *a* s'est maintenue à la finale sous forme de *e* sourd, ce qui explique le féminin. Il y avait aussi une déclinaison neutre, qui a disparu.

Des adjectifs sans féminin
Mais il existait une quantité non négligeable d'autres adjectifs qui suivaient une autre déclinaison, la même pour le masculin et le féminin. Le système du latin était donc double : une série d'adjectifs s'accordaient en genre et une autre série d'adjectifs ne marquaient pas le genre. (En revanche, contrairement à d'autres systèmes, comme celui de l'anglais par exemple, tous les adjectifs latins s'accordaient en nombre.)

L'ancien français a hérité de ce système et possédait donc un assez grand nombre d'adjectifs qui ne marquaient pas le genre comme, entre autres, *tel* et *quel*, *gentil*, *fort*, *grant* (fr. mod. *grand*) et tous les adjectifs issus de participes présents comme *pesant*, *ardent*, *vaillant*, etc. La régularisation sur les adjectifs marquant le féminin s'est faite en moyen français, à deux exceptions près : le non-accord de *grand* antéposé *(grand-mère, grand-ville, grand-rue, pas grand-chose)* et la formation de certains adverbes en -ment.

Les adverbes en -ment
Le mode latin de formation des adverbes a été remplacé en roman par la grammaticalisation d'un tour périphrastique formé par l'adjectif au féminin suivi d'un mot féminin qui signifiait 'esprit, intention', le mot *mens, mentem* (cf. *mental, mentalité*). Cette périphrase se mettait à l'ablatif, cas des circonstanciels ; *iniqua mente*, par exemple, signifiait 'dans une mauvaise disposition'.

Formés sur le féminin des adjectifs, ces adverbes ont donc suivi les règles de formation du féminin, et le Moyen Âge disait *belement, bonement*, mais *forment, granment, vaillanment, meschanment*. Au XIIIe et au XIVe siècle, ces derniers adverbes ont subi l'influence analogique des autres, et la langue connaît jusqu'au XVIIe siècle la variation *forment/fortement, meschanment/meschantement*. La régulation normative supprimera ces variantes. Le français moderne n'a conservé la forme ancienne que pour les adverbes formés sur les adjectifs en *-ent, -ant*, qui forment une classe assez nombreuse pour s'être maintenue.

Le degré des adjectifs
Non seulement les adjectifs se déclinaient, mais ils intégraient un suffixe, avant les désinences de déclinaison, pour indiquer le degré de comparaison ; ainsi, à l'accusatif, pour le terme *doctus* (savant) :
— suffixe zéro, pas de comparaison : *doctum (doct-um)* = savant
— suffixe *-ior*, comparatif : *doctiorem (doct-ior-em)* = plus savant
— suffixe *-issim*, superlatif : *doctissimum (doct-issim-um)* = très savant

La formation du français : le groupe nominal

À côté de ces formes existaient déjà des formes composées, comme en français, de l'adjectif précédé d'un adverbe : *magis* (plus), *minus* (moins), *multo* (beaucoup). En latin postclassique, ces formules composées prendront de plus en plus d'extension, le Moyen Âge dira *moult* (< multo) *savant, le plus savant*, puis *moult* sera remplacé par *très*. Mais il reste en français moderne quelques vestiges des anciens comparatifs latins ; les adjectifs héréditaires : *meilleur* (anc. fr. *melior*) et *pire* (anc. fr. *peior*, que l'on retrouve dans *péjoratif*, mot emprunté), les adjectifs empruntés au latin : *inférieur, supérieur, antérieur, postérieur, majeur, mineur*, les emprunts à l'italien (au XVIᵉ siècle) en *-issime* : *richissime, rarissime*, des emprunts non francisés, appartenant au lexique du sport : *junior, senior*, et enfin des mots vraiment héréditaires dont l'origine est à première vue insoupçonnable : *maire* (< *maior*, le plus grand), *seigneur* (< *senior*, le plus vieux).

On retrouve dans ce changement la même tendance à faire passer les morphèmes non radicaux (affixes) du statut de morphèmes dépendants en fin de radical en latin au statut de morphèmes indépendants (mots) devant le radical en français moderne.

La place des adjectifs qualificatifs

Dans le cadre général du passage de l'ordre latin déterminant + déterminé à l'ordre moderne déterminé + déterminant, on assiste à une tendance de plus en plus affirmée à la postposition de l'adjectif qualificatif. Les adjectifs de couleur ont été antéposés jusqu'au XVIIᵉ siècle *(blancs manteaux, rouge gorge, vert galant)*, des adjectifs coordonnés ont pu encadrer le nom *(de vaillans hommes et sages)* jusqu'au XVIᵉ. La place de l'adjectif n'avait pas la valeur distinctive que nous lui connaissons : *un sacré mont* pouvait encore se dire d'une montagne consacrée à un dieu et *une certaine nouvelle* d'une information sûre. Pourtant les grammairiens notaient déjà la différence entre *une grosse femme* et *une femme grosse* (= 'enceinte'), mais c'est surtout à partir de la fin du XVIIᵉ qu'ils feront état du sens différent selon la place de *grand, brave, bon, galant, sage*, etc.

SYNTHÈSE

L'évolution entre le latin et le français, pour les éléments du groupe nominal, s'est faite dans le sens d'une segmentation des marques de genre, nombre, degrés de l'adjectif, portées désormais par des morphèmes indépendants placés devant le nom ou l'adjectif. L'ordre des mots a aussi été modifié, la place du sujet et de l'objet de part et d'autre du verbe est devenue la marque de leur fonction et l'ordre déterminé + déterminant s'est imposé dans le groupe nominal : ces changements ont modifié la structure syntaxique de la langue.

Pour en savoir plus

Ch. MARCHELLO-NIZIA, *L'Évolution du français*, A. Colin, 1995	Un exemple d'approche moderne de la linguistique diachronique. La question de l'ordre des mots et celle des démonstratifs sont traitées en s'appuyant sur un important corpus. Pour étudiants avancés.

G. SERBAT, *Les Structures du latin,* Picard, 1980	Retrace clairement les évolutions, de l'indo-européen à l'ancien français. Pour non-spécialistes, même débutants.
O. SOUTET, *Études d'ancien et de moyen français,* PUF, 1992	Chapitre 3, *Les séries démonstratives :* sur le système des démonstratifs latins et leur aboutissement en ancien français. Pour étudiants avancés.
J. PICOCHE, Ch. MARCHELLO-NIZIA, *Histoire de la Langue française,* Nathan, 1994 (3ᵉ éd.)	Le chapitre 4, *La morphologie,* porte sur les questions traitées dans les chapitres 10 et 11 de ce livre. Nombreux exemples.

11

LA FORMATION DU FRANÇAIS : LE VERBE

Quel était le système des verbes en latin ? Comment ce système évolue-t-il dans les langues romanes ? N'y a-t-il eu que de simples réfections analogiques pour redonner de l'unité aux paradigmes ou peut-on parler d'un bouleversement dans l'expression du temps et du mode ?

Morphologie : l'évolution des formes (page 122)
Les désorganisations dues aux changements phonétiques ont entraîné, par les désinences de temps et de personne, une évolution qui aurait été confuse sans l'action de l'analogie. De plus, le futur latin a été remplacé par une forme périphrastique et l'auxiliaire s'est généralisé pour l'accompli passé et pour le passif.

Sémantique : la réorganisation du système (page 125)
L'évolution sémantique a été encore plus importante. L'apparition du passé composé a fini par changer tout le système du passé ; celle du conditionnel a transformé l'expression de l'hypothèse.

Les pronoms personnels sujets (page 130)
Inutiles en latin et peu employés en ancien français, les pronoms personnels sujets se sont généralisés à mesure que cessaient de se prononcer les finales.

Morphologie : l'évolution des formes

La conjugaison latine indiquait la personne verbale, le temps et le mode, l'actif et en grande partie le passif par des suffixes agglutinés au radical du verbe. Il n'y avait pas beaucoup d'irrégularités et les suffixes, bien que non accentués, se prononçaient nettement.

Marques de personnes

Les personnes se marquaient par :

Singulier		Pluriel	
1re -o/-m	(amo/amem : j'aime, que j'aime)	1re -mus	(amamus : nous aimons)
2e -s	(amas : tu aimes)	2e -tis	(amatis : vous aimez)
3e -t	(amat : il aime)	3e -nt	(amant : ils aiment)
Les 1re et 2e personnes du singulier sont un peu différentes au parfait : *amavi* (j'aimai), *amavisti* (tu aimas).			

Ces désinences de personnes, inaccentuées, ont largement subi l'érosion phonétique. On a vu (chap. 8) comment l'analogie avait joué pour rétablir une marque de première personne (purement orthographique en français moderne) et pour régulariser les personnes *nous* et *vous*.

Système des temps

Les temps, à l'intérieur des modes (indicatif et subjonctif), étaient divisés en deux séries, nettement opposées par une différence de radical (voir la conjugaison des verbes en *-are*, p. 185) :
– une série de temps – présents, imparfaits, futur – appelée « infectum » (temps de l'inaccompli?) ;
– et une série de temps – parfaits, plus-que-parfaits, futur antérieur – appelée « perfectum » (temps de l'accompli?).

Leur opposition morphologique est claire tandis que leur opposition sémantique est encore discutée (G. Serbat, *op. cit.,* 1980).

Infectum	Perfectum
– Présent de l'indicatif et du subjonctif	– Parfait de l'indicatif et du subjonctif
– Imparfait de l'indicatif et du subjonctif	– Plus-que-parfait de l'indicatif et du subjonctif
– Futur de l'indicatif	– Futur antérieur de l'indicatif

À l'intérieur de ces deux séries, des affixes placés entre le radical et les marques de personne marquaient les ***tiroirs*** :
– affixes communs à tous les verbes ; par exemple, *-ba-* pour l'imparfait (*amabam :* j'aimais), *-re-* pour l'imparfait du subjonctif (*amarem :* que j'aimasse), *-iss-* pour le plus-que-parfait du subjonctif (*amavissem :* que j'eusse aimé) ;

– ou affixes différents selon les verbes : pour le subjonctif présent et pour le futur.
L'évolution phonétique a brouillé ce système. Par exemple, *amarem* (que j'aimasse) et *amaverim* (que j'aie aimé) se sont confondus en *amare* ; *amabit* (il aimera) s'est prononcé comme *amavit* (il aima).

Réfection des temps de l'infectum

Aucun tiroir temporel ou modal, à part le passé simple et le présent de l'indicatif et du subjonctif en ancien français, n'a été hérité tel quel du latin :
– l'imparfait a connu, dès le XIIIe siècle, la généralisation analogique des formes les plus fréquentes, celles où la voyelle du radical était $\bar{e}$ *(-ēbam, -ēbas)* ; ces formes ont ensuite connu une évolution phonétique et une réfection analogique (*Je chantoie* puis *je chantois* puis *je chantais,* voir chap. 7) ;
– l'imparfait du subjonctif latin *(amarem)* a disparu, et les formes françaises d'imparfait du subjonctif viennent du plus-que-parfait du subjonctif (c'est-à-dire que *que j'aimasse* vient de *amavissem,* qui signifiait *que j'eusse aimé*) ;
– le futur a été complètement refait *(amare habeo, *amarayyo, amerai, aimerai)* ;
– à côté du futur, une forme nouvelle est apparue, formée sur l'imparfait du verbe *avoir (amare habebam* qui donne *j'ameroie,* puis, avec les mêmes évolutions que l'imparfait, *j'aimerais)* : c'est la forme que nous appelons « forme en *-rais* » ou « conditionnel ».

Évolution des temps de l'infectum

Présent de l'indicatif	amo	donne *ain* puis *j'aime* (analogie)
Imparfait de l'indicatif	amabam	donne, après unification, *amoie* puis *j'aimais* (analogie)
Futur de l'indicatif	amabo	remplacé par *amare habeo,* qui donne *j'aimerai*
Création	amare habebam	donne *j'aimerais* (conditionnel)
Présent du subjonctif	amem	donne *ain* puis *j'aime* (analogie)
Imparfait du subjonctif	amarem	disparaît, remplacé par le plus-que-parfait du subjonctif : *amavissem,* qui donne *j'aimasse*

Le passif

Le passif latin n'est un temps composé que pour les temps du perfectum. À l'infectum, 'je suis aimé' se dit *amor* ; 'j'étais aimé', *amabar,* etc. (voir encadré). On peut donc encore remarquer la tendance agglutinante du latin qui marque la voix par une suffixation, alors que les langues romanes utilisent l'auxiliaire *être*. Les parfaits, plus-que-parfaits et le futur antérieur (perfectum) comportent un seul auxiliaire *être* conjugué aux temps de l'infectum, là où les langues romanes emploient les formes composées de l'auxiliaire : *amatus sum,* 'j'ai été aimé' ; *amatus eram,* 'j'avais été aimé', etc.

En latin tardif, le passif devient complètement périphrastique :

Infectum		Perfectum		
Latin class.	*Latin tardif*	*Latin class.*	*Latin tardif*	
amor	→ amatus sum	amatus sum	→ amatus fui	*(j'ai été aimé et je fus aimé)*
amabar	→ amatus eram	amatus eram	→ amatus fueram	*(j'avais été aimé)*
amabor	→ amatus ero	amatus ero	→ amatus fuero	*(j"aurai été aimé)*
amer	→ amatus sim	amatus sim	→ amatus fuerim	*(j'aie été aimé)*
amarer	→ amatus essem	amatus essem	→ amatus fuissem	*(j'eusse été aimé)*
			création	*(j'aurais été aimé)*

C'est-à-dire que se produit une réaction en chaîne :
– les formes agglutinées *(amor...)* disparaissent,
– les formes périphrastiques avec auxiliaires à l'infectum *(sum...)* les remplacent,
– les formes à auxiliaire du perfectum *(fui...)* viennent remplacer les formes en *sum* pour l'expression du perfectum passif.

La réfection des temps du perfectum, c'est-à-dire l'apparition des temps composés actifs, fera le reste : *fui, fueram, fuero, fuerim* et *fuissem* seront remplacés par les formes nouvelles, d'où *j'ai été, j'avais été, j'aurais été, j'aie été, j'eusse été aimé*.

Réfection du perfectum : formation des temps composés

À part ces passifs, le latin n'avait pas de temps composés. Les notions que rendent en français moderne les formes composées étaient donc exprimées par les formes simples du perfectum dont une, le parfait, a donné notre passé simple *(venit* a donné *[il] vint, vidit* a donné *[il] vit)*. Les autres formes latines ont disparu, remplacées par des périphrases composées à l'aide d'un auxiliaire. Il s'est créé, en latin tardif et donc en français comme dans d'autres langues romanes, une série de formes composées auxiliaire + participe passé qui n'existaient pas en latin ; l'une d'entre elles, créée de toutes pièces, est notre passé composé.

La création des temps composés est à rapprocher de bien d'autres, dues à l'érosion phonétique des finales, puisqu'elle remplace une désinence par un morphème indépendant, l'auxiliaire, placé à la gauche du participe passé du verbe : elle refait complètement les temps plus-que-parfait de l'indicatif et futur antérieur, et elle crée de toutes pièces un temps qui n'existait pas en latin, le passé composé.

Réfection du perfectum

Latin classique			Français
Parfait de l'indicatif	*amavi*	donne	*j'aimai* (passé simple)
Création du latin tardif			*j'ai aimé* (passé composé)
Plus-que-parfait de l'indicatif	*amaveram*	remplacé par	*j'avais aimé*
Futur antérieur	*amavero*	remplacé par	*j'aurai aimé*
Subjonctif parfait	*amaverim*	remplacé par	*j'aie aimé*
Subjonctif plus-que-parfait	*amavissem*	remplacé par	*j'eusse aimé*
		devenu inutile, *amavissem* est utilisé pour remplacer le subjonctif imparfait, *amarem*, et a donné *j'aimasse*	
création analogique tardive			*j'aurais aimé* (conditionnel passé)

Origine des auxiliaires *avoir* et *être*

D'où sont venus ces auxiliaires qu'un emploi fréquent a finalement imposé à la place des formes simples ?

Avoir

L'auxiliaire *avoir* n'existait pas en latin, mais il existait un verbe *avoir (habere)*, signifiant posséder. Le latin classique pouvait l'utiliser avec un participe, à condition que celui-ci soit un attribut de l'objet du verbe *avoir (litteras scriptas habeo : je possède, j'ai des lettres écrites)*. Mais dans bien des emplois, avec des verbes de jugement en particulier, *habere* perdait déjà son sens plein de 'posséder' puisque le complément n'était pas un nom d'objet concret mais une proposition. Il ne formait qu'une périphrase décrivant le résultat présent d'une action passée ; Serbat cite, chez Cicéron, *deliberatum habeo* (j'ai délibéré), *cognitum habeo* (j'ai appris). La formule se généralise en latin tardif, l'auxiliaire postposé passe en tête de syntagme, le participe ne s'accorde plus toujours, ce qui montre que les locuteurs ont le sentiment d'avoir affaire à une forme verbale composée et non à un attribut du COD. En ancien français, cette forme s'est étendue à des verbes intransitifs :

> *Carles li reis, nostre emperere magnes,*
> *Set ans tuz pleins* **a estet** *en Espaignes*
> (Charles le roi, notre très grand empereur, sept ans tout pleins a été en Espagne.)

Être

L'auxiliaire *être* existait pour les passés passifs ; il s'est développé par analogie avec les verbes déponents, une curiosité du latin qui avait des verbes à forme passive et à valeur active (verbes, en général, présentant l'homme comme le siège d'un procès : 'naître', 'mourir', 'se réjouir' et même 'parler'). Contrairement aux vrais passifs, ces verbes n'avaient pas de forme active et pas de complément d'agent. Pour ces verbes, qui passent à l'actif dans les langues romanes (*nascitur* devient *nascit*, 'il naît'), la forme du parfait passif n'a pas été refaite (*nacitus est,* 'il naquit, il est né'). En Gaule et en Italie, certains verbes intransitifs subissent alors l'influence analogique de ces formes ; à l'imitation de parfaits comme *natus sum,* apparaissent des formes comme *venitus sum* (fr. *je suis venu*, it. *é venuto,* mais esp. *ha venido*).

Des temps ont disparu

Quelques tiroirs ont disparu : deux temps impersonnels appelés supin et gérondif, et toute une série de tiroirs rattachés au futur. Il existait en effet un impératif futur, un infinitif futur et un participe futur.

Sémantique : la réorganisation du système

Temps nouveaux et énonciation

Sémantiquement, les deux faits importants, parce qu'ils entraîneront un bouleversement des systèmes d'opposition, sont la création de deux temps, le passé composé et le « conditionnel ». Morphologiquement, on a vu qu'on peut expliquer l'origine de ces temps par une tendance à la segmentation (suivie d'une agglutination en ce qui concerne le conditionnel et le futur).

Mais il y a d'autres raisons, sans doute d'ordre énonciatif. Il y a en effet deux façons de considérer le passé et le futur : on peut les voir comme des époques totalement coupées du présent du locuteur et formant un tout, avec leurs propres antériorités et postériorités (comme dans un récit historique, pour le passé « *il arriva ce jour-là, il était parti la veille et le lendemain il repartirait* », et dans une prédiction, pour l'avenir « *il arrivera tel jour, il sera parti la veille et il repartira le lendemain* ») ; on peut aussi les considérer du point de vue du présent du locuteur, comme des actes passés dont les résultats sont encore présents ou des actes futurs dont la préparation se fait déjà dans le présent (c'est ce qu'expriment en français le passé composé *je suis venu* et le futur périphrastique *je vais partir*). Il semble que les créations périphrastiques du latin parlé aient été en relation avec ce point de vue du présent du locuteur. Selon G. Serbat, les temps du perfectum n'ont pas une valeur de présent accompli, et quand Cicéron parle de personnes qui viennent de mourir en disant « *viverunt* » ('ils ont vécu, ils vécurent'), il referme la page et détache de son présent l'épisode de leur vie. En revanche, quand les Latins utilisaient au lieu du futur une formule périphrastique formée du participe futur avec *être* (*venturus est :* 'il est disposé à venir'), ils considéraient ce futur du point de vue du présent. *Venire habeo,* 'j'ai à venir', expression plus familière, est une façon encore plus nette d'envisager le futur du point de vue du présent. Comme cette forme se figera et viendra remplacer les futurs phonétiquement condamnés, la langue française se redonnera un nouveau futur périphrastique, en relation avec le présent : *je vais venir*. De même, les formes périphrastiques du passé (*habeo litteras scriptas :* 'je possède des lettres écrites') insistent sur le résultat présent des actions passées.

Cependant, si l'on considère les deux tableaux (p. 123 et p. 125) représentant les changements survenus dans l'infectum et le perfectum, on voit que la création des formes périphrastiques entraîne deux changements de taille dans la structure temporelle du latin :

– la coexistence de deux temps, l'ex-parfait qui deviendra notre passé simple (pourquoi n'a-t-il pas été tout simplement remplacé comme les autres temps du perfectum ?) et le passé périphrastique qui deviendra notre passé composé ;

– la naissance de deux temps parallèles au futur périphrastique, le conditionnel présent et le conditionnel passé, formés sur l'infinitif suivi d'*avoir* au passé.

Passé simple et passé composé

Passé simple

Dans le système verbal de la langue latine, le parfait (morphologiquement, l'ancêtre de notre passé simple), n'ayant pas de temps en opposition dans l'antériorité accomplie comme l'est le passé composé par rapport au passé simple, était plus ou moins apte à exprimer des procès accomplis en rapport avec la subjectivité du locuteur, ce qui est impossible en français moderne où, comme l'a montré É. Benveniste (*Problèmes de linguistique générale*, Gallimard, 1966, I, pp. 237-250), le passé composé caractérise les énoncés dans lesquels le locuteur s'investit personnellement (ce que Benveniste appelle « le discours ») tandis que le passé simple caractérise les énoncés où le locuteur s'efface (ce qu'il appelle

« l'histoire »). Ainsi, César pouvait dire au parfait : *veni, vidi, vixi*, tandis qu'un locuteur du XXe siècle ne peut dire : **je vins, je vis, je vainquis*, mais doit dire : *je suis venu, j'ai vu, j'ai vaincu*.

En ancien français, le passé simple occupe une place très étendue.

– Il peut être employé en discours direct avec des embrayeurs de temps signifiant *aujourd'hui* et *hier* (ce qui est impossible en français moderne), ainsi qu'avec la première personne :

Rollant li tranchat ier le poing (*Roland lui trancha le poing hier* – fr. mod. *a tranché*),
Hoi matin vos vi plorer (*Aujourd'hui au matin je vous vis pleurer* – fr. mod. *ai vu*).

– Il peut s'employer dans une description :

La dame fu bele (*La dame fut belle* – fr. mod. *était*),
Li chevalier tint l'espee (*Le chevalier tint l'épée* – fr. mod. *tenait*).

– Il peut s'employer pour indiquer une action antérieure à une autre action passée, c'est-à-dire à la place de notre plus-que-parfait :

Il li demanda que tu contas (*Il lui demanda ce que tu racontas* – fr. mod. *avais raconté*).

En français moderne, le passé simple a presque complètement disparu de l'oral, où les événements narrés sont généralement en rapport avec le présent du locuteur, mais il est encore bien vivant à l'écrit, y compris à la première personne (dans les romans pseudo-autobiographiques, en particulier. En effet, *L'Étranger*, de Camus, entièrement écrit au passé composé en 1942, est un exemple qui est loin d'avoir toujours été suivi).

Passé composé

Quant au passé composé, il ne traduit encore le plus souvent au Moyen Âge qu'un accompli du présent (ce qui signifie qu'il pouvait convenir pour dire l'équivalent de *j'ai terminé mon travail*, c'est-à-dire que mon travail est là, terminé, devant moi, tandis que *il y a trois ans, j'ai écrit un livre*, emploi où le passé composé a valeur de passé, est encore rare).

C'est peu à peu que le passé composé est devenu un temps du passé, mais d'un passé dont les répercussions sont encore présentes. Ainsi, au XVIe siècle, le grammairien Henri Estienne formule la loi des vingt-quatre heures : il faut le passé simple avant les vingt-quatre heures, le passé composé pour tous les événements inclus dans ces vingt-quatre heures. La situation évolue très vite puisque Maupas, au début du XVIIe siècle, constate que l'on ne peut dire *« il naquit »* que de quelqu'un qui est mort. Au XVIIIe siècle, le passé simple apparaît encore dans la conversation, ainsi, le neveu de Rameau parle de lui au passé composé, mais emploie le passé simple pour référer à un passé lointain :

« [...] De Socrate ou du magistrat qui lui **fit** boire la ciguë, quel est aujourd'hui le déshonoré ? »

Diderot, *Le Neveu de Rameau*

La généralisation du passé composé à l'oral est assez récente : elle n'est d'ailleurs pas encore totale dans le sud de la France.

Les temps du récit

Une étude structurale du passé simple et du passé composé doit aussi tenir compte de la place occupée par les autres temps dans les récits. Or, entre le système des temps tel que l'utilisaient les auteurs des romans courtois du XIIIe siècle et celui que nous utilisons aujourd'hui, les ressemblances apparentes cachent des fonctionnements totalement différents.

Ainsi, selon R. Martin (*Temps et Aspects,* 1971), 20 % des verbes étaient au présent de narration dans les récits du Moyen Âge, proportion qui s'est considérablement réduite dès le XIVe siècle, où se dessine la tendance à construire les récits au passé simple. (On assiste depuis peu à un renversement avec des romans entièrement au présent de narration.) Mais ce qui semble anarchique à un lecteur du XXe siècle, c'est l'alternance, dans une même phrase, du présent de narration et du passé simple et de l'imparfait, comme le montre ce passage de *La Mort du roi Artur* :

> « Lors s'affiche Lancelos sur les estriés et se met enmi les rens et fiert un chevalier que il encontra premier en son venir si durement que il porta a terre et lui et son cheval ; il hurte outre pour parfaire son poindre, car ses glaives n'estoit point encore brisiez [...] » (§ 18).
>
> « *Alors Lancelot prend appui sur les étriers et se jette parmi les rangs et frappe un chevalier, le premier qu'il rencontra en avançant, si violemment qu'il le porta à terre ainsi que son destrier ; il heurte plus loin pour parfaire sa charge, car sa lance n'était pas encore brisée* » (traduction mot à mot).

Le mélange des temps dans la même phrase a été condamné par Vaugelas, on en trouve les derniers exemples dans Corneille, qui les a ensuite corrigés.

Ce qui est étonnant, c'est que dans les récits au style direct, où le présent de narration est aujourd'hui courant *(Alors, j'arrive et qu'est-ce que je vois ? Mon garagiste en train de donner des coups de pied dans ma voiture !),* il est à peu près exclu au Moyen Âge. Ainsi, dans les 213 vers du célèbre récit d'un personnage du *Chevalier au lion,* de Chrétien de Troyes, on n'en compte que trois.

Quant à l'imparfait, il était très rare dans les plus anciens textes, parce que les descriptions pouvaient se faire au passé simple et parce que le présent de narration, si souvent employé, écrase la différence aspectuelle entre l'imparfait et le passé simple. L'imparfait de description ne prend vraiment sa place qu'au XIVe siècle. Étudié par G. Moignet (« La grammaire des songes dans *La Queste del saint Graal* », 1978) comme le temps dans lequel sont racontés les rêves des personnages de la *Quête du Graal,* l'imparfait semble avoir eu une valeur modale, que l'on met en rapport avec la production d'énoncés au style indirect (contextes dits « obliques », c'est-à-dire non assertés par celui qui les répète). L'imparfait de discours indirect est en effet courant dès les premiers textes, mais, en l'état actuel de la recherche, il semble que sa généralisation comme marque du discours indirect libre (plutôt au futur, au Moyen Âge) ne date que du XVIIe siècle. Enfin, l'imparfait dit « de rupture » *(huit jours après, il mourait)* est une création assez récente dont on attribue les premiers emplois à Maupassant.

Selon É. Benveniste, le français moderne présenterait un double système de temps du récit :

– un système de type « discursif », admettant le présent, l'imparfait, le passé composé et le plus-que-parfait, dans lequel le passé est fortement investi de la subjectivité du locuteur (type *L'Étranger* de Camus) ;

– un système de type « historique », n'admettant que le passé simple, l'imparfait et le plus-que-parfait, coupé de la subjectivité du locuteur (type *Germinal* de Zola).

Ce double système a été lent à se constituer : il est évident qu'il ne pouvait pas exister dans une langue comme celle des XIIe et XIIIe siècles, où l'on coordonnait présent et passé simple.

Conditionnel et imparfait du subjonctif

On a étudié, p. 123, la production de troisième personne fautive pour l'imparfait du subjonctif ; c'est que ce temps est de moins en moins employé. On a aussi vu son origine, non pas l'imparfait du subjonctif latin *(amarem)*, mais le plus-que-parfait *amavissem*, rendu disponible par l'apparition des formes composées. L'imparfait du subjonctif s'employait pour la concordance dans les complétives au subjonctif dépendant d'un verbe au passé *(je craignais que tu ne vinsses)*, emploi où il est assez généralement remplacé aujourd'hui par le présent du subjonctif, ce qui tend à annuler l'opposition présent/passé au profit de l'expression du virtuel. Mais l'imparfait du subjonctif avait une très grande importance dans l'ancienne langue où, par une survivance du latin, *si tu volusses, tu peusses*, pouvait exprimer l'hypothèse au présent, au passé et au futur (fr. mod. *si tu avais voulu, tu aurais pu ; si tu voulais, tu pourrais ; si tu veux, tu pourras*). Ce système hypothétique a été remplacé, pour l'hypothèse passée, par le plus-que-parfait *(si tu eusses voulu, tu eusses pu)*.

Mais, surtout, ces subjonctifs ont été concurrencés par des formes verbales apparues au moment de la réfection du futur. On a vu qu'à côté des formes nouvelles du futur *(cantare habeo)* un temps parallèle s'était formé, à l'aide de l'infinitif et des formes de l'imparfait de *avoir* : 'j'avais à chanter', *cantare habebam* – notre conditionnel *je chanterais*. Le conditionnel passé s'est construit par auxiliation : *j'aurais chanté*.

Les conditionnels ont une double valeur :
– temporelle pour le futur du passé : *il disait qu'il viendrait* correspondant à un présent *il dit qu'il viendra* ;
– modale, notamment dans l'hypothèse : *si tu voulais, tu pourrais*.

Dès les premiers textes, le conditionnel prend ces valeurs, mais son emploi reste limité.

Ce sont ces formes, cependant, qui vont remplacer l'imparfait du subjonctif, puis le plus-que-parfait du subjonctif dans les hypothétiques. Au XIIe siècle apparaît le type imparfait de l'indicatif + conditionnel *(se tu voleie... je te donreie)*, plus tardivement la forme plus-que-parfait de l'indicatif + conditionnel passé *(si tu avais voulu... je t'aurai donné)*, forme rare encore au XVIe, tandis que la forme *si tu voulusses... je te donnasse* est en voie de disparition à cette époque. Au XVIIIe siècle enfin, l'Académie déconseille les systèmes hypothétiques entièrement au plus-que-parfait du subjonctif, qu'elle considère comme archaïques *(si tu eusses voulu, tu eusses pu)*, mais elle accepte *si tu eusses voulu, tu aurais pu, l'eusses-tu voulu que tu l'aurais pu* et *si tu avais voulu, tu eusses pu*. Ces formes, que l'on rencontre encore chez les écrivains du début du XXe siècle, semblent avoir disparu du français moderne.

Les pronoms personnels sujets

Avec l'affaiblissement des désinences, on verra s'étendre, de plus en plus, le pronom personnel sujet.

Le latin ne comportait de pronom « personnel » que pour ce que É. Benveniste *(op. cit.)* appelle les « personnes » : je *(ego)*, tu *(tu)*, nous *(nos)*, vous *(vos)*. Pour la troisième personne, qu'il appelle la non-personne, n'existait que le réfléchi soi *(se)*. Les pronoms existant, d'ailleurs, ne s'exprimaient que rarement, la désinence verbale étant suffisante. Leur emploi était une forme d'insistance ; ainsi, dans « *tu deliquis, ego arguor* », il faut comprendre : *c'est toi qui es en faute et c'est moi qu'on accuse* (G. Serbat, *op. cit.*, 1980).

Quand une anaphore était nécessaire, on utilisait le démonstratif anaphorique *is* comme pronom de troisième personne. Ce pronom disparaîtra au profit de *ille*, ce même démonstratif de l'éloignement qui a aussi donné naissance à l'article défini et au démonstratif *celui*. C'est *ille* qui donnera notre pronom *il*, *elle* (avec toute sa déclinaison, *le, la, les, lui, leur, eux, elle*).

Quant au pronom *on*, il a comme origine le mot *homme*, tel qu'il se déclinait en ancien français au cas sujet *om* (déclinaison irrégulière). Ce pronom a été très à la mode au XVIIe siècle, où il remplaçait souvent *je (On a pour vous quelque tendresse)* ou *tu, vous (Gardes, qu'on se retire !)*. Il a tendance aujourd'hui à prendre la place de *nous (On a bien rigolé*, besoin d'invariabilité ?).

Comme pour l'article, l'expression du pronom personnel sujet n'est pas du tout obligatoire en ancien français, où les personnes de discours, *je* et *tu*, ne sont exprimées que pour insister : *Quant tu es mor, dulur est que jo vif* (Puisque tu es mort, toi, il est triste que moi je vive).

Quant à la troisième personne, il est normal de ne pas l'employer quand le sujet serait inversé, c'est-à-dire chaque fois que la phrase commence par un complément ou un adverbe. On ne le répète pas, non plus, quand des verbes à même sujet sont coordonnés : *La dame vint avant et a vois haute s'escria* (La dame s'avança et elle cria très fort).

Cependant, l'expression du pronom personnel progresse du XIVe au XVIe siècle, bien que son omission reste licite, en particulier avec des verbes coordonnés. L'obligation d'emploi du pronom sujet provient des grammairiens normatifs du XVIIe siècle.

SYNTHÈSE

Le système formel du verbe a subi de nombreuses réfections analogiques ; l'emploi des auxiliaires s'est étendu et le pronom sujet est devenu indispensable pour marquer la personne.

Mais plus grands encore sont les changements sémantiques, qui ont surtout porté sur l'emploi des temps dans le récit et l'expression de l'hypothèse. Deux temps nouveaux, le passé composé et le conditionnel, ont fini par éliminer de la langue courante le passé simple et l'imparfait du subjonctif.

Pour en savoir plus

H. BONNARD et C. RÉGNIER, *Petite Grammaire de l'ancien français*, Magnard, 1989	Le chapitre sur *Le verbe* contient d'intéressantes remarques sur les emplois de l'ancien français.
C. BURIDANT, *L'Emploi des temps dans la chanson de geste* Ami et Amile, *Actes du colloque international de linguistique et philologie romanes*, Université de Santiago de Compostela, 1989, pp. 645-698	Une étude très fine des emplois du passé composé, montrant qu'à côté de sa valeur d'accompli (du présent, mais parfois aussi du passé) se trouvent des emplois équivalents du passé simple. Pour spécialistes du Moyen Âge.
J. PICOCHE et Ch. MARCHELLO-NIZIA, *Histoire de la langue française*, Nathan, 1994 (3e éd.)	Le chapitre 4, *La morphologie*, porte sur les questions traitées dans les chapitres 10 et 11 de ce livre. Nombreux exemples.
G. SERBAT, *Les Structures du latin*, Picard, 1980	La quatrième partie, *Le verbe*, contient une étude sémantique très accessible des voix, des temps et des modes, ainsi que de leur évolution en latin tardif.

12

LA FORMATION DU FRANÇAIS : L'ORTHOGRAPHE

Est-il facile de mettre par écrit une langue jusqu'alors orale ? Quelles difficultés ont rencontrées les clercs du Moyen Âge ? Comment ponctuait-on les manuscrits ? Les accents ont-ils toujours existé ? L'alphabet des anciens avait-il autant de lettres que le nôtre ? Pourquoi écrit-on *donner* avec deux *n* et *donateur* avec un seul ? L'orthographe du français a-t-elle beaucoup évolué ? Les Français ont-ils toujours été aussi attachés à leur orthographe ?

Une lente évolution (page 133)
Avec beaucoup de tâtonnements, l'écriture des XIe et XIIe siècles, très simple et si phonétique qu'elle requiert une lecture à haute voix, s'est transformée. Les XVe et XVIe siècles ont beaucoup complexifié les graphies, en ajoutant de nombreuses consonnes étymologiques. Les siècles suivants ont cherché à apporter des simplifications, des régularisations, sans cependant parvenir à rationaliser complètement l'orthographe moderne.

Des signes nouveaux (page 137)
Apparus à partir de l'invention de l'imprimerie, ils ont permis de résoudre bien des problèmes de transcription. Ces signes sont les signes de ponctuation, les accents aigus, graves et circonflexes, et les deux graphèmes *j* et *v*.`

Origine de quelques curiosités orthographiques (page 138)
Beaucoup de curiosités orthographiques, comme les groupes de lettres *ai, eau, au, eu, ain, ein, ou* pour rendre des sons simples, sont des vestiges de prononciations anciennes. D'autres ont eu leur utilité, à une époque ou à une autre, pour éviter des lectures aberrantes.

N.B. Bien que ce soit la régularisation des graphies qui donnera naissance à l'orthographe, je n'utiliserai, par souci de simplification et d'unification, dans ce chapitre et dans les suivants, que le terme d'orthographe, à comprendre comme « meilleure façon de représenter l'oral ».

Une lente évolution

Les spécialistes distinguent deux types d'écriture : l'écriture phonétique et l'écriture idéographique. L'écriture idéographique, celle de l'égyptien ancien ou du chinois, représente chaque mot par un dessin qui le symbolise. L'écriture phonétique, elle, représente chaque son (phonème) par un signe (graphème) ; l'écriture phonétique idéale serait celle où cette correspondance phonème/graphème serait bi-univoque, c'est-à-dire que jamais un graphème ne représenterait plusieurs phonèmes (comme le *c* qui note en français /k/ ou /s/), que jamais un phonème ne serait représenté par plusieurs graphèmes ou groupes de graphèmes (comme le /k/ qui est transcrit en français par *k, c* et même *ch*). On appelle orthographe phonétique (on utilise parfois aussi le terme phono-graphique) une orthographe qui se rapproche de cet idéal ; on appelle, par extension, orthographe de type idéographique une orthographe qui ne représente pas chaque mot par un dessin comme le font les écritures idéographiques mais qui, tout en le découpant en phonèmes, lui donne une physionomie reconnaissable à l'œil, ce qui permet de le rapprocher des autres mots de sa famille ou le distingue visuellement de ses synonymes *(saint, seing, sein)*. L'écriture étymologisante du français, qui s'est constituée du fait que, pendant des siècles, une importante *scripta* latine a coexisté avec la *scripta* française, est considérée comme une orthographe de type idéographique.

Les plus anciens textes : des problèmes de transcription

L'orthographe du latin était une orthographe phonétique, avec une bonne correspondance entre graphèmes et phonèmes, mais les langues romanes se sont beaucoup écartées de la prononciation latine. Le problème qu'eurent à résoudre les lettrés qui les premiers commencèrent à écrire la langue vernaculaire fut un problème orthographique : l'écriture dont ils disposaient, l'alphabet latin, correspondait aux sons de la langue latine, mais il fallait l'utiliser pour noter toute sortes de sons nouvellement apparus – souvent sous l'influence de la prononciation germanique. Le latin était la seule langue que les clercs savaient écrire et ils le prononçaient, certes, malgré la réforme carolingienne, avec une prononciation assez proche de celle de leur langue maternelle. Dès les premiers textes, on voit sur quoi portaient leurs hésitations : graphie des voyelles finales, de certaines voyelles comme les sons issus des *o* latins, et même identification du mot. Ainsi, le scribe de la *Vie de saint Léger* écrit « *Rexchielpering ilsefud mors* » ('le roi Chilperic était mort') ; c'est que les syntagmes *Rex Chielperings* (le roi Chilpéric) et *il se fud* (il se fut) lui apparaissent comme formant une seule unité.

L'ancien français : une écriture phonétique

À partir du milieu du XIe siècle, l'orthographe de l'ancien français commence à fixer ses règles, ce qui n'exclut pas la variation : dans le même manuscrit, il n'est pas rare de voir un mot orthographié différemment à quelques lignes de distance. Dans les premiers textes, les notations orthographiques sont approximatives parce que leur transmission se fait oralement et que les manuscrits ne servent que d'aide-mémoire aux conteurs qui les récitent à haute voix : peu importe que *uile* se prononce selon les cas *uile* ('huile') ou *vile* ('ville', 'vile'), que *pie* représente 'pie' ou 'pied' pour un lecteur qui connaît son texte par cœur ou presque.

Donc, dans la mesure ou l'on disposait de graphèmes pour rendre les sons que l'on entendait, l'écriture était simplement phonétique *(fere* pour *faire,* souvent *ki* pour *qui),* mais le système vocalique était difficile à noter, car la prononciation de l'époque connaissait plus de quinze diphtongues ou triphtongues *(eu, ue, oi, au, eau, ieu,* etc.).

Enfin, comme les textes étaient en vers (ce qui n'est pas le cas de tous les textes latins de l'époque), il n'y avait pas de ponctuation, à part les lettrines colorées qui commençaient certains paragraphes.

Le moyen français : une écriture idéographique

À partir du XIIIe siècle, la transmission des textes cesse d'être uniquement orale ; on écrit aussi des textes juridiques et administratifs en français. Avec la prose apparaît une ponctuation très différente de celle que nous connaissons : les textes sont scandés par des lettrines de couleur, alternativement rouges et bleues, qui marquent le plus souvent des débuts de paragraphes, mais pas toujours, et des points qui marquent des pauses, généralement en fin de syntagme, mais pas forcément en fin de phrase. Les manuscrits deviennent moins rares et font l'objet d'un commerce, ils ne sont plus recopiés par des moines, mais par des scribes séculiers qui utilisent une écriture rapide avec de nombreuses abréviations. On change d'écriture : à l'écriture caroline succèdent les écritures gothique et bâtarde dans lesquelles certains graphèmes (les *u, n* et *m* en particulier) sont réduits à des jambages. C'est à partir de ce moment qu'apparaissent les premières transformations de l'orthographe, les ajouts de lettres plus on moins étymologiques qui ont parfois une fonction discriminante. C'est entre le XIVe et le XVIe siècle que s'imposent les orthographes *hiver, pied, febve* (où le *b* empêche la lecture 'feue'), *mais* (qui se distingue ainsi de *mes*) ; c'est alors aussi que se développent le *y,* le *x* et le *z* à la finale des mots. Mais si certains choix étymologiques ont une fonction discriminante réelle, beaucoup semblent n'avoir été ajoutés, pour le plaisir des savants, qu'afin de rapprocher le mot français de son étymon latin réel ou supposé *(savoir* s'est alors écrit *sçavoir,* parce qu'on le croyait issu de *scire,* alors que ce mot vient de *sapere).* C'est à ce moment que l'orthographe française devient de type idéographique, c'est-à-dire que chaque mot commence à avoir une physionomie particulière qui permet de l'identifier par appréhension globale. La lecture à haute voix n'est plus nécessaire pour déchiffrer un texte, les mots peuvent être reconnus en silence par la méthode globale.

Au début du XVe siècle paraît en Angleterre le premier traité d'orthographe française, l'*Orthographia Gallica.*

Imprimerie : l'invention des diacritiques

Au XVIe siècle, l'invention de l'imprimerie entraîne une plus grande exigence de clarté : les abréviations disparaissent, on met au point un système de majuscules, on introduit des signes de ponctuation et bientôt des accents sur certains *e.* On sépare les mots. Les graphèmes *j* et *v* apparaissent pour la première fois en 1558, chez un éditeur lyonnais des œuvres de Marot. C'est aussi l'époque des premières tentatives de réforme de l'orthographe, comme celle du grammairien Meigret qui a écrit avec l'orthographe qu'il proposait, ou celles de Peletier et de Ramuz.

Quand se généralisent les signes de ponctuation ?

XVIe	point, virgule, deux-points, point d'interrogation
XVIIe	point-virgule, point d'exclamation, création des guillemets
XVIIIe	points de suspension
XIXe	tirets, crochets

Des améliorations successives

Les dictionnaires ont joué un grand rôle pour enregistrer et fixer des changements souvent déjà utilisés par les éditeurs. On peut citer le dictionnaire français-latin de Robert Estienne (1549) et le dictionnaire français de Richelet (1680).

À la fin du XVIIe siècle (1694) paraît le premier dictionnaire de l'Académie française, qui commence à opérer un nettoyage de l'écriture « étymologique » des siècles précédents : suppression de consonnes ajoutées à la finale de mots comme *ung, nud, bled, nuict,* ou à l'intérieur : *apuril* devient *avril, adiouter* devient *ajouter.* Les voyelles qui ne se prononcent pas tombent, *rheume* devient *rhume* et *aage, âge.* Les éditions qui se succèdent continuent à simplifier les emplois, la troisième (1740) utilise l'accent grave et règle l'emploi de l'accent circonflexe qui, dans la quatrième édition, sera placé sur les voyelles longues uniquement. C'est alors que *fenestre* devient *fenêtre.*

Au XVIIIe siècle, les éditeurs commencent à adopter l'orthographe dite « de Voltaire », bien qu'il n'en soit pas l'inventeur, c'est-à-dire *-ais, -ait, -aient* remplaçant la graphie *-ois, -oit, -oient* pour les imparfaits. Cette graphie entérine une prononciation acquise depuis le XVIe siècle, mais ne sera admise que par la sixième édition du dictionnaire de l'Académie (1835).

Cette édition de 1835 régularise aussi les pluriels des mots en *-en* et *-an* (on écrivait jusqu'alors *un enfant, des enfans,* par exemple), et cette réforme est importante car elle régularise tous les participes présents. Mais la même édition réintroduit toutes sortes de graphies savantes, que les éditions précédentes avaient éliminées avec les lettres grecques *(y, th, ph),* dans des mots comme *asyle, anthropophage.*

Il y a eu une septième (1878) et une huitième (1932-1935) édition, peu novatrices, la neuvième est en cours.

Figement de l'orthographe

Cependant, les aménagements de l'orthographe concernaient surtout les éditeurs, qui fixaient la norme, tandis que les écritures particulières manuscrites pouvaient être assez fantaisistes (voir encadré).

Ce n'est qu'après la chute de l'Empire que l'orthographe est institutionnalisée par les textes qui réglementent la formation, dans des Écoles normales, des maîtres de l'enseignement primaire et qui les obligent à passer un « brevet de capacité » prouvant leur connaissance de la grammaire et de l'orthographe. Cet enseignement de l'orthographe, bientôt retransmis à tous les petits Français, fera l'objet d'une épreuve du « certificat d'études » qui sanctionne la fin de l'enseignement primaire. D'où un effet pervers, non voulu, un blocage de l'évolution de l'écriture : parce que les connaissances durement acquises seront considérées comme signe d'un certain niveau social, voire comme preuve d'une appréhension de toutes les finesses de la langue française, toute volonté de changement sera considérée comme un crime de

> **Comment ils écrivaient**
>
> « Sire, trans porté de ioye et de gratitude des effets de la clemance quil plait A Vostre Maiesté de repandre sur moy ; ie demeure confondeu Sire dans leimpuissance où, ie suis danployer des paroles a des graces qui me sont aussi sansible. »
> Lauzun (XVIIe siècle)
>
> « Il nia heure dans la journee que vous ne Soyez fort bien traitee chéz moy ; nen Soyes point Scandalisee Cella ne vous fera point daffaire. »
> Vauban (XVIIe siècle)
>
> « Vous voudres bien quejevous donne encore celle cy. Jevous demande encore destrepersuadee de mon respect etdemarecognaissance etjesuis plus quhomme du monde v^{re} treshumble et tres obeissant serviteur. »
> La Rochefoucauld (XVIIe siècle)
>
> « Monsieur vous me permettres de souhaitter la paix car ietrouue auec vostre permission quune heure de Conuersation vaut mieux que cinquante lettres. »
> Mme de Sévigné (XVIIe siècle)
>
> « Ils veule me fere de la Cademie, cela miret come une bague a un chas. »
> Maréchal de Saxe (XVIIIe siècle)
>
> D'après F. Brunot, *Histoire de la langue française*, IV-I, pp. 150-156

lèse-langue nationale. Et ce qui n'était qu'un outil deviendra l'objet d'un culte (voir, par exemple, le succès de la « dictée de Bernard Pivot », concours d'orthographe actuellement organisé tous les ans) qui fige les irrégularités et interdit toute évolution.

Ainsi, l'arrêté de 1901, qui demande que soient tolérés dans les examens *des habits de femme* ou *de femmes*, la marque de pluriel pour les noms propres précédés de l'article pluriel, *une demi* ou *demie heure*, *avoir l'air doux* ou *douce*, *ils ont leur chapeau* ou *leurs chapeaux*, qui autorise *quatre cents trente hommes* et *une nouveaunée*, et même l'invariabilité du participe passé conjugué avec *avoir*, n'a jamais été appliqué, bien qu'il ait été réitéré en 1977.

La dernière tentative de réforme, le rapport sur les rectifications de l'orthographe de 1990, dont les plus grandes audaces étaient de régulariser l'accord de tous les mots composés avec la généralisation des traits d'union *(des gratte-ciels)* et de supprimer les accents circonflexes qui ont cessé de noter un allongement de la voyelle depuis qu'il n'y a plus de voyelles longues dans la langue française, a encore suscité l'indignation.

> **Et pourtant, la variation orthographique existe !**
>
> N. Catach (*L'Orthographe*, PUF, 1978) dit avoir dénombré « sans prétendre à l'exhaustivité » plus de 10 000 cas où « notre graphie officielle n'est ni normalisée ni fixée », et elle en cite quelques exemples, relevés dans les dictionnaires :
>
> – *fiord, fjord*   – *puding, poudding, pouding*
> – *kabbale, cabale*   – *schah, shah, chah, shâh, châh*
> – *khôl, kohol, koheul*   – *gnole, gniole, gnôle, gniaule*
> – *kolkhoze, kolkhoz*   – *rancart, rancard, rencart, rencard*

Des signes nouveaux

Le *j* et le *v*

Au Moyen Âge, le *j* et le *v* existaient comme formes, mais pas comme graphèmes : *i* et *j* s'employaient tant pour la voyelle que pour la consonne, *V* servait de majuscule à *u* qui valait aussi comme voyelle et comme consonne. De ce fait, dans l'écriture phonétique des XIe et XIIe siècles, *iver* peut se lire *iver* (hiver) ou *juer* (jouer) ; *iure, ivre* ou *jure* ; *seve, seue* (sue) ou *seve ; feue, feve* (fève) ou *feue* (c'est-à-dire 'défunte'). L'ajout de consonnes étymologiques, en moyen français, a eu une fonction discriminante pour indiquer que le graphème qui suivait devait être lu comme une consonne : *apvril, febve, debvoi, ensepvelir, adiectif, adiouster, aduenir, brefue*. Dans certains cas, d'ailleurs, la prononciation s'est accordée ensuite à l'orthographe *(adjectif, advenir)*. Le *j* et le *v* pour noter les deux consonnes apparaissent à la Renaissance et sont adoptés au XVIIe siècle, par les imprimeurs hollandais d'abord, puis en France. Leur utilisation permettra, dès le premier dictionnaire de l'Académie, des simplifications par suppression des consonnes étymologiques.

Les accents

En ancien français, les accents n'existent pas, car il n'existait qu'un son /e/ (long ou bref) en latin. Or la langue du Moyen Âge possède plusieurs sons qui se prononcent à peu près de la même façon, plus ou moins ouverts, brefs ou longs – car le français a eu longtemps des voyelles longues ou brèves. Il a existé par exemple un *e*, issu du *a* accentué latin *(cantare* devenu *chanter)*, dont l'étude des rimes et des assonances montre qu'il avait une prononciation spéciale, mais laquelle ? Pour ne parler que des sons que nous avons gardés, le graphème *e* note aussi bien, à cette époque, le *e* sourd que le *e* ouvert et le *e* fermé (longs ou brefs) si bien que 'pie' et 'pied' s'écrivent *pie*, que 'porte' et 'porté' ne se distinguent que par le contexte.

À partir du XIIIe siècle, des tentatives sont faites pour pallier cet inconvénient. On voit parfois paraître un *e* cédillé pour différencier le *e* ouvert ou fermé du *e* sourd. Mais les consonnes étymologiques ont aussi cette fonction, qu'elles soient rajoutées comme dans *pied* que l'on distingue ainsi de *pie*, ou qu'elles soient maintenues longtemps après avoir cessé de se prononcer *(teste)*. On en ajoute même là où l'étymologie n'en demande pas *(esgal)*.

L'accent aigu apparaît au XVIe siècle, mais il n'est utilisé que là où il est réellement utile : on a longtemps écrit *porté* au masculin et *portee* au féminin, car la séquence de deux *e* ne pouvait être lue que *-ée* (au pluriel *portez*, où le *z* – voir *infra* – induisait aussi la lecture /e/ et *portees*). Cet accent provient d'une nouveauté typographique de l'époque, d'origine semble-t-il italienne, pour marquer l'accent tonique dans les textes latins. Les devant consonne, les doubles lettres *(peler, pelle)*, une consonne finale *(pied, bled)* sont aussi utilisés pour traduire ce son. L'accent grave et l'accent circonflexe sont plus tardifs, mais on les trouve à la fin du XVIIe dans le *Dictionnaire* de Richelet.

Deux graphèmes pour les mots étrangers

Le *w* est utilisé au début du XXe siècle pour les mots étrangers, toujours à l'initiale, les dictionnaires du XIXe siècle le signalent comme « lettre étrangère ». Le son /w/

est par ailleurs noté *ou (oui, ouate, Édouard),* et, devant /a/, dans le digraphe inanalysable *oi (oie).*

Le *k,* parfois utilisé en ancien français pour noter la réduction à un son simple du *qu* latin (prononcé /kw/), comme, par exemple, *qui* écrit *ki,* disparaît assez généralement avec l'imprimerie ; il ne revient qu'à partir du XVIIIe siècle pour les mots empruntés : *képi, kirsch, kiosque,* etc.

Origine de quelques curiosités orthographiques

Les digraphes : d'anciennes diphtongues

D'où viennent les **digraphes** (ou les trigraphes) : *au* ou *eau* pour *o, eu* pour /œ/ et /ø/ ? Il s'agit toujours d'anciennes diphtongues (ou triphtongues pour *eau*) du Moyen Âge qui se sont réduites ensuite aux sons que ces graphies représentent aujourd'hui. Elles ont pour origine la notation du son qu'avait pris le *l,* qui s'était vocalisé devant consonne et qui se prononçait un peu comme le *u* latin (*alter* qui avait donné *altre* se prononçait /awtrə/). La graphie *eu* qui était d'abord apparue pour noter la diphtongue qui s'entendait à la finale des pluriels de mots en *-el (chevel, cheveus),* s'est étendue pour noter le même son auquel ont abouti le *o* long et bref latin et le *u* bref : *fleur* s'est d'abord écrit *flor, peut* s'est écrit *puet. Beaus* (fr. mod. *beaux*) se prononçait encore /beaos/ au XVIe siècle.

La diphtongue *ou* à laquelle avait abouti *ol* devant consonne (*moldre* donne *moudre*) a été très utile pour résoudre un problème orthographique. Nous avons vu, en effet, que tout ce qui restait de /u/ latin au VIIe siècle était passé à /y/ (*pur(um)*, qui se prononçait *pour,* était passé à la prononciation *pur* /pyr/) sans changer d'orthographe. Mais, avec le temps, de nouveaux sons /u/ étaient apparus, évolution de *o* fermés et non accentués. Comment les transcrire puisque le graphème *u* était déjà utilisé ? Le digraphe nouveau de *moudre* a été généralisé pour rendre ce phonème nouveau, et là où les manuscrits du Moyen Âge écrivent *por, voloir, cort,* va apparaître la graphie *pour, vouloir, court.*

La graphie *oi* pour /wa/ remonte à une très ancienne prononciation /oj/. À l'heure actuelle, cette graphie a ceci de curieux qu'elle note par convention deux sons, le /w/ et le /a/, qui n'ont rien de commun avec elle (comparer avec la prononciation de *ouate*).

La graphie *ai* pour /ɛ/ (*e* ouvert), qui provient aussi d'une ancienne diphtongue, avait souvent disparu de l'orthographe médiévale qui écrit *fere, plere, mes,* mais, à la finale, *parlerai* et *parlai.* Elle a été réintroduite là où l'étymologie le permettait (existence d'un *a* latin) pour rendre le son /ɛ/ : *mais* vient de *magis, faire* de *facere.*

Un *h* non étymologique

Le *h* est généralement étymologique, soit en latin, où il ne se prononçait pas (*homo* devient *homme),* soit en germanique, où il était fortement marqué (*haimgard* donne *hangar).* En général, donc, le *h* muet vient du latin, le *h* dit

« aspiré », du germanique. Mais il existe quelques *h* non étymologiques, par exemple dans *huile* (lat. *oleum*), *huis* (lat. *ostium*) *huit* (lat. *octo*), *huître* (lat. *ostreum*). Dans tous ces mots qui commencent par *u* suivi d'une voyelle, le *h* a été utilisé pour éviter la lecture *vile, vis, vit, vitre* ; ce graphème s'est étendu ensuite à d'autres mots où une lecture consonantique du *u* risquait moins d'arriver, comme par exemple *hurler* (lat. *ululare*).

Un autre *h* non étymologique a été utilisé très tôt pour noter un son que le latin ne possédait pas, /tʃ/ devenu /ʃ/, que les hommes du Moyen Âge ont écrit avec le *c* étymologique suivi du *h* germanique, qui leur semblait le son plus proche de cette prononciation. C'est ainsi que le descendant de *cantare* latin s'écrit *chanter*.

Le *x* final

On a vu que *cheval*, au pluriel, avait donné *chevaus*. Mais les scribes du Moyen Âge usaient de nombreuses abréviations qui facilitaient leur travail. Le *x* final en était une, qui résumait les deux lettres *us*. On écrivait donc *chevax, Dex (Deus, 'Dieu'), chevex, cox ('cous')* ; au XVIe siècle, quand on a généralisé les digraphes *au, eu* et réécrit *chevaus, cheveus*, en supprimant les abréviations, on a gardé ce *x*, compris comme une marque du pluriel. On a même ajouté quelques *x* étymologiques là où l'ancien français se contentait d'un *s (nois, vois)*, car ce graphème avait pris une fonction discriminante, indiquant qu'il fallait lire des sons simples et non deux voyelles : « Les anciens escrivaient *x* certains mots comme *ennuyeux, voix, noix, canaux*, ce qu'ils semblent avoir faict de peur qu'on ne die *enuie-us, vo-is, no-is, cana-us* », dit un grammairien du XVIe siècle.

Le *z* final

Le *z* final a lui aussi été une abréviation, celle du son /ts/ à la finale ; il apparaissait au Moyen Âge à la finale de tous les mots latin en *-atis, -itis*, c'est-à-dire à la finale des mots terminés en français par *é* et *i* aux cas sujet singulier et régime pluriel *(amitiez, partiz)*, au pluriel des participes passés et à la seconde personne du pluriel *(vos chantez)*, dans *assez* (lat. *ad satis*) et analogiquement dans *nez*. Quand ce /ts/ a cessé de se prononcer, le *z* a été maintenu pour les mots en *-é* car il était bien commode pour noter leur prononciation et éviter la lecture avec un *e* sourd *(tu) pries* au lieu de *vous priez*.

L'introduction de l'accent aigu résoudra ce problème. Le *Dictionnaire* de l'Académie de 1762 se décide donc à supprimer le *z* final – une réforme déjà proposée par Corneille près de cent ans plus tôt ! – et unifie ainsi le pluriel des mots en *-é* et donc des participes passés *(amitié, amitiés, chanté, chantés)*. Le *z* n'est conservé que dans les mots ou il n'est pas marque du pluriel *(chez, nez, assez)* et dans la conjugaison, pour les secondes personnes du pluriel. Il s'agit donc d'une réforme de nature morphologique.

La troisième personne du pluriel des verbes

Le *-ent* de la troisième personne du pluriel est étymologique dans les verbes en *-are (cantant* donne *chantent)*, analogique ailleurs. Le *e* (aboutissement du *a* final latin) ne se prononce plus au XVIe siècle, mais il est conservé parce que dans certaines formes il maintient la prononciation de la consonne du radical *(chant-ent)* et dans d'autres, il fait fonction d'anticoagulant en évitant, si l'on avait écrit *oint* et *aint*, des prononciation /w̃ɛ/ et /ɛ̃/. « N'écrivez jamais *il faisoint, il disoint* mais *ils faisoient, il disoient* », dit un grammairien de la fin du XVIIᵉ siècle.

La répartition des digraphes *an* et *en*

La nasalisation ayant eu un caractère ouvrant sur les voyelles, le *e* suivi d'une nasale avait pris le même son que le *a* dans la même position. *An* et *en* se trouvent donc noter le même son /ɑ̃/. Une certaine unification a été faite pour beaucoup de mots *dedans, andouille, ambassade, bande*, autrefois écrits *dedens, endouille, embassade, bende*. Mais cette normalisation a été impossible pour *gent* ou *cent*, puisqu'elle aurait induit la lecture *gant* ou *cant*. Toutefois, bien des mots n'ont pas été refaits, comme la préposition *en* qui se serait confondue avec *an*, mais aussi dans *sentir, dent*, etc., où l'on a gardé la forme étymologique.

Quelques doubles lettres

Beaucoup d'entre elles ont été introduites par R. Estienne pour indiquer la prononciation /ɛ/, elles sont étymologiques ou pas : *appelle, terre*.

L'ancien français écrivait 'femme', *feme* et le prononçait *fan-me* /fɑ̃mə/, il écrivait 'pomme', *pome* et le prononçait *pon-me* /pɔ̃mə/, c'est-à-dire que *e, o, a* devant nasale étaient nasalisés, que la consonne nasale soit à la finale ou non, suivie d'une consonne ou d'une voyelle. (Cette situation a duré jusqu'au début du XVIIᵉ siècle, où les voyelles nasales suivies, dans la prononciation, d'une consonne nasale, se sont dénasalisées.) Mais il était gênant, au moment où, au XVIᵉ siècle, on se mettait à rationaliser l'orthographe, que le même graphème rende à la fois le son oral et le son nasal. Une première réforme, qui n'a pas réussi, consistait à placer au-dessus de la voyelle une barre de nasalisation ɔ̃. La solution adoptée, que l'on trouve chez R. Estienne, est l'utilisation d'un double *n* ou *m* en remplacement de cette barre (la première consonne marquant que la voyelle était nasalisée, la seconde que la consonne était aussi prononcée de façon autonome). Mais cette double consonne n'apparaît pas dans les mots terminés par des suffixes d'emprunt (il n'y a pas de nasalisation en latin) *donation, bonifier, introniser, donataire, donateur,* alors qu'on la trouve avec les suffixes héréditaires *sonnaille, sonneur, donnée*.

Il ne faut pas toujours se fier à l'orthographe des éditions d'œuvres anciennes, qui a, surtout à partir des textes du XVIIᵉ siècle, été modernisée pour faciliter la lecture.

> « Ce sont ces remaniements successifs qui donnent la fausse impression que l'orthographe a toujours été la même et comme par hasard la nôtre. C'est surtout le XIXᵉ siècle qui a, par la diffusion massive d'éditions modernes, nivelées, contribué à répandre cette idée dogmatique et stérilisante d'une orthographe éternelle, et par conséquent immuable. »
>
> N. Catach, *op. cit.*, p. 46

SYNTHÈSE

Le problème de l'orthographe française a toujours été la très forte évolution phonétique subie par rapport au modèle latin, dont on employait les graphèmes, souvent peu aptes à noter les phonèmes nouveaux, et la coexistence de deux *scriptas,* l'une latine, l'autre française, la première pesant lourdement sur la seconde. Le poids de l'étymologie, réelle ou supposée, et l'utilisation, le détournement même, à des fins fonctionnelles, des moyens que le latin mettait à la disposition des lettrés, ont donné sa physionomie à l'orthographe française, souvent plus idéographique que phonétique.
C'est dans le domaine de l'orthographe qu'on voit se manifester la plus grande résistance au changement.

Pour en savoir plus

C. BLANCHE-BENVÉNISTE et A. CHERVEL, *L'Orthographe,* Maspero, 1969	Les auteurs se placent dans une perspective résolument fonctionnelle et tentent de justifier les prétendues inventions étymologisantes du moyen français par les nécessités de l'écriture. On s'en est fait souvent l'écho dans ce chapitre. Lecture sans difficulté pour étudiants avancés.
B. CERQUIGLINI, *L'Accent du souvenir,* Minuit, 1995	Sur l'histoire de l'accentuation en français et de l'accent circonflexe en particulier.
N. CATACH, *L'Orthographe,* PUF, Que sais-je?, 1978 (6e éd. corrigée, 1995)	Une petite histoire très claire de l'orthographe et de ses réformes. Lecture facile.

DOCUMENTS ET MÉTHODES

LATIN FAMILIER DU Ve-VIe SIÈCLE

Texte[1]

Inscription funéraire chrétienne du Ve-VIe siècle

« *Hoc tetolo fecet Montana, coniu sua, Mauricio, qui uisit con elo annus dodece et portauit annus qarranta. Trasit die VIII kl. lunias.* »

E. Diel, *Inscriptiones latinae christianae veteres*, II, Berlin, 1961, 85, § 2917

Transcription en latin
« *Hunc titulum fecit Montana, coniux eius, Mauricio, qui uixit cum ea annos duodecim et portauit annos quadraginta. Transit die octauo ante kalendas lunias.* »

Traduction
« C'est pour Mauricius que Montana son épouse a fait cette épitaphe, [lui] qui vécut avec elle pendant douze ans et qui avait quarante ans. Il mourut le 8e jour avant les calendes de juin. »

Commentaire

– *Hoc* : chute de la nasale devant /k/ ou neutre par confusion de genre.

– *Tetolo fecet* < *titulum fecit*, modification de timbre des voyelles latines, ouverture des brèves (*u* bref devient $\bar{o}$, *i* bref devient $\bar{e}$).

– *Conjux sua* : le possessif réfléchi *suus* se confond avec le possessif non réfléchi *eius*. Le système roman s'imposera au VIIe siècle : *suus*, possesseur unique, *eorum, illorum* (cf. fr. mod. *leur*), pluralité des possesseurs.

– *Con* : traitement atypique de la finale qui, au lieu de tomber (*titulum* > *tetolo*) se maintient sous forme de *n*.

– *Elo* : fait problème ; on attendrait ici *ela* ; *elo* est soit une erreur, soit une forme féminine (cf. la *Cantilène de sainte Eulalie* où l'on rencontre une forme féminine *lo*) ; le démonstratif de l'éloignement *illa* a remplacé l'anaphorique *ea*.

– *Trasit* : chute de la nasale devant *s*.

– *Die VIII kl. lunias* : les jours étaient comptés à rebours et le 8e jour avant les calendes de juin correspond au 25 mai.

---

1. Citation, commentaires et traductions d'après : P. Boulet, D. Conso et Fr. Kerglouegan, *Initiation au système de la langue latine*, Nathan, Fac, 1975, p. 219.

Document

PROTO-FRANÇAIS :
LES SERMENTS DE STRASBOURG

Texte du serment de Louis

[Manuscrit]

« *Pro deo amur et pro christian poblo et nostro commun saluament. d-ist di en auant. in quant deus sauir et podir me-dunat si-saluarai-eo. cist meon fradre karlo. et in aiudha et in cadhuna cosa. si-cum om per dreit son fradra saluar dift. In-o quid il-mi-altresi fazet. Et ab-ludher nul plaid nunquam prindrai qui meon uol cist meon fradre Karle in damno sit.* »

N.B. On a gardé l'orthographe et la ponctuation ainsi que les majuscules. On n'a pas maintenu les abréviations du texte ; elles portent sur *deo, nostro, christian, commun, deus, sicum, nunquam.* Les mots que le texte ne sépare pas sont ici unis par des tirets.

Traduction

En français

« Pour l'amour de Dieu et pour le salut commun du peuple chrétien et le nôtre, à partir de ce jour, autant que Dieu m'en donne le savoir et le pouvoir, je soutiendrai mon frère Charles ici présent (mot à mot : ce mon frère) de toute mon aide et en toutes choses, comme on doit, selon la justice, soutenir son frère, à condition qu'il m'en fasse autant. Et je ne prendrai jamais aucun accord avec Lothaire qui, intentionnellement (mot à mot : [selon] ma volonté), soit au détriment de mon frère Charles que voici (mot à mot : ce mon frère). »

En latin classique

Selon F. Brunot, *Histoire de la langue française*, I, p. 144 :

« Per Dei amorem et per christiani populi et nostram communem salutem, ab hac die, quantum Deus scire et posse mihi dat, servabo hunc meum fratrem

*Carolum, et ope mea et in quamcumque re, ut quilibet fratrem suum servare jure debet, dummodo mihi idem faciat, et cum Clotario nullam unquam pactionem faciam, quae mea voluntate huic meo fratri * Carolo, damno sit. »

Lexique

Di : jour (lat. *diem*) ; *aiudha* : aide (sur le lat. *adiutare*) ; *cadhuna* : chacune (bas lat. *cata una*) ; *altresi* : aussi (lat. *alter + sic*) ; *plaid* : toute action juridique (lat. *placitum* : convention, accord) ; *meon vol,* mot à mot : 'mon voloir', signifie 'à ce que je veux, selon ma volonté' ; *nunquam* est encore la forme latine pour 'jamais'.

Commentaire

Ce texte de 842 est le premier texte entièrement rédigé en langue vernaculaire qui nous soit parvenu. Il témoigne à la fois d'un état de langue et des difficultés rencontrées par les clercs du IXe siècle, habitués à ne s'exprimer par écrit qu'en latin, pour essayer de donner sa forme écrite à la langue maternelle. Il faut noter que le texte ne nous a pas été transmis dans le manuscrit de Nithard, mais dans un manuscrit postérieur de plus de cent ans.

Orthographe

On remarque que l'écriture reste en grande partie marquée par le latin. Ainsi, par exemple, le phonème qui s'entend à la finale est difficile à identifier. Aussi voit-on la même voyelle finale transcrite, tantôt par *o (Karlo)*, tantôt par *a (fradra),* tantôt par *e (fradre, Karle).* La graphie en *-o* correspond aux finales du latin du VIIe siècle, la graphie en *-a* est elle aussi archaïsante, mais témoigne d'un certain effort d'analogie : c'est la graphie des finales latines, qui ont en général évolué en *e* sourd à l'époque *(cf. dunat, cadhuna, cosa).* La graphie par *e* est la plus proche de la prononciation réelle : on utilise le graphème latin pour noter un son qui en est assez voisin et pour lequel on ne dispose pas de graphème spécifique. De ce fait, *e* se trouve représenter deux phonèmes /e/ *Deo, Deus, dreit, meon...* et /ə/ *fradre, Karle.*

En revanche, si la même voyelle + nasale est écrite *en* ou *in (d'ist di en avant, in quant),* il faut peut-être voir là une interférence entre la langue des Serments et celle du copiste de l'extrême fin du Xe siècle, comme le montre le manuscrit où le *e* est raturé en *i* (B. Cerquiglini, *op. cit.,* p. 94).

Le graphème *u* est utilisé aussi bien pour rendre les sons issus de ceux qu'il transcrivait en latin, le /y/ issu de /u/ latin dans *cadhuna,* le /v/ issu du /w/ latin dans *saluament, saluerai, saluar, uol,* que le /o/ de *dunat.*

Le graphème *i* note aussi bien le son *i* dans *di, qui* que la diphtongue *ei* dans *savir* et *podir.*

Le phonème /k/ est noté par *ch* dans *christian, qu* dans *quant, qui, quid, c* dans *cadhuna, cosa, contra...* et *k* dans *Karlo, Karle.* Mais le graphème *c,* lui, note à la fois /k/ dans *cosa* et /ts/ dans *cist.*

Le texte distingue deux phonèmes distincts, le *d* que l'on entend dans *fradre* et la continue dentale /ð/ que l'on entend à l'intervocalique et qu'il note *dh* dans *cadhuna* et *aiudha.*

On remarquera aussi la ponctuation, qui marque des pauses de la voix, la distribution des majuscules (il semble qu'il n'y en ait pas pour la première mention du nom de *Karlo*) et la soudure de certains mots comme *ilmialtresifazet.*

Morphologie

On peut noter les futurs synthétiques *saluarai, prindrai (saluare habeo, slauarayyo),* les formes du présent de l'indicatif *dunat,* qui garde encore l'orthographe de sa désinence latine, alors que le *a* est déjà passé à /ə/ ; *dift* est sans doute l'évolution de *debet ;* le subjonctif présent *sit* note sans doute une prononciation /seit/.

Le pronom personnel de première personne apparaît sous la forme *eo* (et sous la forme *io* dans le serment prêté par les soldats) : *salvare eo,* la forme complément est *me ;* celui de troisième personne a sa forme moderne *il.* On voit déjà le pronom *on* sous sa forme ancienne *om* (issu de *homo*), avec un sens tout à fait moderne *(cum om per dreit son fradra salvar dift :* comme il est juste qu'on soutienne son frère).

La déclinaison du mot 'Dieu' se trouve dans le texte, au cas régime *pro Deo amor* et au cas sujet *Deus.*

Syntaxe

L'ordre des mots latin, qui place le plus souvent le verbe en fin de proposition, est parfois conservé : *in quant Deus sauir et podir me **dunat** ; si cum om per dreit son fradra saluar **dift**, in o quid il mi altresi **fazet**, et ab Ludher nul plaid nunquam **prindrai**,* mais on rencontre un emploi d'inversion du sujet *eo* après l'adverbe *si* qui est déjà caractéristique de la syntaxe de l'ancien français : *si saluarai eo cist meon fradre Karlo.*

La construction directe du complément de nom *Pro Deo amor,* héritée du latin *(per Dei amorem),* qui a été fréquente au Moyen Âge, suit encore l'ordre déterminant + déterminé qui était celui du latin.

On rencontre des séquences de déterminants qui seront ensuite exclues de la langue : démonstratif + possessif, *cist meon fradre.*

Le démonstratif de la proximité apparaît sous sa forme héréditaire (il vient de *iste*) *ist* dans d'*ist di* (en avant) et sous sa forme renforcée *cist* (venant de *ecce iste*) dans *cist meon fradre.* Il s'emploie ici pour ce que les linguistes appellent une « référence situationnelle », c'est-à-dire pour désigner un élément qui appartient au présent du locuteur et des interlocuteurs. En effet, *ist di,* c'est 'ce jour que moi Louis et vous les soldats sommes en train de vivre', *cist meon fradre* c'est 'ce personnage que nous avons sous les yeux', d'où la traduction 'mon frère ici présent, mon frère que voici'. On trouve une survivance du neutre latin *hoc* dans o *(in o quid).*

Le pronom personnel s'emploie avec une valeur d'insistance, opposant *il* et *eo* : 'Moi, je le soutiendrai […] à condition que lui en fasse autant.'

Des formes dialectales

Selon B. Cerquiglini, on rencontre à la fois dans ce texte des formes de langue d'oc : *sagrament* (occ. *sagramento*), *poblo, sendra* et *ab,* et des formes d'oïl : *savir, fazet, cosa, sit* (occ. *sia*). Contrairement aux linguistes qui ont proposé pour ce texte des origines dialectales — poitevines ou lyonnaises, c'est-à-dire de zones d'interférence oc/oïl —, B. Cerquiglini y voit la volonté des clercs de formaliser l'idiome roman en une *scripta* commune.

ANCIEN FRANÇAIS (XIIIe SIÈCLE) : RENAUD DE BEAUJEU, *LE BEL INCONNU*

Texte
Voici un exemple d'ancien français (XIIIe siècle), description d'une nuit à la belle étoile, tiré d'un roman de Renaud de Beaujeu, *Le Bel Inconnu* (éd. G.P. Williams, Champion, 1978).

620	Vait s'ent li jors, vient li seris.
	De la nuit ert grant masse alee,
	Si ert ja la lune levee.
	Li Descouneüs se dormoit
	Sor l'erbe fresce, u il gisoit ;
625	Dalés lui gist la damoissele,
	Deseur son braç gist la pucele ;
	Li uns dalés l'autre dormoit,
	Li lousignols sor els cantoit.
	Quant li chevaliers s'esvilla,
630	Sor la fresce herbe s'acota [...]

Traduction
« Le jour disparaît, l'obscurité vient. Une grande partie de la nuit s'était déjà écoulée, la lune s'était déjà levée. L'Inconnu dormait sur l'herbe fraîche où il s'était allongé. Près de lui était couchée la noble demoiselle : la jeune fille reposait sur son bras. Ils dormaient, l'un à côté de l'autre, et le rossignol chantait au-dessus d'eux. Quand le chevalier s'éveilla, il s'accouda sur l'herbe fraîche [...] »

Commentaire

Orthographe
Le texte tel qu'il est présenté est le texte édité (par G.P.Williams), c'est-à-dire un texte établi par un chercheur qui compare éventuellement les versions existantes, résout les abréviations, remplace les graphèmes *u* et *i* par *v* et *j* quand c'est nécessaire, ajoute une ponctuation et, s'il le faut, corrige le texte quand le manuscrit comporte des formes aberrantes, en le comparant avec les autres manuscrits existants. Dans le cas du texte ici reproduit, la comparaison des manuscrits est impossible car, contrairement à ce qui se passe souvent, il ne nous en est parvenu qu'une version.

On peut aussi reproduire un manuscrit du Moyen Âge selon ce que l'on appelle une « édition diplomatique » : on se contente alors de transcrire le manuscrit en lettres d'imprimerie, sans rien en changer. Ce second type d'édition est très précieux pour les linguistes.

L'orthographe est beaucoup plus phonétique qu'idéographique : *erbe* pour *herbe* (lat. *herba*), *fresce* pour *fraîche* (le mot est d'origine germanique **friska*) où le *s* devant consonne, qui ne se prononce plus, note simplement une prononciation /e/ du *e* qui précède, puisque l'orthographe du Moyen Âge ne possède pas d'accent. La graphie *els* pour le fr. mod. *eux* est une graphie assez fréquente ; *els* issu de *illos* s'était prononcé d'abord /ews/ mais, au XIIIe siècle, la diphtongue est réduite et le mot se prononce comme en français moderne ; la graphie est donc archaïsante, mais elle sert à transcrire un son nouveau dans la langue, /ø/, une voyelle antérieure labialisée que ne possédait pas le latin. Au XIIIe siècle, où il n'existe plus de *l* devant consonne, les digraphes *al, el, ol* étaient acceptables pour rendre les sons que transcrivent aujourd'hui *au, eu, ou ;* ces digraphes *al, ol, el* deviennent inutilisables quand on commence à réemprunter des mots comportant un *l* devant consonne, qui, le changement phonétique étant limité dans le temps, ne se vocalise pas (par exemple, *calme* date du XVe s.).

Le manuscrit ne comporte pas d'accent : c'est une convention de l'édition de textes du Moyen Âge que de rajouter des accents aigus à la finale, lorsque le mot pourrait aussi se lire avec un *e* muet : *dalés* évite une lecture *dales ;* en revanche, pour *alee, levee,* participes passés féminins, la séquence *ee* n'est jamais ambiguë, le premier *e* est toujours prononcé accentué. De la même façon, le tréma sur le *u* de *Desconeüs* est une convention d'éditeur pour indiquer une prononciation /desconəys/. Le graphème *u* note le son /y/ de *lune* et le son /u/ de *u* (fr. mod. *où*), son que note aussi le digraphe *ou* dans *lousignols*. Le texte hésite entre la graphie *ss* et la graphie *s*, qui rendent tantôt le son /z/ *gisoit, damoissele*, et tantôt le son /s/ *masse, lousignol*.

On peut aussi noter que l'orthographe n'est pas fixée comme de nos jours : à quelques lignes de distance, les deux graphies *erbe* et *herbe* coexistent.

Lexique

Quelques formes ont été refaites :

– *lousignol* devenu *rossignol,* par dissimilation (ou par étymologie populaire *roux + signol* où seul le premier élément est signifiant) ;

– *sor* pour *sur :* la forme ancienne était *soure* ou *sor* (lat. *super* ou *supra*), mais il existait un adverbe *sus (Or sus !)* de sens voisin : il y a eu contamination entre les deux mots.

Quelques mots ont changé de sens :

– *grand masse de* signifiait *beaucoup ;* on disait aussi *plenté. Beaucoup* est un mot plus tardif, le premier sens semble en avoir été 'une grande partie coupée d'un tout', 'une belle coupe' ;

– *gésir (gist, gisoit)* signifiait *être couché, reposer ;* son étymologie est le latin *jacere*. Le mot est resté en français moderne dans *ci-gît* et dans *un gisant* (statue allongée sur une tombe) — les deux emplois ont trait à la mort, ce qui n'est pas le cas en ancien français ;

– *pucele* signifiait *jeune fille,* et *damoissele, jeune fille noble*. L'origine de *pucele* est inconnue, mais le mot latin *puella*, qui désignait la jeune fille, a certainement joué un rôle dans la formation de ce mot. C'est un terme neutre pour désigner la jeune fille, sans connotation particulière (*cf*. Jeanne d'Arc, *la pucele d'Orléans*) ; les sens modernes, nettement péjoratifs, sont un exemple de la dévalorisation des dénominations de la jeune fille. *Damoissele* est formé sur *dominicella,* diminutif de *domina,* termes par lesquels on s'adressait à la maîtresse de maison et à ses filles.

Morphologie

Les formes verbales sont souvent différentes du français moderne :
– l'imparfait est en *-oit (dormoit, gisoit, cantoit),* l'orthographe en *-ait* ne s'imposera qu'au XVIIIe siècle, la prononciation est /we/ ; l'imparfait de *être* est *ert* (du latin *erat*), mais la forme *estoit* existait aussi (l'ancien français est une langue qui n'exclut pas la variation linguistique) ;
– au présent, la troisième personne de *aller* est *vait ;*
– *gist* est un passé simple, le présent serait *git.*

On peut aussi remarquer la forme des sujets masculins *li jors, li Descouneüs, li uns, li lousignols, li chevaliers* (les formes complément seraient *le jor, le Descouneü, l'un, le lousignol, le chevalier*) ; *la lune,* mot féminin, ne se décline pas.

Syntaxe

Huit vers de ce texte sont une description *(De la nuit ert [...] cantoit).* On voit que, dans une description, le passé simple *gist* peut alterner avec l'imparfait (tous les autres verbes), ce qui serait impossible de nos jours. L'imparfait de description commence cependant à prédominer. Trois vers encadrent cette description : le premier est au présent de narration, les deux derniers au passé simple.

L'ordre des mots est caractéristique de l'ancien français :
– un complément ou un adverbe en tête entraîne l'inversion du sujet *Dalés lui gist la damoissele (id.,* v. 626) et même sa non-expression *Sor la fresce herbe s'acota ;* quand le verbe est à une forme composée, le sujet inversé est placé entre l'auxiliaire et le participe *Si ert ja la lune levee (id.,* v. 621) ;
– le sujet en tête de proposition peut être séparé du verbe par un complément : *Li uns dalés l'autre dormoit, Li lousignols sor els cantoit ;* le complément peut aussi se trouver après le verbe *Li Desconeüs se dormoit sor l'erbe fresce ;*
– dans les subordonnées, l'ordre moderne est prédominant (subordonnant + sujet + verbe) : *u il gisoit, Quant le chevaliers s'esvilla ;*
– l'ordre verbe + sujet *Vait s'en li jors, vient li seri* n'est pas habituel, c'est un ordre marqué qui, ici, participe de la poésie du passage.

Ce roman est en vers : dans les débuts du français, les textes de fiction étaient toujours en vers ; la prose fut une acquisition tardive (XIIIe siècle).

FRANÇAIS DE LA RENAISSANCE (XVIe SIÈCLE) : RABELAIS, *GARGANTUA*

Texte

Voici le début du chapitre XIII du *Gargantua* de Rabelais (1534).

> « Sus la fin de la quinte année, Grandgousier, retournant de la defaicte des Canarriens, visita son filz Gargantua. Là fut resjouy comme un tel pere povoit estre voyant un sien tel enfant, et le baisant et accolant, l'interrogeoyt de petitz propos pueriles en diverses sortes. Et beut d'autant avecques luy et ses gouvernantes, esquelles par grand soing demandoit entre aultres cas, si elles l'avoyent tenu blanc et nect. A ce Gargantua feist response que il y avoit donné tel ordre qu'en tout le pays n'estoit guarson plus nect que luy. »
>
> garson

Commentaire

Orthographe

La ponctuation, l'apostrophe et certains accents commencent à se généraliser.

L'accent est utilisé à la finale des mots pour éviter la prononciation par un *e* sourd /ə/ *donné* ; il est aussi utilisé dans la séquence finale *ée* : *année* (contrairement à la pratique des éditeurs de textes du Moyen Âge). C'est à peu près à l'époque de la parution de *Gargantua* que l'on commence à utiliser l'accent pour distinguer *a* et *à*, *la* et *là*, *ou* et *où* (orthographe typiquement idéographique).

À l'intérieur du mot, les sons /e/ et /ɛ/ ne sont pas notés dans *defaicte*, *pere*, *pueriles*, si bien que rien ne permet de les distinguer de la prononciation par /ʃ/ə/ de *retournant, petitz, demandoit, tenu*. Mais il existe des cas où la prononciation est marquée par un doublement de la consonne, dans *interrogeant, esquelles, elles*, par une consonne non prononcée, dans *nect, avecques*, ou par une consonne finale, prononcée *(tel)* ou non *(et)*. Le *s* devant consonnes, qui ne se prononçait plus, se maintient pour noter un /e/ long : *estre, resjoui*, et même *esquelles*.

En revanche, le *e* devant voyelle est une graphie archaïque qui maintient le /ə/ en hiatus qui ne se prononçait plus dans *feist* et *beut*.

Le *z* qui notait le son /ts/ est aussi une graphie archaïque dans *petitz* et *filz*, que le Moyen Âge écrivait *petiz* et *fiz* : on maintient le *z* final, marque de pluriel ou pas, et on rajoute la consonne étymologique.

Le digraphe *ou* existe pour rendre le son /u/ ; s'il n'est pas présent dans *povoit*, c'est parce que les puristes tiennent à maintenir une prononciation /o/ qui serait conforme à l'étymologie.

On remarquera la présence de nombreuses consonnes non prononcées, étymologiques ou pas, *defaicte, nect, soing, aultre,* et l'emploi du *y* après voyelle et pour le pronom-adverbe *y* (que le Moyen Âge écrivait *i*). Le choix de la graphie la plus compliquée est toujours privilégié : *avecques.*

Dans *guarson,* le *u* est inutile, mais le *s* évite la prononciation /k/ du *c* devant *o.*

On est en présence d'une écriture très étymologisante, assez idéographique, mais dans laquelle un certain nombre de problèmes comme la distinction /e/ et /ə/, en particulier, sont en voie de solution.

On notera aussi que l'on est en présence d'un texte édité conformément à certaines normes de l'édition moderne des textes du XVIe : le graphème *v* ne prend sa fonction que dans la seconde moitié du siècle.

Morphologie

Les imparfaits sont toujours en *-oit* (et même *-oyt*) prononcés /e/, sauf en prononciation soignée. Des formes de passé simple comme *feist, beut* ne s'imposeront pas.

Dans *pueriles,* le *e* final n'est qu'orthographique, il note que le *l* doit se prononcer. *Puéril* était un de ces adjectifs qui, en latin et en ancien français, ne distinguaient pas le féminin du masculin.

Lexique

On peut noter l'emploi du verbe simple *visiter* avec un complément humain *(visiter quelqu'un)* alors que nous ne l'employons plus qu'avec des lieux *(visiter Rome, visiter une maison)* ; le français moderne utilise dans cet emploi la forme composée *rendre visite.* Mais, à l'inverse, il y a ailleurs une prédilection pour les formes composées (sans article) comme *faire demande* plutôt que *demander, donner ordre* plutôt qu'*ordonner.*

À la limite du lexique et de la syntaxe, on peut noter l'emploi comme préposition de *sus,* qui était plutôt adverbe au Moyen Âge ; l'adjectif ordinal *quinte* que nous avons remplacé par *cinquième* et *un sien* comme simple équivalent du possessif *son* (sans idée d'extraction : il n'est pas nécessaire qu'il y ait plusieurs enfants pour dire *un sien filz*).

Syntaxe

Dans l'ensemble, la syntaxe est très « latinisante », elle marque un retour aux structures du latin écrit, ce qui rend la langue très différente de l'ancien français. Seul l'ordre des mots est à la fois différent de l'ancien français (verbe généralement en seconde position) et du latin (verbe généralement en finale). Quand le sujet est exprimé, c'est toujours l'ordre sujet + verbe + complément d'objet qui se rencontre, il n'y a plus d'inversion du sujet.

En revanche, on remarque une systématisation de la non-expression du sujet anaphorique. Pour tous les verbes ayant pour sujet *Grandgousier,* le sujet n'est pas exprimé — un sujet qui serait le pronom *il,* or *il* n'existait pas en latin. Ce parti pris rend d'ailleurs toujours difficile la compréhension des écrits du XVIe siècle, et c'est au nom de la clarté que les grammairiens du XVIIe siècle exigeront l'expression du pronom sujet. (En revanche, s'il y avait anaphore nominale, elle serait fortement marquée par l'emploi de l'article composé *ledit* de l'adjectif relatif *lequel* ou du démonstratif *iceluy* : *ledit Grandgousier, lequel Grandgousier, iceluy Grandgousier*).

La généralisation des relatifs composés du type *lequel* est aussi un latinisme, surtout en fonction d'adjectif anaphorique *(lequel Grandgousier)*, ce qui n'est pas le cas ici. Employé comme pronom relatif, il permet de marquer le pronom en genre et en nombre. Dans *esquelles, es* est primitivement la contraction de *en les,* mais il faut comprendre ici *à les* (fr. mod[*auxquelles*]).

À l'imitation de la syntaxe latine, le XVIe siècle a une prédilection pour l'utilisation des formes en *-ant,* en fonction de gérondifs, c'est-à-dire de circonstanciels. Comme cette forme non conjuguée du verbe peut recevoir un complément, il fait l'économie d'une proposition circonstancielle à même sujet que celui de la principale [*tandis qu'il retournait, quand il voit un sien enfant, pendant qu'il le baisait et accolait*]. Les grammairiens du XVIIe demanderont que le gérondif soit toujours précédé de *en*.

Outre ces latinismes, caractéristiques d'une *scripta* érudite et que l'on ne doit pas considérer comme représentatifs de l'usage oral, même du français officiel, on peut remarquer la possibilité d'employer le démonstratif neutre *ce* en position accentuée, après une préposition : *à ce* (fr. mod[*à cela*]) ; il en reste quelques locutions figées : *sur ce, parce que*. Le français moderne ne peut employer *ce que* dans des positions où il ne reçoit pas l'accent de fin de syntagme (groupe de mots) : en position de sujet et devant une relative.

FRANÇAIS DE LA RENAISSANCE (XVIe SIÈCLE) : LE PARLER DE PARIS AU XVIe SIÈCLE

Texte

L'*Épître du beau fils de Paris*, appelée aussi *L'amant despourveu de son esperit escripuant a sa mye, voulant parler le courtisan, avec la Responce de la dame*, se moque du parler de la bourgeoisie et du peuple parisien, condamné par le bon usage, c'est-à-dire par les normes de la langue officielle :

> « C'est au iardin : mon peze entry,
> D'avantuze me rencontry
> Aupres de vous, et si j'avoy
> Touriou l'yeu dessu vostre voy,
> Laquelle me sembly depuy
> Aussy claize que l'iau du puy [...] »
>
> **Traduction**
> « C'est au jardin, mon père entra, par aventure il me rencontra auprès de vous et si j'avais toujours l'œil sur votre voix, laquelle me sembla depuis aussi claire que l'eau du puits [...] »

Commentaire

Ce texte témoigne de quelques faits de langue parisiens condamnés par les grammairiens normatifs du XVIe siècle :

– *peze, aventuze, cleze* : passage du /r/ intervocalique à /z/ et par hypercorrection, passage de /z/ à /r/, dans le texte, *touriou* — le *i* est ici la graphie ancienne de la consonne aujourd'hui écrite *j* — pour *tousjours*. Ce sont ces confusions qui expliquent l'existence des doublets *chaise/chaire*. On trouve ailleurs dans le même texte :

> « Madame, je vous rayme tan
> May ne le dite pa pourtant
> Les musailles ont de-rozeilles »

– *iau (eau)* : emploi de la triphtongue /iaw/ là où s'est imposée dans la langue officielle de l'époque la diphtongue /eo/. Paris dit « *un siau d'iau* ».

– *entry, rencontry, sembly* : extension des passés simples en *-i-*. On rencontre *tu peschis, j'engagis, nous alimes, frapismes, chassimes, donnimes*. Au XVIIe siècle, Mademoiselle de Gournay déclare que *j'allis, je donnis, je baillis*, s'entend chez les « aigrettes » et les « mignards » de la Cour (Brunot, *op. cit.*, II p. 337).

– *dessu* : amuissement des consonnes finales et en l'occurrence du /s/ final. Les observateurs de la langue se résignent à cette disparition, tout en menant un petit combat d'arrière-garde : « *Quand bien même on la voudra supprimer, si faut tenir la syllabe un peu plus longuette* », dit un grammairien de l'époque. L'amuïssement du /s/ final, qui s'est maintenu dans notre prononciation, a fait disparaître la marque du pluriel dans le code oral, sauf en tête des mots à initiale vocalique *(des-z-enfants,* d'où les pluriels fautifs mais logiques *les quatre-z-arts, quatre-z-officiers).* Entre autres consonnes, on notera aussi l'amuïssement du /r/ final *(touriou* pour *toujours,* dans le texte ci-dessus, témoigne de cette disparition), amuïssement qui s'est maintenu dans les infinitifs en *-er,* dans *faucheux, piqueux* (terme de vénerie), alors que la prononciation ancienne a été rétablie dans les autres mots en *-eur* et dans les autres infinitifs *(-ir, -oir).* Louis XIII enfant dit aimer les Gascons « *pouce que ie sui de leu païs* ».

D'autres faits de langue sont aussi caractéristiques de cette langue parisienne du XVIᵉ siècle. Nous les indiquons ci-dessous.

Phonétique

– Ouverture de /e/ en /a/ devant /r/ : « *Mon frare Piarre habite place Maubart.* » Par hypercorrection, on corrige des formes normalement en *-ar-*. Les dames de Paris disent volontiers, en se piquant de beau langage, « *mon mery habite à Peris* » (Il en est resté *asperge* pour le latin *asparagus*).

– Pour l'ancienne diphtongue /oj/, passage de la prononciation /we/ à /e/ : *Pontèse* pour *Pontoise,* *Èse* pour *Oise, par ma fé* pour *par ma foi.* Mais, à l'inverse, Paris prononce aussi /wa/ pour /we/ d'où *boas, françoas, gloare* pour des mots écrits *bois, françois, gloire.* Cette prononciation s'est souvent maintenue *(bois, gloire).* Par extension, Paris distribue un peu au hasard des /wa/ à la place de /e/ : *voarre* pour *verre, foare* pour *faire.* Dans *L'Épître du beau fils de Paris,* on trouve : « *Voua, ie ne m'en foua que rize* » (Vois, je ne m'en fais que rire).

– Ouverture de /jẽ/ en /jã/ : « *Je vi monsieur le Doyan lequel se portoit tres bian.* »

Morphologie

– Emploi de la première personne du pluriel à la place de la première du singulier : *j'avons, je sommes, j'allons.* La forme persiste, y compris dans les classes dominantes, au XVIIᵉ siècle. Et Brunot remarque qu'au XVIIIᵉ, les vrais paysans disent *j'ons :*

> « Jolibois : *On dit : j'ons été là et là.*
> Sans-Regret : *J'ons esté... N'est-ce pas vrai qu'il faut dire : j'avons esté ?*
> La Ramée : *J'avons ! gn'es pas non pus, toi avec ton j'avons. On dit : nous ont esté queuque part.* »
>
> Vadé, *Les Racoleurs,* cité par Brunot, *op. cit.,* II, p. 335

– À l'imparfait en particulier, extension des formes en *-on-* à la troisième du pluriel comme à la première du singulier : *j'estions, tu estois, il estoit, nous estions, vous estiez, ils estiont.* Formes condamnées par Marot :

> « Ie dit que il n'est point question
> De dire *j'allion* et i'*estion.* »

– Quand les passés simples de la première conjugaison restent en -*a*-, extension du -*a*- à la troisième personne du pluriel : *ils aimarent, ils trouvarent.* D'où une unification analogique du paradigme : *je trouvai, tu trouvas, il trouva, nous trouvasmes, vous trouvastes, ils trouvarent.*

Ces façons de parler sont considérées comme populaires et condamnées par les grammairiens du temps. Mais ces emplois ne se rencontrent pas seulement dans le peuple, elles sont aussi très répandues, même à la cour. Il semble donc que, dans un premier temps du moins, l'élaboration de la norme de la langue officielle ne se soit faite ni à partir du parler de Paris ni à partir du parler des groupes socioculturels dominants, car la cour, disent les grammairiens, est « italianisée » ou « engasconnée ».

Finalement, qui fixe la norme ? La norme est-elle le parler des groupes dominants, ou bien les groupes dominants essayent-ils de fonder leur parler sur l'observation de la norme ? Voici, pour conclure, le jugement lucide d'un observateur de la fin du XVIIe siècle :

> « Ceux qui ne veulent que l'usage disent que c'est ce qui se pratique par la plus saine partie de la cour ; et comme on leur représente que cette saine partie de la cour mène bien loin, les autres qui se tiennent uniquement à l'autorité, soutiennent pour eux que cette saine partie se doit entendre de celle qui parle et qui écrit selon la plus saine partie des auteurs. Que si on leur demande qui sont ces auteurs, ce seront, selon eux, les auteurs des *Remarques sur la Langue Françoise...* Et si on leur fait voir qu'ils ne s'accordent pas entre eux, chacun répond hardiment : c'est moi qui suis l'ortodoxe qui ay trouvé le fin, le délicat, qui veux désabuser le public. »
>
> Courtin, *Traité de la paresse,* 1677,
> cité par Brunot, *op. cit.,* VI-I

« LA LANGUE DU ROI »

Henri IV

> « Mon belange sy a toutes heures yl mestoyt permys de uous ymportuner la memoyre de u[ost]re fydelle sujet, ie croys que la fyn de chaque lettre seroyt le comancemant dunautre et aynsyn cyncessammant ie vous antretelyendroys, puys que labsance me pryue de le fayre autremant [...] »
>
> Lettre à Gabrielle d'Estrées, citée par Brunot, *op. cit.*, IV

Commentaire

On notera les imprécisions du lexique : *cyncessammant* pour *incessamment* et *antretelyendroys* pour *entretiendrais*. L'absence de séparation dans les syntagmes *belange, mestoyt* et *dunautre* n'a rien d'extraordinaire dans les écritures de l'époque.

François Ier

> « J'avons esperance que il fera beau temps, veu ce que disent les estoiles que i'avons eu le loysir de voir. »
>
> Talbert, cité par Brunot, *op. cit.*, II

Commentaire

Le roi emploie naturellement la forme de première personne du singulier *j'avons,* analogique de la première personne du pluriel, phénomène dialectal parisien condamné par les grammairiens.

Marie de Médicis

Marie de Médicis, mère du futur Louis XIII, baragouine en franco-italien, comme en témoigne Hérouard, médecin du Dauphin, quand il raconte son accouchement *« Oimé je morio !... »* *« E maschio ? »* demande-t-elle après la naissance. Plus tard, il l'entendra dire à son fils *« Mon fils, donnez-moi votre soucre »* et l'enfant la reprend *« Du soucre ! du sucre ! »*

Louis XIII, enfant

Il parle, enfant, avec l'accent du peuple de Paris : « *Ce voleu qui volé su la code eté Ilandés ?* » (Ce voleur qui volait sur la corde était Irlandais ?)

Commentaire

La notation phonétique de son médecin Hérouard reproduit fidèlement :
– l'amuïssement des *r* – *voleu, su, code, Ilandés*
– et la prononciation /e/ pour l'officiel /we/ – *volé, eté, Ilandés.*

On remarquera aussi l'interrogation sans inversion, marquée par la seule intonation interrogative.

Louis XIII, adulte
Il s'exprime ensuite de façon correcte, mais fort ennuyeuse :

> « […] je ne vous en diray davantage sur ce sujet, pour ma santé elle va touours de mieux en mieux, je vas a pied un cart de lieue sans mincomoder la chaize et le brancart sont licenties je monteray sil plait au bon Dieu demain a cheval et seray à Versaille mardy de bõne heure et le tout du consentement des medecins. Je finiray donc celle cy en vous assurant demon aff^{on} qui sera toujours telle que vous la pouvés désirer. »
>
> Lettre à Richelieu,
> citée par Brunot, *op. cit.*, IV-I p. 152

Commentaire
Cart pour *quart* est le type même de faute « idéographiquement » gênante. En revanche, *je vas* n'est pas incorrect, si l'on en croit le « mot de la fin » prêté à Vaugelas sur son lit de mort : « *Je m'en vais... ou je m'en vas... les deux se dient... ou se disent.* »

Louis XIV

> « Jay souferplusieursennees [= *plusieurs années*] desafoiblesse de sonopniastreté et desonjnaplication il men acousté desschosesconcidérables je naypas profité de tous les auantages queje pouuoissauoiret toutcela parcomplaisance etbonté enfin il a falu quejeluyordonase deceretirer [= *de se retirer*] parcequetout cequipassoit parluy perdoitdelagrandeur etdelaforce quondoitavoir enexecutantles ordres dun roy defrance quinaist [= *qui n'est*] pasmalheureux et jauois pris leparty delesloigner plutostjaurois esuisté [= *évité*] lesjnconueniens quime sontarriues etjemereprocheroispas quema complaisance pourluya pu nuirea lestat jayfaitcedestail pourfaire uoirune exemple qui de ceque jaydit cy deuant »
>
> Mémoires, cité par Brunot, *op. cit.*, IV-I p. 153

Commentaire
La curieuse distribution des blancs est frappante et, comme dans la ponctuation du Moyen Âge, elle semble marquer des pauses, des arrêts de la respiration, sans qu'il soit possible de dégager la moindre régularité. Il faut noter en outre une orthographe rendant difficile l'identification « idéographique » des mots : *ennees, ce (retirer), aist, esvisté ;* la construction de la phrase se fait par seule parataxe (juxtaposition), si bien qu'il est difficile de saisir la relation logique entre les différentes portions de l'énoncé ; enfin, la curieuse syntaxe de la fausse relative qui termine le texte est une faute contre la clarté de l'intercommunication.

Cependant, si l'on en croit l'anecdote ci-dessous, le roi, qui « parle mieux que l'Académie dont il est le Protecteur », serait, en matière de langage aussi, « l'authorité au-dessus de toutes les autres », le maître absolu de la norme :

> « M. de Langres […] m'a dit que tous les joüeurs de distinction disent *perds-je* mon argent, et non pas *perdé-je*. Et si j'osois prendre la liberté de me servir d'une authorité au-dessus de toutes les autres, je vous dirois […] qu'il m'a assuré que le Roy, qui parle mieux que l'Académie dont il est le Protecteur, disoit ces jours passez : Depuis six ans que j'ay tant d'ennemis sur les bras, *perds-je* un seul pouce de terre ? »
>
> Boursault, cité par Brunot, *op. cit.,* IV-I p. 53

Mais pour nous, même sous le Roi-Soleil et malgré la flagornerie des courtisans, la langue personnelle du roi (qui n'hésite pas à employer l'expression *avoir quelqu'un sur les bras*) n'est pas la langue officielle du royaume. L'expression consacrée « la langue du roy » doit en fait s'entendre comme « la langue officielle du roi ».

FRANÇAIS CLASSIQUE (XVIIe SIÈCLE) : MADAME DE LA FAYETTE, *LA PRINCESSE DE CLÈVES*

Texte

La Princesse de Clèves paraît en 1679. En voici un extrait, dans l'édition de A. Adam, *Le Roman français au XVIIe siècle*, pour la Pléiade (1200-1201). Au moment où est publié le roman de Mme de La Fayette, la plupart des textes normatifs du XVIIe siècle ont déjà été publiés, mais la première édition du *Dictionnaire* de l'Académie (1694) n'est pas encore sortie.

> « M. de Clèves ne se trompoit pas : la confiance qu'il tesmoignoit à sa femme la fortifioit davantage contre M. de Nemours et luy faisoit prendre des résolutions plus austères qu'aucune contraincte n'auroit pu faire. Elle alla donc au Louvre et chez la Reine Dauphine à son ordinaire ; mais elle évitoit la présence et les yeux de M. de Nemours avec tant de soin qu'elle luy osta quasi toute la joye qu'il avoit de se croire aimé d'elle. Il ne voyoit rien dans ses actions qui ne luy persuadast le contraire. Il ne sçavoit quasi si ce qu'il avoit entendu n'estoit point un songe, tant il y trouvoit peu de vraysemblance. La seule chose qui l'asseuroit qu'il ne s'estoit pas trompé estoit l'extrême tristesse de Mme de Clèves, quelque effort qu'elle fist pour la cacher : peut-estre que des regards et des paroles obligeantes n'eussent pas tant augmenté l'amour de M. de Nemours que faisoit cette conduitte austère. »

Commentaire

Orthographe

L'orthographe est encore proche de celle du XVIe siècle :
– maintien du *s* non prononcé devant consonne *(osta* et imparfait du subjonctif *persuadast)* qui marque en particulier le /e/ long : *tesmoignoit, estre* ;
– orthographe traditionnelle pour les imparfaits ;
– maintien de consonnes non prononcées : *contrainctes*, et de graphies pseudo-étymologiques : *sçavoit* (rapproché de *scire* alors qu'il vient de *sapere*) ; consonnes doubles : *conduitte* ;
– utilisation du *y* à la finale et après voyelle dans *luy, joye, vraysemblance* ; dans d'autres cas, *y* note la semi-consonne /j/ : *voyoit* ;
– maintien du *e* en hiatus, tombé depuis longtemps dans la prononciation : *asseuroit*.

Lexique

Il faut noter l'extrême pauvreté du lexique et son caractère abstrait et allusif : *fortifier, prendre des résolutions, contrainte, actions, conduite, chose, joye,*

tristesse. Trois adjectifs seulement, *extrême* et *austère*, répété deux fois. Le verbe *tromper* est lui aussi répété deux fois.
Quasi a le sens de 'presque' et *à son ordinaire* signifie 'à son habitude'.

Temps
Les temps du récit sont l'imparfait et le passé simple, temps d'un récit dont le narrateur est totalement effacé. Les seuls passés simples sont *alla* et *osta*, l'opposition imparfait/passé simple est ici une opposition sentiments/action. Un plus-que-parfait construit le passé du récit *ne s'estoit point trompé*.

Les imparfaits du subjonctif *rien [...] qui ne luy persuadast le contraire* et *quelque effort qu'elle fist pour la cacher* sont des imparfaits de concordance et des subjonctifs contraints. L'hypothèse est exprimée aussi bien au conditionnel passé : *plus austères qu'aucune contraincte n'auroit pu faire*, qu'au plus-que-parfait du subjonctif : *peut-estre que des regards et des paroles obligeantes n'eussent pas tant augmenté l'amour de M. de Nemours*.

Syntaxe
On remarquera que l'ordre des mots est celui du français moderne et que le sujet pronominal anaphorique est toujours exprimé (son omission a été condamnée par les grammairiens du XVIIe siècle).

Les négations sont intéressantes puisque trois possibilités de négation totale qui existaient dans l'ancienne langue sont utilisées :
– *ne ... pas* (*M. de Clèves ne se trompoit pas, il ne s'estoit pas trompé, des paroles obligeantes n'eussent pas tant augmenté l'amour de M. de Nemours*) ;
– *ne ... point* (*qu'il avoit entendu n'estoit point un songe*) ;
– et *ne* seul devant *sçavoir* (*Il ne sçavoit quasi si*).
– On trouve aussi une négation partielle *ne ... rien* (*Il ne voyoit rien dans ses actions*).

Dans *plus austères qu'aucune contraincte n'auroit pu faire* et dans *qui ne luy persuadast le contraire*, il ne s'agit pas d'un emploi négatif mais d'un emploi que l'on s'accorde à appeler, après les linguistes Damourette et Pichon, « discordanciel ». Facultatif en français moderne, le *ne* a un caractère virtualisant supplémentaire, avec des modes qui placent les actions évoquées non dans le monde de ce qui est, mais dans un monde possible.

Les deux dernières différences de syntaxe avec le français moderne sont :
– l'emploi du verbe de reprise anaphorique *faire* sans expression d'un pronom complément d'objet neutre *le* : *luy faisoit prendre des résolutions plus austères qu'aucune contraincte n'auroit pu faire ; n'eussent pas tant augmenté l'amour de M. de Nemours que faisoit cette conduitte austère* ;
– le changement de construction du verbe *persuader* : aujourd'hui, on persuade quelqu'un de quelque chose, en français classique on persuade quelque chose à quelqu'un : *Il ne voyoit rien dans ses actions qui ne luy persuadast le contraire*. Les changements de construction de verbes ont été fréquents dans l'histoire du français ; actuellement, *se rappeler*, qui tente de passer à une construction indirecte par analogie avec *se souvenir*, fait le désespoir des puristes.

FRANÇAIS CLASSIQUE (XVIIIe SIÈCLE) : DIDEROT, *LE NEVEU DE RAMEAU*

Texte

> « *LUI* — *Et que, puisque je puis faire mon bonheur par des vices qui me sont naturels, que j'ai acquis sans travail, que je conserve sans effort, qui cadrent avec les mœurs de ma nation, qui sont du goût de ceux qui me protègent, et plus analogues à leurs petits besoins particuliers, que des vertus qui les gêneraient en les accusant depuis le matin jusqu'au soir, il serait bien singulier que j'allasse me tourmenter comme une âme damnée pour me bistourner et me faire autre que je ne suis [...]* »
> Diderot, *Œuvres*, édition A. Billy pour la Pléiade (455-456)

Commentaire

À partir du XVIIIe siècle, il est de tradition de moderniser l'orthographe et en particulier d'adopter l'orthographe dite « de Voltaire » pour les imparfaits, modernisés en *ait* sans tenir compte de la pratique de l'édition originale.

Le texte choisi est un dialogue entre *Lui* et *Moi*. On est donc en présence d'un écrit qui prétend reproduire la syntaxe orale, comme le montre le début d'énoncé en *Et*, enchaînant sur un discours antérieur. Quelle qu'ait pu être la syntaxe orale du XVIIIe siècle, on peut être sûr que le discours ne la reproduit pas : la phrase est construite comme une période latine, deux subordonnées en *puisque* coordonnées, la seconde commandant elle-même quatre relatives dont une double *(qui sont du goût [...] et [qui sont] plus analogues)*, laquelle commande à son tour une comparative. Il est évident que l'expression orale familière interdirait la production d'un tel énoncé et sa compréhension par l'interlocuteur, même en tenant compte du fait que le public cultivé (masculin du moins) a été formé dans les collèges par un enseignement de l'expression en latin.

On voit cependant une volonté de créer un effet de conversation familière par l'emploi de *bistourner,* vieux mot du Moyen Âge *(bistourner, bestourner)* passé du sens de 'estropier', mais aussi 'devenir idiot, ahuri', à celui de 'se contorsionner'. Un tel mot aurait été proscrit au XVIIe siècle. Il est donc intéressant de noter que, aux yeux de Diderot, ni la forme *je puis* ni l'imparfait du subjonctif *j'allasse* n'apparaissent comme n'appartenant pas à la langue familière.

FRANÇAIS DU XIXᵉ SIÈCLE : CHATEAUBRIAND, *MÉMOIRES D'OUTRE-TOMBE*

Texte
Voici la première page des *Mémoires d'outre-tombe*, autobiographie dans laquelle le *je* du narrateur est aussi un personnage de l'histoire, citée selon l'édition de P. Clarac pour le Livre de poche (1973).

La Vallée-aux-Loups, près d'Aulnay, ce 4 octobre 1811

« *Il y a quatre ans qu'à mon retour de la Terre-Sainte, j'achetai près du hameau d'Aulnay, dans le voisinage de Sceaux et de Chatenay, une maison de jardinier, cachée parmi les collines couvertes de bois. Le terrain inégal et sablonneux dépendant de cette maison n'était qu'un verger sauvage au bout duquel se trouvait une ravine et un taillis de châtaigniers. Cet étroit espace me parut propre à renfermer mes longues espérances :* spatio brevi spem longam reseces. *Les arbres que j'y ai plantés prospèrent, ils sont encore si petits que je leur donne de l'ombre quand je me place entre eux et le soleil. Un jour, en me rendant cette ombre, ils protégeront mes vieux ans comme j'ai protégé leur jeunesse.* »

Commentaire

Orthographe
Le texte reproduit celui de l'édition originale de 1849 : on voit que l'orthographe moderne est déjà fixée. On peut noter en particulier que le problème de la notation des /e/ et des /ɛ/ est résolu par :
– l'emploi des accents graves et aigus,
– la position devant une consonne finale non prononcée autre que *s* comme dans *jardinier* (le son est /e/),
– ou devant une consonne implosive (consonne prononcée suivie d'une autre consonne, ou consonne finale dans la prononciation orale), le son est /e/) : *espace, espérances, soleil, jeunesse*.

L'accent circonflexe sur le *a* de *châtaigniers* correspond encore à une prononciation différente de celle du *a* de *charme*.

Syntaxe
Bien que le texte même nous montre la formation latine de Chateaubriand (citation du poète Horace : « Nous durons si peu, retranches les longs espoirs »), la syntaxe de la phrase est simple, déjà proche de ce que R. Balibar considère comme caractéristique du style des instituteurs : phrases brèves très différentes des longues et complexes constructions imitées du latin classique (*cf.* le texte de Diderot). L'ordre sujet + verbe + complément, la postposition de l'adjectif

(à l'exception d'*étroit espace*), l'expression des pronoms anaphoriques et des articles ne sont en rien différents du français moderne.

Emploi des temps

L'intérêt du passage est de nous montrer un emploi des temps du passé différent du français moderne : on se trouve en présence d'une alternance passé simple/passé composé, dont la spécificité est qu'ils réfèrent à peu près à la même période, la plantation des arbres ayant vraisemblablement commencé peu après l'acquisition du terrain, « il y a quatre ans ». Les deux temps concernent des verbes à sujet *je,* ce qui est assez rare en français moderne pour le passé simple dans les récits autobiographiques, tandis que ce temps se rencontre encore dans les pseudo-autobiographies (romans à la première personne), où il joue le rôle d'opérateur fictionnel (c'est-à-dire que, d'entrée de jeu, le passé simple rompt le pacte autobiographique en prévenant le lecteur que le récit est une fiction).

Dans le texte de Chateaubriand, le passé composé fonctionne encore comme un accompli du présent : c'est en considérant les arbres à partir du présent de l'énonciation, *ce 4 octobre 1811,* où les arbres *sont encore petits,* que Chateaubriand peut dire *que j'y ai planté. J'ai protégé leur jeunesse* est aussi un accompli du présent, l'accompli du futur serait *j'aurai protégé.*

Le passé simple est le temps des événements passés, que ce passé soit proche ou récent, qu'il ait ou non des répercussions sur le présent du narrateur. L'emploi du passé simple semble imposé par le circonstanciel de temps *il y a quatre ans […] à mon retour de la Terre sainte :* ce complément pose le repère temporel à partir duquel est considéré le passé.

L'ARGOT DES COLLÉGIENS EN 1845

Texte

Cité d'aprés G. Gougenheim (III), voici un « petit vocabulaire collégien » extrait d'un ouvrage intitulé *Les Mystères des collèges d'Albanès,* publié en 1845.

Bahut, s. m. Collège Ex. Marion est au Bahut Charlemagne.
Bûcher, v. act. Voyez *Pile.* Se bûcher, *v. pronom.*
Cafard, s. m. Qui dévoile aux maîtres les fautes de ses camarades : Laveau est un cafard.
Cafarder, v. n. Ce que fait un cafard.
Cancre, s. m. Élève paresseux et ignorant.
Cassine, s. f. Salle d'étude, quartier : Je vais à la cassine.
Cavaler (se), v. pronom. Prendre la fuite, se sauver.
Chien, adj. Sévère : Notre pion est diablement chien.
Chiper, v. act. Voler des objets de peu de valeur. Ce mot, qui est devenu vulgaire, a pris son origine dans les collèges : Chiper une bille.
Chipeur, s. m. Qui chipe. On méprise les chipeurs.
Coller, v. act. Punir, confisquer. Le pion m'a collé ma traduction d'Homère. (Aujourd'hui signifie uniquement : mettre en retenue, *se faire coller* à un examen signifie : échouer à un examen.)
Copain, s. m. Ami.
Cornichons, s. m. On appelle ainsi les élèves qui se destinent aux écoles de Saint-Cyr, parce qu'ils ne sont encore qu'une espèce de bois dont on fait des officiers.
Culotte (user sa — sur les bancs du collège). Aller au collège sans en retirer aucun fruit. Cette expression est très souvent employée par les professeurs eux-mêmes.
Émoucher, v. act. Battre : On émouche les cafards.
Enfant (bon), s. m. Celui qui est le but des taquineries de ses camarades : Coyard est le bon enfant de la cassine.
Filer, v. n. Se dit des externes qui ne vont pas au collège lorsqu'ils y sont envoyés, qui font l'école buissonnière : Les élèves de Louis-le-Grand filent, soit aux Ours (le Jardin des Plantes) soit au Luxembourg.
Fileur, s. m. Qui a l'habitude de filer : Adrien est un fileur.
Fion, s. m. À la même signification que chic ; tournure, manière d'un dandy : Quel fion il lui donne !
Fionner, v. n. Faire le fat, être coquet : Depuis qu'Ernest a une paire de bottes, regarde un peu comme il fionne !
Gosser, v. n. Mentir.
Gosseur, s. m. Menteur.
Maison de campagne, s. f. Les arrêts : Bonnais va souvent visiter la maison de campagne.
Monaco, s. m. Nouvelle dénomination que l'on donne au pion, sans doute parce que les monaco ne valent que deux liards.
Monnaie, s. f. Exemptions : Avoir de la monnaie. Faire de la fausse monnaie, faire des exemptions fausses.

Peau de lapin, Nom qu'on donne aux professeurs les jours de cérémonie, parce que l'insigne de leur grade est une peau d'hermine : Les peaux de lapin font leur entrée triomphante.

Petits, Grands, Moyens. Les élèves d'un collège sont divisés en trois catégories : Les Petits comprennent ceux qui sont encore dans les basses classes jusqu'à la sixième inclusivement ; les Moyens, ceux de la quatrième et de la cinquième ; les Grands, tous les élèves des classes supérieures.

Piger, v. act. Prendre en flagrant délit.

Pile, s. f. (donner une —) : Battre, plus fort qu'émoucher.

Piocher, v. n. Travailler avec ardeur.

Piocheur, s. m. Qui pioche : Il y a peu de piocheurs dans notre classe.

Pion, s. m. Maître d'études.

Pompiers, s. m. C'est ainsi qu'on désigne les élèves qui se préparent au baccalauréat, à cause de la masse des connaissances que leur examen les force d'absorber.

Raccroc, s. m. Hasard : Être premier par raccroc.

Repiger, v. act. Piger de nouveau.

Rosse, s. f. Élève paresseux et ignorant, a plus de force que cancre.

Soleil (piquer un soleil, prendre un coup de —). Rougir, de timidité ou de honte : Coyard pique un soleil lorsque le pion lui parle.

Taupins, s. m. On a donné ce nom à des élèves qui occupaient une étude isolée, reléguée au fond d'une cour, les assimilant à des taupes.

Touche, s. f. Figure, traits de visage : Le portier a une drôle de touche.

Toupie, s. f. Tête : Je ne puis me faire entrer ma leçon dans la toupie.

Trac, Taf (avoir le —). Avoir peur, caponner : Adrien a le trac quand Laveau veut le bûcher.

Trognade, s. f. Gâteaux, fruits, tout ce qui sert à trogner : Apporte-moi de la trognade.

Trogner, v. act. Manger principalement des friandises. Cette expression est très énergique et exprime une couleur qu'on ne saurait rendre autrement. Il serait à désirer que ce mot fût incorporé dans la langue française.

Trognerie, s. f. Action de trogner : S'adonner à la trognerie.

Trogneur, s. m. Qui est connu pour trogner.

Truc, s. m. Routine, savoir-faire : Tillard a le truc pour jouer aux billes.

Vache enragée, s. f. Bœuf au naturel, bœuf bouilli.

Voyou, s. m. Individu mal élevé, faubourien. La plus grande insulte qu'on puisse adresser à un collégien. Quoique cette expression figure souvent dans *Les Mystères de Paris,* elle était connue dans les collèges avant que l'ouvrage de M. Eugène Sue fût publié.

Commentaire

L'argot, sur lequel s'exerce particulièrement le besoin d'expressivité, pourrait être perçu comme un lexique particulièrement instable. Sur les quarante-huit mots cités :

– dix se sont maintenus dans la langue sans changement de sens : *bahut, cafard, cafarder, cancre, chiper, chipeur (?), copain, cornichon, donner une pile, pion ;*

– neuf autres ont connu un déplacement de sens : *bûcher* ('travailler dur', le sens moderne est attesté en 1856 chez Flaubert), *cavaler* ('courir', mais le sens est resté dans *en cavale,* terme qui n'appartient plus à la langue des lycées), *coller* (deux sens : 'mettre en retenue' et 'se faire coller à un examen', 'échouer'), *piger* ('comprendre'), *taupin* ('étudiant de classe préparatoire, en maths sup. et maths spé'), *trac* ('peur de se présenter en public'), *touche* (plutôt 'allure' que 'visage'), *vache enragée* (n'apparaît plus que dans l'expression *manger de la vache enragée :* 'être sans le sou'), *voyou* (sous l'effet de l'usure de l'expressivité, a depuis longtemps cessé d'être la pire insulte !).

ET APRÈS ?

> on n'aura même pas d'héritage, nos biomanes vont vivre jusqu'à 120 ans avec des Alzheimer d'acier
>
> peut-être qu'en mettant tous nos RMI ensemble on peut se louer un pantouze-terrasse

© Claire Brétecher

Commentaire

Ce texte est une *scripta* littéraire comme tous ceux que nous avons étudiés jusqu'ici.

Du point de vue de l'orthographe et de la prononciation, il faut noter la francisation des mots *biomanes* et *pantouze*.

La syntaxe est traditionnelle, la négation est même en *ne ... pas,* ce qui est rare en français oral — mais il est vrai qu'après *on,* devant un verbe à initiale vocalique, le *n'* n'est qu'orthographique, car il peut très bien, phonétiquement, n'être dû qu'à la liaison de *on aura*. L'emploi de *on* pour la première personne du pluriel est enregistré, ainsi que celui du futur périphrastique dit parfois « futur proche » *(vont vivre),* entraîné par l'énonciation discursive (investissement personnel du locuteur) : ce futur, en effet, n'a rien de proche, puisque l'âge des interlocuteurs permet de le situer dans quatre-vingts ans environ du présent de l'énonciation, mais c'est un futur considéré du point de vue du présent.

C'est bien entendu le lexique qui amuse le plus. Il s'agit d'un langage crypté, argot des adolescents (1995) à finalité expressive. *RMI* et *Alzheimer* font partie du lexique courant : sigle pour « revenu minimum d'insertion » et antonomase, c'est-à-dire nom propre employé comme nom commun, avec d'ailleurs glissement de sens car il ne s'agit plus précisément de syndrome d'Alzheimer, mais de simple gâtisme sénile. Les deux autres néologismes sont *pantouze,* emprunt de l'américain *penthouse* ('appartement sur toit', d'où un sens de 'appartement de luxe') et *biomanes* pour 'parents', mot formé par troncantion de *biologique (bio-)*, servant de préfixe à l'anglais *man*, 'homme', qui prend ici le sens de 'être humain' et qui ne fait plus son pluriel par changement radical comme l'anglais *(men)*. Comme pour *pantouze*, l'orthographe essaye de rendre compte de la prononciation francisée.

Tout ce lexique appartient vraisemblablement à la catégorie des créations lexicales vouées à l'éphémère.

REPÈRES
ET
OUTILS

CHRONOLOGIE

Les hypothèses les plus récentes, encore controversées, sont mises en italique.

Préhistoire des langues du monde
Il y a 4 ou 5 millions d'années : apparition de l'australopithèque en Afrique.
Il y a 1,6 million d'années : *Homo erectus* colonise l'Europe et l'Asie.
Il y a 850 000 ans : premiers hominidés en Europe.
Avant − 100 000 : *Homo sapiens* en Europe (Neandertal) et en Asie (Solo).
*− 100 000 : un petit groupe d'*Homo sapiens *vivant en Afrique (ou au Moyen-Orient) se met en marche et recolonise la planète. Les autres* Homo sapiens *se seraient éteints. (Hypothèse de certains généticiens, les équipes de Cavalli-Sforza et de Langaney, dite thèse du « goulot d'étranglement ».)*
− 40 000 : première apparition du langage ?

Préhistoire des Indo-Européens
− 10 000 : civilisation magdalénienne en Dordogne. Premier homme en Amérique.
− 7000 : les premières langues indo-européennes naissent en Anatolie (hypothèse Renfrew).
Entre − 6500 et − 5500 : les Indo-Européens commencent leur migration par vagues (hypothèse Renfrew).
− 4500 : les Indo-Européens occupent l'ouest de l'Europe (hypothèse Renfrew).
− 4000 ou − 3000 : les Indo-Européens commencent à se disperser (hypothèse dominante).
− 3500 : civilisation dite des Kourganes (tumulus funéraires), débuts de son expansion.

− 3000 : écriture cunéiforme en Perse, écriture en Inde. Première domestication du cheval en Russie ?

Préhistoire du français
− 4000 ou − 3000 : la civilisation des constructeurs de mégalithes apparaît en Bretagne.
− 3000 : la présence des Celtes est attestée en Bohême et Bavière.
− 2500 : début de l'emploi du bronze.
− 600 : premiers témoignages sur les Ligures et les Ibères.
− 600 : des marins phocéens s'installent sur la côte méditerranéenne.
− 500 : une invasion celte : les Gaulois (précédée d'infiltrations ?).

Histoire du français
− 150 : conquête de la Provence par les Romains et infiltrations dans la région narbonnaise.
De − 59 à − 51 : conquête de la Gaule par les Romains.
212 : édit de Caracalla accordant la citoyenneté à tous les hommes libres de l'Empire.
257 : incursions d'Alamans et de Francs jusqu'en Italie et Espagne.
275 : invasion générale de la Gaule par les Germains.
312 : Constantin fait du christianisme la religion officielle de l'Empire.
Vers 400 : traduction en latin de la Bible (la *Vulgate*) par saint Jérôme.
450-650 : émigration celte en Bretagne (à partir de Grande-Bretagne) et réimplantation du celte.
476 : prise de Rome et destitution de l'empereur d'Occident.
486-534 : les Francs occupent la totalité du territoire de la Gaule (**496 :** Clovis adopte le christianisme).
750-780 : le latin cesse d'être compris par les auditoires populaires dans le nord du pays.

Fiche historique

800-814 : règne de Charlemagne.
813 : concile de Tours : les sermons doivent être faits dans les langues vernaculaires.
842 : les Serments de Strasbourg, premier document officiel en proto-français.
800-850 : on cesse de comprendre le latin en pays de langues d'oc.
880 : *Cantilène de sainte Eulalie*, première élaboration littéraire en proto-français.
911 : les Vikings sédentarisés en Normandie.
957 : Hugues Capet, premier roi de France à ignorer le germanique.
1063 : conquête de l'Italie du Sud et de la Sicile par des Normands.
1066 : bataille de Hastings : une dynastie normande s'installe en Angleterre, où on parlera français jusqu'à la guerre de Cent Ans.
1086 : la *Chanson de Roland*.
1099 : prise de Jérusalem par les croisés : début d'une présence du français et du provençal au Moyen-Orient.
1252 : fondation de la Sorbonne (enseignement en latin).
1254 : dernière croisade.
1265 : Charles d'Anjou se fait couronner roi des Deux-Siciles ; on parlera français à la cour de Naples jusqu'au XIVe siècle.
1271 : réunion du comté de Toulouse, de langue d'oc, au royaume de France.
1476-1482 : Louis XI rattache la Bourgogne, la Picardie, l'Artois, le Maine, l'Anjou et la Provence au royaume de France.
1477 : l'imprimerie. Accélération de la standardisation et de l'officialisation du français, premières « inventions » orthographiques.
1515 : le *Consistori del Gai Saber* devient *Collège de rhétorique :* fin de la littérature officielle de langue d'oc.
1529 : fondation du Collège de France (rares enseignements en français).
1530 : *Esclarcissement de la langue française,* de Palsgrave, la plus connue des grammaires du français qui paraissent à l'époque en Angleterre.
1539 : ordonnance de Villers-Cotterêts, le français devient langue officielle.
1523-1541 : instauration du français dans le culte protestant.
1534 : Jacques Cartier prend possession du Canada.
1552 : la Bretagne est rattachée au royaume de France.
1559 : la Lorraine est rattachée au royaume de France.
1600 : la cour quitte les bords de Loire pour Paris.
1635 : Richelieu crée l'Académie française.
1637 : Descartes écrit en français le *Discours de la méthode.*
1647 : *Remarques sur la langue française,* de Vaugelas : la norme de la cour est prise comme modèle du bon usage.
1660 : *Grammaire raisonnée* de Port-Royal.
1685 : révocation de l'édit de Nantes : un million de protestants quittent la France pour les pays protestants d'Europe, mais aussi l'Afrique et l'Amérique.
1694 : première parution du *Dictionnaire* de l'Académie.
1700 : début d'un véritable enseignement élémentaire sans latin, avec les frères des écoles chrétiennes de Jean-Baptiste de la Salle.
1714 : traité de Rastadt ; le français se substitue au latin comme langue de la diplomatie en Europe.
1730 : traité d'Utrecht : la France perd l'Acadie.

1739 : mise en place d'un enseignement entièrement en français dans le collège de Sorèze (Tarn).
1757 : premiers textes en créole.
1762 : expulsion des jésuites, partisans dans leurs collèges de l'enseignement en latin ; une réorganisation des collèges fait plus de place au français.
1763 : traité de Paris, la France perd son empire colonial : le Canada, les Indes, cinq îles des Antilles, le Sénégal et la Louisiane.
1783 : la France recouvre le Sénégal, la Louisiane et trois îles des Antilles.
1787 : W. Jones reconnaît l'existence d'une famille de langues regroupant latin, grec, persan, langues germaniques, langues celtes et sanscrit.
1794 : rapport Barrère sur les idiomes suspects (8 pluviôse an II) ; rapport Grégoire sur l'utilité de détruire les patois (16 prairial an II).
1794-1795 : la République s'aliène les sympathies par des lois interdisant l'usage de toute autre langue que le français dans les pays occupés.
1797 : tentative d'introduire le français dans le culte (l'abbé Grégoire).
1803 : Bonaparte vend la Louisiane aux États-Unis.
1817 : La France administre le Sénégal.
1827 : *Préface de Cromwell*, V. Hugo ; revendication de tous les registres lexicaux pour la langue littéraire.
1830 : début de la conquête de l'Algérie.
1835 : la sixième édition du *Dictionnaire* de l'Académie accepte enfin la graphie *-ais, -ait* pour les imparfaits.
1879 : invention du phonographe.

1881 : Camille Sée crée un enseignement public à l'usage des jeunes filles.
1882 : loi Jules Ferry : enseignement primaire obligatoire, laïque et gratuit (en français).
1885 : l'administration du Congo (dit ensuite « belge ») est confiée au roi des Belges.
1901 : arrêté proposant une certaine tolérance dans les règles orthographiques du français.
1902 : l'enseignement secondaire moderne sans latin ni grec est reconnu comme égal à la filière classique.
1902-1907 : publication de *l'Atlas linguistique de la France par régions* de Gilliéron et Edmont.
1905 : autorisation de soutenir des thèses en français.
1919 : traité de Versailles ; le français perd son statut de langue unique de la diplomatie en Europe.
1921 : début de la diffusion de la radio.
1935 : invention de la télévision.
1951 : la loi Deixiome permet l'enseignement de certaines langues régionales dans le second cycle.
1954-1962 : les anciennes colonies de la France deviennent des États indépendants.
1962-1965 : concile Vatican II : la célébration de la messe, principal office du culte catholique, ne se fait plus en latin.
1987 : un créole devient langue officielle en Haïti.
1990 : un « rapport sur les rectifications de l'orthographe » propose la régularisation des pluriels de mots composés et la suppression de l'accent circonflexe.
1994 : première création d'organismes de soutien à la francophonie.

LES LANGUES DU MONDE

☐ **D'après J. Perrot, *La Linguistique*, PUF, Que sais-je ?, 1967**

Indo-européen
Langues de la majeure partie de l'Europe, de l'Inde et d'une partie de l'Asie Mineure (voir tableau séparé, p. 178).

Chamito-sémitique
– langues sémitiques : hébreu, arabe, éthiopien
– égyptien (langue morte dont la survivance est le copte, langue liturgique chrétienne)
– berbère
– langues couchitiques : est de l'Afrique, à l'exception de l'éthiopien.

Ouralo-altaïque (ensemble contesté)
Ouralien
– langues finno-ougriennes : hongrois, finnois, lapon
– langues samoyèdes en Russie
– peut-être langues eskimo-aléoutes.
Altaïque
– langues turques
– langues mongoles
– langues toungouzes : mandchou
– japonais, coréen, aïnou (rattachement problématique)

– langues paléo-sibériennes (rattachement problématique).

Sino-tibétain (groupement contesté)
– tibéto-birman (+ langues himalayennes ?)
– chinois
– langues thaï (langues du Siam, laotien, annamite ?, langues du sud de la Chine)
– môn-khmer (cambodgien).

Langues d'Océanie
– indonésien : malais, certaines langues d'Indochine, malgache
– langues polynésiennes
– langues mélanésiennes.

Langues caucasiennes
dont sans doute le basque.

Langues négro-africaines
Langues du Soudan et de la Guinée.

Langues bantoues

Langues khoïn
Langues de l'extrême sud de l'Afrique.

Amérique
– plus de cent familles distinctes de langues indiennes ou amérindiennes
– nombreuses langues isolées.

☐ **D'après J.H. Greenberg et M. Ruhlen (*in* M. Ruhlen, *L'Origine des langues*, Belin, 1997)**

Les hypothèses sont encore très contestées, sauf en ce qui concerne la classification des langues africaines. Ces regroupements s'apparentent à ceux que proposent des généticiens, dont en particulier L. Cavalli-Sforza, qui dressent l'arbre généalogique de l'espèce humaine. Il y a cependant une certaine circularité dans les démonstrations : les généticiens disent s'appuyer sur les recherches des linguistes et les linguistes sur celles des généticiens.

Langues eurasiatiques

Indo-européen
Langues de la majeure partie de l'Europe, de l'Inde et d'une partie de l'Asie Mineure (voir tableau p. 178).

Ouralien
– langues finno-ougriennes : hongrois, finnois, lapon
– langues samoyèdes en Russie.

Altaïque
– langues turques
– langues mongoles
– langues toungouzes : mandchou.

Japonais, coréen, aïnou

Paléo-sibérien

Eskimo-aléoute
(Partie de l'Alaska et Groenland)

Déné-caucasien

Nord-caucasien

Basque

Yenisséien

Hourrite (langue morte)

Ouratéen (langue morte)

Hatti (langue morte)

Étrusque (langue morte)

Sino-tibétain
– tibéto-birman (+ langues himalayennes ?)
– chinois
– môn-khmer (cambodgien).

Na-déné

Amérindien

Nord-amérindien (Amérique du Nord)
Sud-amérindien (Amérique du Sud)

Indo-pacifique

Principalement en Nouvelle-Guinée
– adaman
– papou
– tasmanien.

Australien

Langues aborigènes d'Australie

Austrique

Austronésien
– Océanie, Taïwan, Madagascar.

Austro-asiatique
– Munda (nord de l'Inde)
– Îlots dispersés dans une grande partie de l'Asie du Sud-Est.

Miao-yao
– Asie du Sud-Est, sud de la Chine, nord de la Thaïlande.

Daïque
– thaï (langues du Siam, annamite ?, langues du sud de la Chine)
– laotien.

Afro-asiatique
(appellation ancienne : chamito-sémitique)

Langues sémitiques
– hébreu, arabe, éthiopien.

Égyptien

Berbère

Langues couchitiques (est de l'Afrique, à l'exception de l'éthiopien).

Langues tchadiques

Nigéro-kordofanien

Afrique subsaharienne

Langues kordofaniennes
(langues parlées dans le sud de l'actuel Soudan).

Langues nigéro-congolaises
(Afrique de l'Ouest), le sous-groupe le plus connu est la famille bantoue.

} *Congo-saharien*

Nilo-saharien

Dix sous-familles, situées pour la plupart dans le nord de l'Afrique centrale et en Afrique de l'Est.

Khoisan

Langues de l'extrême sud de l'Afrique (langues à clicks).

Fiche documentaire

Un autre groupe de scientifiques, A. Dolgopolski et V.M. Ilitch-Svitych, propose un regroupement dit « nostratique » qui considère, notamment, les familles indo-européenne et afro-asiatique comme apparentées. Cette hypothèse est elle aussi controversée.

Les familles de langues du monde

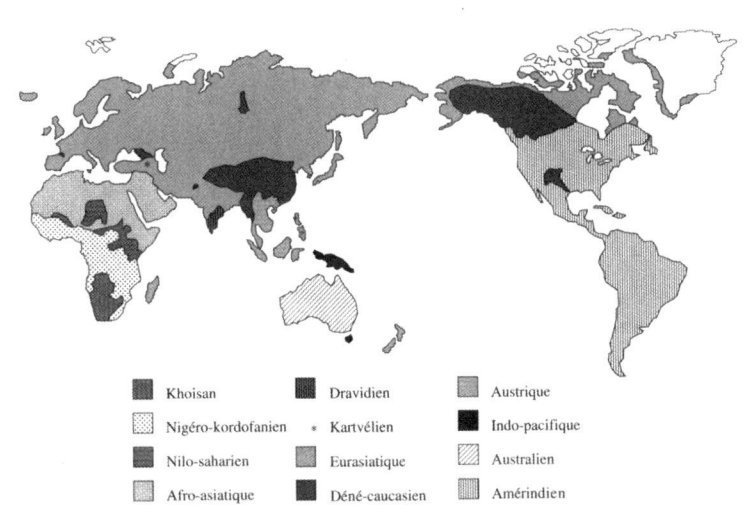

- Khoisan
- Nigéro-kordofanien
- Nilo-saharien
- Afro-asiatique
- Dravidien
- Kartvélien
- Eurasiatique
- Déné-caucasien
- Austrique
- Indo-pacifique
- Australien
- Amérindien

Source : M. Ruhlen, *L'Origine des langues*, Belin, 1997, p. 119

LES LANGUES INDO-EUROPÉENNES

Indo-iranien
- Indo-aryen védique, pâli, prâkrit, apabhramsa, hindoustani, bengali, goujrati, mahratte, cingalais,
- sanscrit (ancienne langue littéraire),
- tzigane,
- parlers iraniens, vieux perse, avestique, mède, scythique, sogdien, pehlevi, persan, kurde, afghan, ossète.

Balte
- letton,
- vieux prussien,
- lithuanien.

Slave
- vieux slave (ou slavon),
- russe,
- polonais,
- tchèque et slovaque,
- serbo-croate,
- bulgare.

Arménien

Albanais

Hellénique
grec (nombreux dialectes devenant une *koïnè* – langue commune – à la fin du IVe siècle avant J.-C.)

Italique
- osque,
- ombrien,
- latin.

Du latin découlent les *langues romanes* :
- italien,
- espagnol,
- portugais,
- français,
- roumain.

Celtique
- gaulois,
- gallois,
- cornique,
- breton,
- irlandais,
- gaélique.

Germanique
- gothique,
- islandais,
- norvégien,
- suédois,
- danois,
- haut-allemand,
- bas-allemand,
- frison,
- anglais.

Tokharien
Langues éteintes
- tokharien,
- koutchéen.

Hittite
Langues éteintes
- hittite,
- palaïte,
- louvite.

L'ALPHABET PHONÉTIQUE INTERNATIONAL EN FRANÇAIS

Voyelles		Consonnes	
/a/	rate, date, sac	/b/	bras, abbé, cab
/ɑ/	pâte, tâche, lâche	/p/	par, approche, tape
/ə/	levant, venu, ce	/d/	date, adroit, addition
/e/	chez, clé, pré	/t/	tête, tard, flûte
/ɛ/	clair, cher, terre	/g/	gare, agrès, gloire
/i/	lit, if, mil	/k/	car, accroc, souk
/o/	jaune, pot, eau	/v/	vélo, rêve, ivre
/ɔ/	or, pomme, colle	/f/	fort, touffe, froid
/u/	joue, roux, fou	/z/	zéro, hasard, rose
/y/	tu, rue, fût	/s/	sage, assis, ça, race
/ø/	peu, jeu, eux, jeûne	/ʒ/	jarre, geai, page
/œ/	peur, seul, jeune	/ʃ/	cher, flash, bouche
/ɑ̃/	gens, Jean, camp	/l/	la, hallali, miel
/ɛ̃/	plein, pin, sain	/m/	mère, amas, lame
/ɔ̃/	plomb, son, rond	/n/	renne, nord, âne
/œ̃/	un, brun, à jeun	/ʀ/	rare, sourd, roi
		/ɲ/	régner, poigne, panier

Semi-voyelles	
/w/	roi, ouate, oui
/ɥ/	cuit, huit, suer
/j/	yoyo, pied, faille, boy

LES DIX PRINCIPAUX CHANGEMENTS PHONÉTIQUES ENTRE LE LATIN ET LE FRANÇAIS

L'étude diachronique de ces changements est une science, la phonétique historique. Nous ne l'aborderons pas vraiment dans cet ouvrage, nous contentant de donner les grands principes des changements phonétiques intervenus entre le latin et le français moderne. Il s'agit là de règles très générales avec de très nombreuses exceptions, sous l'effet d'autres lois phonétiques, de l'analogie ou pour cause d'emprunts directs au latin (mots savants ou demi-savants).

1. Réduction considérable entre le mot latin et le mot français
a) Chute des voyelles finales : *mare* > *mer*, *heri* > *hier*, *muro* > *mur* sauf /a/ qui s'est longtemps maintenu sous forme de /ə/, sourd, non accentué, d'où, au Moyen Âge, une prononciation chantante, comme l'accent « de Marseille » ; *faba* > *fève*.
Même ce *e* final a cessé de se prononcer en français moderne standard.
(Début de processus : VIIe siècle.)
b) Maintien (parfois avec changement de timbre) des voyelles initiales et accentuées, les autres syllabes ont tendance à tomber : *clar(i)tate* > *clarté*, *dor(mi)tori(u)* > *dortoir*.
c) Maintien des préfixes, même soudés au mot.
Résultats : le mot latin est toujours plus long que le mot français ; ne sont le plus souvent restées du mot latin que les syllabes initiales, accentuées et les préfixes ; l'accent tombait en latin sur la syllabe qui est devenue la dernière du mot français.

2. Tous les /ū/ latins sont passés à /y/ : la trace en reste dans l'orthographe où le son /y/ s'écrit *u* (VIIIe siècle, c'est-à-dire bien tardivement pour une influence gauloise supposée).

3. Diphtongaison des voyelles accentuées « libres »
« Libre » signifie : se trouvant en fin de syllabe, dans une syllabe non fermée par une consonne. Ex. : /a/ est libre dans *mari* (ma-ri), non dans *mardi* (mar-di).
Après un changement du système latin, l'opposition entre voyelles brèves (notées ˘) et voyelles longues (notées ˉ) ayant été remplacée par une opposition entre voyelles ouvertes et voyelles fermées, les voyelles accentuées libres ont commencé à s'allonger, puis à se diphtonguer, ce qui a abouti à un changement de timbre en français moderne.
– diphtongaison dite « romane », car elle touche aussi les autres langues romanes :
• ĕ > ie (fin IIIe s.). Ainsi *pede(m)* > *pied* ;
• ŏ > uo (début IVe s.) qui évoluera encore pour donner /ø, œ/ en fr. mod. Ainsi *mola* > *meule*.
– diphtongaison dite « française » (VIe s.), car elle ne touche que le nord de la France, sous influence germanique :
• a > ae, qui évoluera pour donner /ɛ, e/ en fr. mod. Ainsi *cantare* > *chanter*, *mare* > *mer* ;
• ĭ, ē > ei qui évoluera pour donner /ɛ/, écrit *ai* ou /wa/, écrit *oi* en

fr. mod. Ainsi *tela > toile*, *pilu (m) > poil*, *creta > craie* ;
• ŭ, ō > ou qui a donné /ø, œ/ en fr. mod. *(hora >heure, gula > gueule)*.

4. Nasalisation des voyelles suivies d'une consonne nasale

Le latin prononçait /an/, le français /ã/. Toutes les voyelles suivies d'une nasale se sont d'abord nasalisées (le Moyen Âge prononçait /põmə/ pour *pomme* (début de processus, XIe s., fin de processus, XIVe s. pour *i* et *u*). Puis ces voyelles nasales se sont dénasalisées aux XVIe et XVIIe siècles devant /m/, /n/ ou /ɲ/ restant articulés : /põmə/ devient /pɔm/. L'effet fermant de la nasale, puis ouvrant de la nasalisation a entraîné de nombreux changements de timbre de ces voyelles (par ex. : /findere/ est devenu /fãdr/ : fendre).

5. Vocalisation du /l/ devant consonne (début de processus VIIe-VIIIe s., fin de processus XIe s.)

Devant une consonne, /l/ se vocalise en /u/, qui forme une diphtongue avec la voyelle précédente (sauf pour /y/ et /i/ qui ne sont pas affectés). La diphtongue se réduit ensuite en un son unique, mais l'orthographe garde des traces de l'état ancien. Ainsi, devant consonne :
– a + l > au > o : *talpa > taupe*
– ĕ + l > eau > o : *bellos > beaux*
– ē, ĭ + l > eu > oe : *illos > eux*
– ŭ, ō, ŏ + l > ou > u : *ultra > outre*, *col(a)pu > coup*.
(C'est cette vocalisation du /l/ qui explique certaines alternances, beaucoup plus fréquentes au Moyen Âge, comme *bel/beau, col/cou*.)

6. Apparition des phonèmes /v/ et /ʒ/
– /w/>/v/ : *vita > vie* (/wita/>/vi/) Ier-IIIe s.
– /j/>/dʒ/ IIe-IIIe s. qui a évolué ensuite (XIIIe s.) en /ʒ/ *jocare>jouer* (/jocare/ > /ʒue/).

Le fait est important dans une optique structurale : le latin ne connaissait, dans la série des fricatives (ou continues) que /j/ (jam), /s/ (rosa), /f/ et /w/, c'est-à-dire qu'il n'y avait pas d'opposition sourde/sonore pour les continues en latin (alors que cette opposition existait pour les occlusives). Le système du français, au contraire, en grande partie du fait de ce qu'on a appelé les « palatalisations », oppose sourdes et sonores : /ʃ/ et /ʒ/; /s/ et /z/; /f/ et /v/.

Le fait est aussi important orthographiquement, puisque le Moyen Âge n'a pas eu de graphèmes spécifiques pour noter ces nouveaux phonèmes et a continué à utiliser le *u* et le *i* du latin.

7. Palatalisations

On appelle « palatalisation » un phénomène d'avancée de la prononciation de certaines consonnes gutturales vers l'avant du palais, sous l'influence des voyelles (ou semi-voyelles : /j/) qui les suivent.
– Une première palatalisation a lieu aux IIe et IIIe siècles : elle concerne K et G + e, i, j en toutes positions.
• *cera > cire* (/kera/ > /tsir/ > /sir/),
• *gente > gent* (/gente/ > /dʒent/ > /ʒent/).
– Une seconde palatalisation a lieu aux IVe et Ve siècles, uniquement dans le Nord (ni Occitanie méridionale, ni Normandie, ni Picardie). Elle concerne K et G + a :
• *carru > char* (/karru/ > /tʃar/ > /ʃar/),
• *gamba > jambe* (/gamba/ > /dʒamb/ > /ʒamb/).
Pour les deux palatalisations, la fin de processus a lieu au XIIIe siècle, avec ce que l'on appelle la « réduction des affriquées » : les consonnes mixtes /ts/, /dʒ/, /tʃ/ perdent leur élément occlusif : *cire* et *sire*, *si* et *ci* deviennent homonymes.

181

8. Affaiblissement des consonnes intervocaliques

Au contact des voyelles avoisinantes, les sourdes deviennent sonores (IVe s.), les occlusives deviennent fricatives (V^e-VIe s.). Enfin, certaines consonnes finissent par disparaître : *debere* > *devoir*, *mutare* > *muer*, *pesare* > *peser*, *malifatius* > *mauvais* ; /k/ et /g/ intervocaliques deviennent la semi-voyelle /j/, sauf dans le voisinage de *o* et *u* (où ils disparaissent).

9. Production de diphtongues par contact avec un /j/

Dans un certain nombre de cas, un son /j/ (yod) s'est soit produit, comme c'est le cas du /k/ou du /g/ devant une consonne (*lacte* devient *lajte*) ou à l'intervocalique *(plaga* devient *plaja),* soit déplacé d'une syllabe à une autre (c'est en particulier le cas des suffixes *-ariu*, *-oriu*), soit retrouvé en contact avec la voyelle qui le précédait par chute d'un élément instable, en général le son /w/ (c'est le cas en particulier au parfait, où *cantavi* devient *cantaj*). Ces /j/ se sont alors unis avec la voyelle qui les précédait pour former ce que l'on appelle une diphtongue par coalescence. Ces diphtongues se sont ensuite souvent réduites en une voyelle simple, mais l'orthographe en garde le souvenir : *lacte* > *lait*, *plaga* > *plaie*, *cantavi* > *chantai*, *dormitoriu* > *dortoir*.

10. Les consonnes finales ont tendu à cesser de se prononcer

Les consonnes devenues finales par chute des voyelles qui les suivaient ont, elles aussi, eu tendance à cesser de se prononcer, mais beaucoup plus tardivement (du XIIe au XVIIe siècle, où l'on a dit *le Pont Neu', un œu', un chanteu'*). Cependant, beaucoup ont été maintenues par une attitude normative, voire rétablies *(mourir* qui s'est prononcé *mouri'* et est redevenu *mourir, but* dont la finale se prononce sous l'effet du besoin de différenciation, pour éviter la confusion avec *bu*...). Seul le /l/ a peu subi cette évolution : *sel, tel, miel, cheval, hôtel, col*, etc. (voir cependant *gentil*).

DATATION DE QUELQUES CHANGEMENTS PHONÉTIQUES

L'Empire romain

Avant le Ier siècle
Latin classique, colonisation de la gaule (50 av. J.-C.), premiers empereurs romains
– chute du m final (accusatif),
– chute de n devant : *pe(n)sare > pesare > peser*.

IIe-IIIe siècles
Période de prospérité gallo-romaine. Dès la fin du IIe siècle, début de désagrégation, premières incursions des Barbares, qui se terminent par une invasion générale de la Gaule à la fin du IIIe s. (275). Grande crise du IIIe siècle.
– Première palatalisation :
• G + e, i (*gentem > dʒente* = gent),
• K + e, i (*cera > tsira* = cire).
– Début de changement du système vocalique : l'opposition longues/brèves devient opposition d'aperture, ouverture des brèves qui se poursuit jusqu'au début du Ve siècle (ō long, ŭ bref > o fermé).
– Chute de certaines pénultièmes atones.

Du IIIe au Ve siècle : fin de l'Empire et grandes invasions
Burgondes, Wisigoths, Saxons déferlent sur la Gaule qu'ils se partagent jusqu'à l'invasion des Francs.

IIIe siècle
Début des invasions, résistance romaine, édit de Caracalla (212).
– Allongement des voyelles accentuées libres (cet allongement entraînera leur diphtongaison dans les siècles suivants).

IIIe-IVe siècles
313 : reconnaissance du christianisme par Constantin
– Diphtongaison « romane » :
• ĕ bref > ie (*pede > piede* = pied),
• ŏ bref > uo (*potet > puotet* = peut).
– Chute de pénultièmes atones, des prétoniques internes autres que *a*.

IVe-Ve siècles
Sous Constantin, le christianisme devient religion officielle de l'Empire ; déferlante des invasions, disparition de la paysannerie libre, les villes tombent en ruine.

IVe-Ve siècles
410, prise de Rome par Alaric, 453, défaite d'Attila
– Sonorisation des sourdes intervocaliques.
– Deuxième palatalisation :
• K + a > tʃa,
• G + a > dʒa.
Les occlusives intervocaliques deviennent fricatives (*debere > devoir, saponem > savon*).

La Gaule franque

VIe siècle
486-511 : Clovis s'empare de la Gaule.
Diphtongaisons « françaises » :
• ē > ei (*tela > teila* = toile)
• ō > ou (*flore > flour* = fleur)
• a > ae (*mare > maere* = mer)

VIIe-VIIIe siècles
Rois mérovingiens.

VIIe siècle
– Chute des finales autres que *a*.

– *a* final devient /ə/ (*e* central, qui se prononce à la finale, non accentué).

VIIIe siècle
Dans les années 750, Pépin le Bref
– Début de la vocalisation de *l* devant consonne (à vrai dire, l'évolution de *l* devant consonne avait commencé dès le IIIe s.).
– *u* (issu de *u* long latin) devient /y/ (*muru* > *muro* > *myr* = mur).

IXe-Xe siècles
Tentative d'organisation germanique. Charlemagne, empereur en 800. « Renaissance » carolingienne. Concile de Tours (813), Serments de Strasbourg (842)
– Amuïssement du δ intervocalique (provenant du *d* devenu fricatif dans cette position aux IVe-Ve s. : *viδa* >*viə*), du *t* final.

La France

XIe siècle
Chanson de Roland, première croisade, conquête de l'Angleterre.
– Nasalisations de *a, e, ei, ai* devant une consonne nasale.

XIIe siècle
Aliénor d'Aquitaine ; Chrétien de Troyes ; deuxième et troisième croisades.
– Nasalisation de *o, ei, ue* devant une consonne nasale.

XIIIe siècle
– Réduction des affriquées (ts > s, t ʃ > ʃ , dʒ > ʒ).

XIVe siècle
Moyen français, saint Louis, fin de la déclinaison
– Nasalisation de *i* et *u* devant une consonne nasale.

XVIe et XVIIe siècles
– Dénasalisations partielles : les voyelles nasales devant *n* et *m* restant articulés se sont dénasalisées (bɔ̃nə > bɔn, écrit *bonne;* fãmə > fam écrit *femme)*

LA CONJUGAISON LATINE : VERBES EN -*ARE*

ACTIF / PASSIF

	ACTIF indicatif	ACTIF subjonctif		PASSIF indicatif	PASSIF subjonctif
INFECTUM	*présent = j'aime* am-o ama-s ama-t ama-mus ama-tis ama-nt	*présent = que j'aime* am-e-m am-e-s am-e-t am-e-mus am-e-tis am-e-nt	**INFECTUM**	*présent = je suis aimé* am-or ama-ris ama-tur ama-mur ama-mini ama-ntur	*présent = que je sois aimé* am-e-r am-e-ris am-e-t ur am-e-mur am-e-mini am-e-ntur
	imparfait =j'aimais ama-ba-m ama-ba-s ama-ba-t ama-ba-mus ama-ba-tis ama-ba-nt	*imparfait = j'aimasse* ama-re-m ama-re-s ama-re-t ama-re-mus ama-re-tis ama-re-nt		*imparfait = j'étais aimé* ama-ba-r ama-ba-ris ama-ba-rit ama-ba-mur ama-ba-mini ama-ban-tur	*imparfait = que je fusse aimé* ama-re-r ama-re-ris ama-re-tur ama-re-mur ama-re-mini ama-re-ntur
	futur = j'aimera ama-bo ama-bi-s ama-bi-t ama-bi-mus ama-bi-tis ama-bu-nt			*futur = je serai aimé* ama-bo-r ama-be-ris ama-bi-tur ama-bi-mur ama-bi-mini ama-bu-ntur	
PERFECTUM	*parfait = j'aimai* ama-v-i ama-v-isti ama-v-it ama-v-imus ama-v-istis ama-v-erunt	*parfait = que j'aie aimé* ama-v-erim ama-v-eris ama-v-erit ama-v-erimus ama-v-eritis ama-v-erint	**PERFECTUM**	*parfait = je fus aimé (j'ai été aimé)* amatus sum amatus es amatus est amati sumus amati estis amati sunt	*parfait = que j'aie été aimé* amatus sim amatus sis amatus sit amati simus amati sitis amati sint
	plus-que-parfait = j'avais aimé ama-v-eram ama-v-eras ama-v-erat ama-v-eramus ama-v-eratis ama-v-erant	*plus-que-parfait = que j'eusse aimé* ama-v-issem ama-v-isses ama-v-isset ama-v-issemus ama-v-issetis ama-v-issent		*plus-que-parfait = j'avais été aimé* amatus eram amatus eras amatus erat amati eramus amati eratis amati erant	*plus-que-parfait = que j'eusse été aimé* amatus essem amatus esses amatus esset amati essemus amati essetis amati essent
	futur antérieur ama-v-ero ama-v-eris ama-v-erit ama-v-erimus ama-v-eritis ama-v-erint			*futur antérieur = j'aurais été aimé* amatus ero amatus eris amatus erit amati erimus amati eritis amati erunt	

Ne sont reproduites ici ni les formes de l'impératif ni les formes non conjuguées (infinitifs, participes, gérondifs et supin).

GLOSSAIRE

Adstrat : type de « strat », voir aussi **substrat** et **superstrat** : les interférences linguistiques empruntent leur terminologie à la géologie. On parle d'adstrat lorsque deux langues coexistent de façon permanente : français et flamand en Belgique, français et anglais au Canada.

Continu : se dit d'un phonème, voyelle ou consonne, pour la production duquel il y a constriction sans fermeture complète, en un point de la bouche, si bien que l'air s'échappe continûment. Le terme synonyme de **fricative** est réservé aux consonnes.

Compétence passive : capacité de comprendre une langue. **Compétence active :** capacité de parler une langue.

Diachronie : se dit de la linguistique historique, qui étudie les changements à travers le temps. S'oppose à la **synchronie** : linguistique qui étudie la structure d'une langue à une époque donnée (pas forcément contemporaine).

Digraphe : groupe de deux graphèmes utilisés pour transcrire un seul phonème : ch /ʃ/, on /õ/, au /o/ ; le français a aussi des **trigraphes :** ain, ein eau...

Étymon : mot de la langue mère qui, par usure phonétique, a donné un mot de la langue fille. L'étymon de *chanter*, par exemple, est *cantare*.

Français nationaux : français tels qu'ils se parlent dans les différents pays de la francophonie, par opposition au français officiel de France.

Graphème : signe graphique représentant un son. Exemple : le *v* devient un graphème du jour où il cesse de n'être qu'une variante du *u* majuscule (les latins pouvaient écrire *Vrbs* le mot *urbs*, en position majuscule) pour représenter le phonème /v/.

Générique : se dit, lorsqu'on parle de référence, de la désignation de n'importe quel individu à l'intérieur d'une classe : *l'homme est mortel, un triangle a trois côtés.*

Isoglosse : (autrefois adjectif – on parlait de zones isoglosses –, devenu nom féminin) frontière délimitant la région dans laquelle se produit un certain fait de langue.

Koïné : terme grec désignant la langue supradialectale (mélange d'éolien et d'ionien), déjà élaborée et unifiée, dans laquelle est écrite l'*Iliade* ; par extension, langue commune à des locuteurs ayant des dialectes maternel différents, et formée à partir de ces dialectes. Synonyme : langue supradialectale.

Langue maternelle : langue utilisée dans la cellule familiale, langue dans laquelle le petit enfant apprend à parler.

Langue mère : langue dont l'évolution a donné une ou plusieurs autres langues (dites langues filles).

Langue officielle : langue de l'administration. Parfois aussi langue de la transmission du savoir (enseignement et livres didactiques ou de fiction), langue de la religion.

Glossaire

Langue majoritaire : langue maternelle de la majorité des habitants d'un pays.

Langue nationale : nous définissons ici le concept comme langue à la fois largement majoritaire et officielle. Mais certains pays, africains en particulier, font usage du terme de « langue nationale à statut privilégié » pour désigner une langue parfois majoritaire, parfois largement représentée (un pays peut en avoir plusieurs), plus ou moins dominante, que beaucoup apprennent, en plus de leur langue maternelle, en vue d'une communication avec les autres ethnies (voir à **langue véhiculaire**), mais qui n'a pas encore le statut de langue officielle. C'est ce que devait être le statut du français au XIIe siècle.

Langue vernaculaire : langue maternelle utilisée pour la communication courante à l'intérieur d'une communauté linguistique restreinte ; elle varie souvent beaucoup d'une petite communauté (un village, une famille même) à une autre.

Langue véhiculaire : langue non officielle, mais apprise en plus de la langue maternelle par les membres d'une communauté de parlers différents pour communiquer entre eux. La langue véhiculaire est généralement plus facile à apprendre que la langue officielle, quand il en existe une. Certaines grandes langues de communication africaines sont des langues véhiculaires ; l'espéranto l'est aussi.

Norme : ensemble de règles fixant une langue. **Grammaire normative**, **attitude normative :** instructions données aux locuteurs d'une langue, s'ils veulent se conformer à un idéal de « beau langage » ; la norme a une fonction sociale, le « beau langage » étant considéré comme celui des classes dominantes de la société. Certains linguistes utilisent aussi dans ce sens le terme de « surnorme ». La norme tend au figement de la langue. Certaines langues sont soumises à une norme très exigeante, d'autres admettent davantage la variation et l'évolution.

Phonème : concept plus abstrait que celui de son. C'est un son d'une langue, quelle que soit sa réalisation individuelle, opposable à un autre son, dans un mot en tout autre point semblable. Exemple : /s/ et /z/ sont des phonèmes du français, puisque l'on peut opposer le mot *rose* /rɔz/ et le mot *rosse* /ros/, mais non des phonèmes du latin où on ne peut rien opposer à *rosa :* le latin n'a qu'un seul phonème là où le français en a deux, et les prononciations individuelles plus ou moins sonores /s/ ou /z/ n'entraînaient aucune ambiguïté.

Occlusive : consonne dont la production se fait par une fermeture momentanée en un point de la bouche.

Paradigme : série de formes apparentées. Une conjugaison forme un paradigme, une déclinaison aussi. Mais une famille de mots est aussi un paradigme, et on étend même la notion à des séries plus vastes, comme celle des adverbes en-*ment*. Un paradigme sémantique sera une série de mots de sens voisin (*enseignement, éducation, formation, instruction,* par exemple).

Proto- : préfixe qui signifie primitif. On appelle **proto-indo-européen** la langue hypothétique, reconstituée par les linguistes, qui aurait été à l'origine de toutes les langues de la famille indo-européenne. On appelle aussi, depuis peu, **proto-français** la langue des plus anciens textes en langue vernaculaire, langue qui n'est plus du latin mais qui n'est pas encore de l'ancien français. En un mot, une **proto-langue**, qu'elle soit reconstituée ou attestée, c'est l'ancêtre d'une langue ou d'une famille de langues.

Référent : élément de la réalité, du monde extra-discursif, auquel renvoie un terme employé dans un discours. Lorsque je dis « *Reportez-vous au chapitre X de ce livre* », le référent de « *ce livre* » est l'exemplaire très précis de *L'Introduction à l'histoire de la langue française* que vous avez en ce moment sous les yeux.

Sonore (ou **voisé**) **:** se dit d'un phonème, voyelle ou consonne, dans la production duquel on sollicite la vibration des cordes vocales.

Sourd (ou **non voisé**) **:** se dit d'un phonème, consonne uniquement, dans la production duquel il n'y a pas de vibration des cordes vocales.

Spécifique : se dit, lorsqu'on parle de référence, de la désignation d'un individu précis à l'intérieur d'une classe. Lorsque je dis « *J'ai acheté un manteau* » (spécifique), l'énoncé n'est vrai que pour un seul manteau tandis que quand je dis « *Un triangle a trois côtés* » (générique), la phrase est vraie pour tous les triangles.

Standardisation : suppression de la variation, élaboration, fixation, voire figement d'une langue. Cette standardisation peut aller d'un simple gommage des différences dialectales gênant l'intercompréhension aux tentatives de figement de la langue par imposition d'une norme stricte, en général à caractère social.

Scripta : système d'écriture conventionnel supradialectal. Langue écrite et, par extension, langue qui ne nous est plus accessible que par l'écrit. Elle est toujours plus élaborée, plus « normée » que la langue orale dont elle tire son origine, et elle a ses contraintes propres.

Substrat : langue maternelle, dominante dans un pays quand une autre langue, le plus souvent la langue du colonisateur, s'y impose comme langue officielle. Les locuteurs adopteront peu à peu la langue officielle mais la transformeront selon leurs habitudes linguistiques. Ex. : le latin s'impose en Gaule sur un substrat gaulois ; les créoles sont du français avec un substrat africain.

Superstrat : langue maternelle du colonisateur, qui vient influencer la langue maternelle d'un pays sans se substituer à elle. Il peut alors arriver que le colonisateur perde sa langue maternelle pour adopter, à terme, la langue officielle du pays colonisé, non sans y laisser des traces de sa langue d'origine (phénomène assez rare actuellement). Ex. : le gallo-romain évolue, dans le nord de la France, sous l'influence d'un superstrat germanique. De même, l'anglais moderne est une langue germanique avec un superstrat français.

Tiroir : forme commode employée pour désigner le paradigme d'un temps dans un mode. Exemple : le tiroir du présent de l'indicatif, celui du présent du subjonctif, etc.

BIBLIOGRAPHIE

Cette bibliographie est loin d'être exhaustive : elle ne contient que des ouvrages d'accès relativement facile pour les jeunes chercheurs, ainsi que les ouvrages auxquels il est fait référence dans le texte. Beaucoup d'ouvrages cités contiennent des bibliographies très complètes auxquelles on pourra se reporter pour une recherche plus approfondie.

BALIBAR R., *Le Colinguisme,* PUF, Que sais-je ?, 1993.
BAKER Ph., « Assessing the African Contribution to French-Based Creoles », in *Africanisms in Afro-american language varieties,* Mufwene et Condon éds, Georgia University Press, 1993.
BANNIARD M., « *Viva voce :* communication écrite et communication orale du IVe au Ier siècle en Occident latin », in *Études augustiniennes,* 1993.
BEAULIEUX Ch., *Histoire de l'orthographe,* Champion, 1927, 2 vol.
BEC P., *La Langue occitane,* PUF, Que sais-je?, 1967.
BENVENISTE É., *Le Vocabulaire des institutions indo-européennes,* Minuit, 1969, 2 vol.
BRUNOT F., *Histoire de la langue française, 1905,* 13 vol. Rééd. Colin, 1966.
BRUNOT F. et BRUNEAU Ch., *Précis de grammaire historique de la langue française,* 1887. Rééd. Masson, 1966.
CALVET L.-J., *Les Langues véhiculaires,* PUF, Que sais-je ?, 1981.
CHAUDENSON R., *Les Créoles,* PUF, Que sais-je ?, 1995.
CHAURAND J., *Nouvelle Histoire de la langue française,* Le Seuil, 1999.
CUQ J.-P., *Le Français langue seconde,* Hachette, 1991.
DEMAIZIÈRE C., *La Langue française au XVIe siècle,* Didier, 1980.
FATTIER-THOMAS D., « De la variété *rèk* à la variété *swa :* pratique vivante de la langue en Haïti », in *Conjonction,* mars-juin1984, pp. 39-51.
FIORELLI P., « Pour l'interprétation de l'ordonnance de Villers-Cotterets », in *Le Français moderne* n° 18, 1950, pp. 277-288.
FRAGONARD M.-M., *Introduction à la langue du XVIe siècle,* Nathan, coll. 128, 1994.
FURET F. et OZOUF J., *Lire et Écrire. L'alphabétisation des Français de Calvin à Jules Ferry,* Minuit, 1977.
GAL, *Histoire de l'éducation,* PUF, Que sais-je ?, 1948, rééd. 1979.
HAGÈGE C., *Le Souffle de la langue,* Odile Jacob, 1992.
HAUDRY J., *L'Indo-Européen,* Paris, 1979.
HAUDRY J., *Les Indo-Européens,* PUF, Que sais-je?, 1981.
HAUGEN E., « Dialect, language, nation » (1966), repris dans *Sociolinguistics,* J.B. Pride et J. Homes eds, Hardmondworth, Penguin, 1972.
HERMAN J., *Le Latin vulgaire,* PUF, Que sais-je ?, 1967.
HUCHON M., *Le Français de la Renaissance,* PUF, Que sais-je ?, 1988.
LABOV W., 1972, *Sociolinguistic Patterns* (1972) ; trad. sous le titre : *Sociolinguistique,* Minuit, 1976.
LAKOFF R., « Regard nouveau sur la "dérive" », in *Langages* n° 32, 1973 pp. 98-114.

LOT F., « À quelle époque a-t-on cessé de parler latin ? », in *Archivum Latinitatis Medii Aevi (Bulletin du Cange)* n° 6, 1931, pp. 97-159.
LUSIGNAN S., *Parler vulgairement. Les intellectuels et la langue aux XIIIe et XIVe siècles*, Paris-Montréal, Vrin, 1987.
MARTIN R, *Temps et aspect, essai sur l'emploi des temps narratifs en moyen français*, Klincksieck, 1971.
MARTINET A. *Des steppes aux océans*, Payot, 1987.
MILLET O., « Les préfaces aux traductions françaises de la Bible (1523-1588) : la question de la langue », in *Traductions et adaptations en France* [...] *à la Renaissance*, Champion, 1997, pp. 373-386.
MOIGNET G., « La grammaire des songes dans *La Queste del saint Graal* », in *Langue française* n° 40, 1978, pp. 113-119.
PICOCHE J. et MARCHELLO-NIZIA Ch., *Histoire de la langue française*, Nathan, 1989 (3e éd. 1994).
NYROP K., *Grammaire historique de la langue française*, Copenhague, Glydendal, 1899-1930, 6 vol.
PERRET M., *L'Énonciation en grammaire du texte*, Nathan, coll. 128, 1994.
POERCK (de) G., « Les plus anciens textes de la langue française comme témoins d'époque », in *Revue de linguistique romane*, n° 27, 1963, pp. 1-34.
RUHLEN M., *L'Origine des langues*, Belin, 1997.
SANCIER-CHATEAU A., *Introduction à la langue du XVIIe siècle*, Nathan, coll. 128, 1993, 2 vol.
SAPIR E., *Language*, New York, Harcourt, Brace and World, 1949.
VALDMAN A. (dir.)., 1979, *Le Français hors de France*, Champion, 1979.
VÄÄNÄNEN V., *Introduction au latin vulgaire*, Klincksieck, 1967.
WALTER H., « L'innovation lexicale chez les jeunes Parisiens », in *La linguistique* n° 20, 1984, pp. 65-84.
WARTBURG (von) W., *Évolution et structure de la langue française*, Berne, Franke, 1946.
WARTBURG (von) W., *Problèmes et méthodes de la linguistique*, PUF, 1946.
WRIGHT R., *Late latin and Early Romance*, Londres, Francis Cairns, 1982.

Liste des ouvrages cités dans les bibliographies de fin de chapitre

ANDRIEUX-REIX, 1993 (chap. VII) ; BALIBAR, 1985 (chap. IV) ; BANNIARD, 1997 (chap. III) ; BLANCHE-BENVÉNISTE et CHERVEL, 1969 (chap. XII) ; BONNARD et REIGNIER, 1989 (chap. XI) ; BURIDANT, 1989 (chap. XI) ; CATACH, 1978 (chap. XII) ; CERQUIGLINI, 1991 (chap. V), 1995 (chap. XII) ; DENIAU, 1992 (chap. VI) ; FREI, 1929 (chap. VIII) ; GOUGENHEIM, 1966 (chap. IX) ; GUIRAUD, 1956 (chap. IX) ; HERMAN, 1965 (chap. II) ; LODGE (chap. V) ; MARCHELLO-NIZIA, 1995 (chap. VI) ; MARTINET, 1969 (chap. VII) ; MORTUREUX, 1997 (chap. VIII) ; PERROT, 1967 (chap. I) ; RENFREW, 1992 (chap. I) ; REY, 1992 (chap. IX) ; SERBAT, 1980 (chap. X) ; SERGENT, 1995 (chap. I) ; SOUTET, 1992 (chap. X) ; SWIGGERS et *alii,* 1989 (chap. IV) ; VIAL, 1995 (chap. IV) ; WAGNER, 1974 (chap. III) ; WALTER, 1988 et 1994 (chap. VI).

INDEX

A
Accent, 57, 76 78, 80, 135, 137, 139, 141, 149, 151, 153, 157, 163, 174, 180, 184
– Accentuation, 141
Adjectif, 92, 93, 96, 110, 115, 118, 119, 137, 152, 153, 163, 186
Agglutination, 87, 126
Analogie, 15, 81, 89, **90-91**, 92, 110, 112, 121, 122, 123, 125, 146, 161, 180
Analogique, 87, 91, 113, 118, 123, 124, 125, 139, 156, 157
Anaphore, 59, 115, 130, 152
Anglais, 10, 13, 14, 15, 18, 46, 62, 63, 65, 66, 67, 68, 69, 72, 74, 77, 79, 80, 84, 92, 93, 100, 101, 102, 118, 169, 178, 186, 188
Argot, 103, 109, 165, 166, 168
Article, 40, 79, 82, 100, 114, 115, 116, 130, 136, 152
Auxiliaire, 90, 121, 123, 124, 125, 150

B
Bilinguisme, 29, 30, 31, 32, 53, 55, 93

C
Celtique, 11, 13, 14, 16, 20, 21, 22, 23, 25, 55, 178
Comparatif, 110, 118
Créole, 63, 69, 70, 74, 77, 188, 189

D
Déclinaison, 27, 40, 110, 111, 112, 113, 117, 118, 130, 147, 184, 187
Démonstratif, 54, 110, 115, 116, 130, 144, 147, 153
Dénasalisation
Dérivation, 94, 98, 105, 109
Dérive (des langues), 96, 97, 115
Dialecte, 33, 36, 190
Dictionnaire, 59, 135, 137, 139, 160, 174
Digraphe, 84, 138, 149, 151, 186
Diphtongue, 138, 146, 149, 154, 155, 181, 182

E
Emprunt, 14, 23, 80, 81, 98, 100, 101, 103, 105, 109, 140, 168

Enseignement, 26, 35, 36, 42, 43, 48, 49, 50, 51, 53, 59, 61, 62, 67, 68, 70, 77, 135, 162, 173, 174, 187, 188

F
Français national, 63, 69, 70, 72, 74, 186
Francique, 20, 21, 22, 29, 30
Francophonie, 69, 75, 174, 186
Futur, 17, 27, 40, 41, 48, 89, 90, 91, 121, 122, 123, 124, 125, 126, 128, 129, 157, 164, 168, 185

G
Gaulois, 16, 21, 22, 23, 24, 25, 26, 32, 36, 43, 52, 53, 55, 79, 80, 99, 104, 172, 178, 188
Genre, 40, 45, 70, 78, 88, 89, 93, 96, 110, 113, 114, 115, 118, 119, 144, 153
Germanique, 11, 14, 15, 16, 21, 28, 29, 30, 31, 32, 34, 36, 37, 38, 39, 40, 43, 53, 55, 62, 65, 67, 79, 93, 99, 107, 116, 133, 138, 139, 149, 173, 178, 180, 184, 188
Grammaire, 14, 34, 35, 48, 49, 50, 59, 89, 91, 97, 128, 131, 135, 174, 187, 189, 190
Graphème, 77, 88, 133, 137, 138, 139, 140, 146, 149, 152, 186

H
Homonyme, 88, 90, 93, 181
Hypercorrection, 85, 154, 155

I
Imparfait, 40, 84, 90, 91, 96, 122, 123, 124, 128, 129, 130, 150, 155, 160, 161, 162, 185
Indo-européen, 11, 15, 17, 19, 20, 21, 25, 97, 113, 120, 175, 176, 188, 189
Infectum, 122, 123, 124, 126, 185
Interférence, 55, 70, 146, 147, 186
Isoglosse, 56, 57, 82, 114, 186

K
Koïné, 53, 54, 57, 72, 186

L
Langue fille, 186
Langue mère, 11, 15, 32, 40, 63, 70, 74, 186

Loi phonétique, **14-15**, 76, **81-84**, 86

M
Majoritaire (langue), 30, 43, 52, 53, 57, 60, 63, 187
Maternelle (langue), 25, 26, 34, 35, 36, 41, 43, 44, 52, 53, 63, 65, 71, 72, 77, 78, 82, 133, 146, 186, 187, 188

N
Nasalisation, 92, 140, 181, 184
Nationale (langue), 42, 43, 61, 67, 74, 136, 187
Négation, 95, 161, 168
Norme, normatif, 8, 45, 55, 58, 59, 69, 77, 83, 84, 85, 91, 116, 130, 135, 152, 154, 156, 158, 160, 173, 187, 188

O
Oc (langue d'), 13, 31, 44, 53, 54, 55, 60, 62, 81, 116, 147, 173
Oïl (langue d'), 13, 31, 34, 53, 54, 55, 60, 62, 79
On, 93, 107, 130, 147
Ordre des mots, 40, 110, 117, 119, 147, 150, 152, 161

P
Paradigme, 88, 90, 92, 96, 106, 107, 121, 156, 187, 188, 188
Passé composé, 40, 121, 124, 126, 127, 128, 130, 164
Passé simple, 91, 96, 123, 124, 126, 127, 128, 129, 130, 150, 152, 161, 164
Patois, 49, 53, 60, 61, 174
Perfectum, 122, 123, 124, 126, 185
Phonème, 78, 79, 83, 84, 85, 93, 94, 133, 138, 141, 146, 181, 186, 187, 188
Pronom, 40, 54, 59, 69, 70, 107, 113, 114, 116, 117, 121, 130, 147, 152, 153, 161, 164, 165
Prononciation, 15, 17, 22, 25, 31, 35, 65, 70, 71, 76, 77, 78, 79, 80, 82, 83, 84, 85, 88, 92, 93, 95, 96, 111, 113, 132, 133, 134, 135, 137, 138, 139, 140, 146, 147, 149, 150, 151, 152, 155, 157, 160, 163, 168, 169, 181, 187

191

Proto-français, 36, 37, 44, 145, 173, 188

R

Romane (langue), 11, 15, 19, 21, 22, 27, 36, 37, 41, 53, 55, 63, 70, 78, 79, 112, 113, 121, 123, 124, 125, 133, 178, 180

S

Scripta, 39, 57, 125, 126, 133, 141, 147, 153, 168, 188
Segmentation, 87, 97, 119, 126
Sigle, 95, 96, 105, 168
– Siglaison, 94, 96, 98, 105, 109

Standard, 27, 62, 180, 190
– Standardisation, 7, 43, 74, 85, 173, 188
Superlatif, 40, 110, 118
Strat, 186
– Adstrat, 69, 186
– Substrat, 25, 32, 53, 69, 186, 188
– Superstrat, 30, 32, 55, 65, 66, 69, 186, 188, 188

T

Thérapeutique verbale, **89-90**, 93, 97
Troncation, 94, 98, 105, 109

V

Variation, 7, 8, 40, 53, 57, 58, 81, 83, 118, 133, 136, 150, 187, 188
Véhiculaire (langue), 58, 66, 187
Vernaculaire (langue), 36, 37, 43, 44, 45, 54, 100, 133, 146, 187, 188
Vulgaire, 27, 32, 33, 46, 47, 48, 60, 84, 115, 165, 189, 190

W

We > e et wa, 77, 83, 84, 123, 138, 150, 155, 157, 162

Édition : Cécile Geiger
Relecture : Sylvie Claval
Conception maquette : Studio Primart
Mise en page : MCP

Imprimerie Chirat
42540 Saint-Just-la-Pendue
Dépôt légal Janvier 2003 N° 6977
N° éditeur 10101224 II (3,5) OSBT 80

Imprimé en France